Opposition im Nationalrat

Rechts- und SozialWissenschaftliche Reihe

Herausgegeben von Wilhelm Brauneder

Band 34

PETER LANG

Frankfurt am Main · Berlin · Bern · Bruxelles · New York · Oxford · Wien

Manfred Andexinger

Opposition im Nationalrat

Die FPÖ 1986 bis 1999

PETER LANG
Internationaler Verlag der Wissenschaften

Bibliografische Information der Deutschen Nationalbibliothek
Die Deutsche Nationalbibliothek verzeichnet diese Publikation in der Deutschen Nationalbibliografie; detaillierte bibliografische Daten sind im Internet über <http://www.d-nb.de> abrufbar.

Schriftenreihe des
Ludwig-Boltzmann-Instituts für vergleichende
Rechtssystemforschung, Wien
(gefördert von der Ludwig-Boltzmann-Gesellschaft, Wien).

Gedruckt mit Unterstützung des
Instituts für Rechtskultur in Wien.

Gedruckt auf alterungsbeständigem,
säurefreiem Papier.

ISSN 0938-7277
ISBN 978-3-631-58419-4

Printed in Germany 1 2 3 4 5 7

www.peterlang.de

Inhaltsverzeichnis

Vorwort

Am 11. Oktober 2008 starb Dr. Jörg Haider, Landeshauptmann von Kärnten und Obmann der Partei „Bündnis Zukunft Österreich" (BZÖ) an den Folgen eines Verkehrsunfalls. Das offizielle Österreich – Freunde wie politische Gegner – beklagte an diesem Tag den tragischen Tod eines „Ausnahmepolitikers". In der Tat waren Aufstieg und Wandel der Freiheitlichen Partei Österreichs (FPÖ) in den Jahren 1986 bis 1999 untrennbar mit der Person Haiders verbunden. Er prägte wie kein anderer die Oppositionspolitik im Nationalrat, die auf eine „politische Erneuerung" – so Haiders Motto – gerichtet war.

Als ich im Jahr 1995 meine Diplomarbeit aus dem Fach Politikwissenschaft zu schreiben begann, beschäftigte mich die Frage, wie es denn möglich sei, dass eine Oppositionspartei wie die FPÖ unter der Obmannschaft Jörg Haiders trotz oder gerade wegen der vielen Anfeindungen ihrer politischen Gegner so erfolgreich sein konnte. Ich führte dies einerseits auf das Charisma Haiders selbst, andererseits auf die soziologischen Rahmenbedingungen der Zeit zurück, etwa auf Säkularisierung, Postmaterialismus, den Einfluss und die Wirkmächtigkeit neuer Medien und auf die Unbeschwertheit der Spaß- und Erlebnisgesellschaft; kurz auf all jene Phänomene, die in ihrer Gesamtheit zu einer größeren Mündigkeit der Bürger, und damit zur „Erosion der Lager" – so auch der Titel meiner Diplomarbeit – beitragen würden.

Meine Arbeit wurde an der Universität Wien approbiert und erregte in der Folge die Aufmerksamkeit eines freiheitlichen Nationalratsabgeordneten, dem meine Ansätze gefielen und der mir anbot, mich als neuen Mitarbeiter zu beschäftigen. Da auch der damalige Dritte Nationalratspräsident einen persönlichen Referenten suchte, fand ich in der Folge von 1996 bis 2002 im Parlament – für einen Politologen sozusagen im Auge des Orkans – eine interessante und spannende Tätigkeit. Was ich an theoretischem Grundzeug an der Universität erworben hatte, konnte ich nun in der Praxis vertiefen. Mehr noch: Ich fand jene Thesen, die ich, sozusagen „von außen", anlässlich der Abfassung meiner Diplomarbeit formuliert hatte, aus der unmittelbaren Ansicht des parlamentarischen Geschehens bestätigt. Und so lernte ich aus eigener Anschauung Politik kennen als „die Kunst des Möglichen" und die Notwendigkeit, Kompromisse einzugehen.

Die Grundlage für dieses Buch, meine Dissertation, baute auf den Erkenntnissen meiner Diplomarbeit auf. Gestützt auf empirische Befunde und theoretische

Überlegungen sowie unter Berücksichtigung meiner langjährigen Erfahrungen im Hohen Haus und der weitgehenden persönlichen Kenntnis der Akteure habe ich versucht, ein möglichst umfassendes Bild der freiheitlichen Oppositionspolitik von 1986 bis 1999 unter besonderer Berücksichtigung der Rahmenbedingungen und soziologischen Phänomene, die m. E. als Katalysatoren eine entscheidende Rolle gespielt haben, nachzuzeichnen.

Wenngleich ich – so schreibt es das so genannte parlamentarische Mitarbeitergesetz aus 1992 vor – im Rahmen meiner Parlamentstätigkeit keine parteipolitischen Aktivitäten entfalten durfte, war ich doch durch laufende Ausschussbetreuungen, das Verfassen von Pressediensten und konzeptive Arbeiten, wie etwa die Formulierung von Anfragen oder Entschließungsanträgen, unmittelbar mit freiheitlicher Politik konfrontiert. So lief ich – wie jeder im Umfeld einer politischen Gesinnungsgemeinschaft – natürlich Gefahr, mit der Zeit alles durch die parteipolitische Brille zu sehen und Opfer einer selektiven Wahrnehmung zu werden.

Das führt auch zur notwendigen Standortbestimmung. Wenngleich ich mich beim Abfassen dieser Arbeit ständig um wissenschaftliche Redlichkeit und kritische Distanz bemüht habe, so betrachte ich doch die freiheitliche Oppositionspolitik von 1986 bis 1999 ohne Ressentiments. Ich tue dies reinen Gewissens, denn ich habe die im Nationalrat tätigen freiheitlichen Politiker in ihrer überwiegenden Mehrheit als idealistisch gesinnte und von der Notwendigkeit ihres Tuns zutiefst überzeugte Menschen kennen gelernt.

FPÖ-Funktionäre, wie sie Fritz Plasser schildert, die im „reaktionär-dumpfen Umfeld diverser Heimatdienste, Abwehrkämpfer- und Turnerbünde, schlagender Verbindungen, teutonischer Phrasen, chauvinistischer Deutschtümelei, Geschichtsverzerrung, der bizarren Subkultur ehemaliger Nationalsozialisten, unbelehrbarer Ex-Parteigenossen" aufgewachsen sind und „übelkeitserregende Veteranenrituale" inszenieren[1], habe ich während meiner gesamten parlamentarischen Tätigkeit nicht kennen gelernt.

Vor diesem Hintergrund finde ich auch so manche Kommentare von Politologen mit der eingangs erwähnten wissenschaftlichen Redlichkeit unvereinbar. Wenn etwa Marianne Egger de Campo im Zusammenhang mit der Abwanderung von SPÖ-Wählern zur FPÖ die Frage stellt, „wie ein Roter *braun* (nicht *blau*; M. A.) wird"[2]; wenn solche verbalen Entgleisungen unwidersprochen bleiben und ihren festen Platz in der politikwissenschaftlichen Literatur finden, dann muss es

---

1 Fritz Plasser: Die populistische Arena: Massenmedien als Verstärker, in: Anton Pelinka (Hrsg.): Populismus in Österreich. Wien 1987. S 89

2 Marianne Egger de Campo: Wähler ohne Eigenschaften. Rechtsruck oder Unterhaltungs-demokratie? Graz – Wien 2000. S 11

auch erlaubt sein, eine etwas andere, moderatere, aber nichtsdestoweniger auf seriöse Beobachtung und Analyse gründende Sichtweise zu vertreten.

Auch die Tatsache, dass das Dritte Lager seit der Gründung des BZÖ und dessen Loslösung von der FPÖ im April 2005 gespalten ist, ändert nichts an diesem Befund. Im Gegenteil: Die gegenwärtige Oppositionspolitik der FPÖ – mit Heinz Christian Strache an der Spitze – lässt einen Vergleich mit der Haider-FPÖ der Jahre 1986 bis 1999, als die Freiheitlichen den größten Transformationsprozess ihrer Geschichte durchliefen, noch interessanter erscheinen. Sieht man von einem kurzen Ausblick am Ende der Arbeit ab, habe ich dennoch darauf verzichtet, Vergleiche zwischen damals und heute zu ziehen und etwaige Parallelen auszumachen. Die wissenschaftliche Redlichkeit gebietet es, den Untersuchungsgegenstand als in sich geschlossene Einheit zu betrachten und der Versuchung zu widerstehen, Ex-Post-Betrachtungen anzustellen, die dazu neigen, Ereignisse nachträglich umzudeuten oder gar nostalgisch zu verklären.

Dies ist auch der Ort, Dank zu sagen. Dank gilt in erster Linie meinem Vater und posthum meiner Mutter, die schon vor vielen Jahren durch ihre Erziehung, die Ermöglichung einer fundierten schulischen Ausbildung, vor allem aber durch die Vermittlung von Geborgenheit die Weichen zu meinem philosophischen Interesse, und damit zum späteren Studium, gestellt haben.

Dank gilt in fachlicher Hinsicht all jenen, die mir bei der Sichtung des Materials geholfen und bei dessen Auswertung wertvolle Anregungen gegeben haben, wie dem Parlamentsarchivar Dr. Günther Schefbeck, dem leider allzu früh verstorbenen ehemaligen Direktor des freiheitlichen Parlamentsklubs Dr. Robert Prohaska sowie den stets hilfsbereiten Mitarbeitern der Literaturdokumentation (jetzt: Mediendokumentation) im Hohen Haus. Meinen langjährigen Vorgesetzten im Parlament, dem III. Nationalratspräsidenten a. D. Univ.-Prof. Dr. Wilhelm Brauneder, den Nationalratsabgeordneten a. D. Dr. Udo Grollitsch und Mag. Gerhard Hetzl möchte ich nachträglich dafür danken, dass sie im Umgang mit mir so viel Geduld bewiesen haben. Zu besonderem Dank bin ich meinem akademischen Lehrer und Betreuer der zugrunde liegenden Dissertation, Herrn Univ.-Prof. Dr. Peter Gerlich vom Institut für Staatswissenschaft und vergleichende Gesellschaftswissenschaft der Universität Wien, verpflichtet, der schon meine Diplomarbeit betreut und es auf seine unnachahmliche Art verstanden hat, mein Interesse für politikwissenschaftliche Fragen immer neu zu wecken und aufrecht zu erhalten. Ein großes Dankeschön gebührt auch Dr. Helmut Kromer, der nach Fertigstellung der Arbeit das Korrekturlesen besorgt und noch so manchen Fehler entdeckt hat.

Wien, im Jänner 2009 Manfred Andexinger

I. Einleitung

> „Kaum übernimmst du den Hof, schon bist du kammerumlagepflichtig. Du eröffnest einen Gewerbebetrieb, hast noch keine Minute für deinen Betrieb gearbeitet, schon kriegst du die Einverleibungsgebühr von ein paar tausend Schilling vorgeschrieben, ganz zu schweigen davon, dass man dir vielleicht auch noch bei der behördlichen Bewilligung Monate hindurch Schwierigkeiten macht."
>
> (Auszug aus einer Plenarrede von Jörg Haider, gehalten am 10. Mai 1988)

Die Freiheitlichen verzeichneten im Zeitraum von 1986 bis 1999 den größten messbaren Erfolg ihrer Parteigeschichte. Unter der Obmannschaft Jörg Haiders wandelte sich die FPÖ von einer „nationalliberalen Honoratiorenpartei zu einer plebiszitären Emanzipationsbewegung" (Mölzer) mit dem erklärten Ziel, ein wesentlich breiteres Wählerspektrum anzusprechen. Damit wurde auch das althergebrachte weltanschauliche Fundament der FPÖ breiter, offener und damit zwangsläufig unschärfer.

Wenngleich die Erfolgsgeschichte der Freiheitlichen untrennbar mit der Person Jörg Haiders verbunden ist, stellen sich im Zusammenhang mit Aufstieg und Wandel der FPÖ zur Mittelpartei aus politikwissenschaftlicher Sicht auch viele andere Fragen:

- *Welche soziologischen Phänomene haben im Untersuchungszeitraum zu gesellschaftspolitischen Umdenkprozessen und Trends geführt und damit, gewissermaßen als Handlungstriebfedern und Katalysatoren, Aufstieg und Wandel der Haider-FPÖ begleitet?*
- *Spielt Populismus beim „Verkauf" freiheitlicher Politik eine tragende Rolle?*
  Was versteht man überhaupt unter Populismus?
  Ist er bloß die legitime Berücksichtigung der vox populi oder doch demagogisches Instrument zur Stimmenmaximierung?
- *Lassen sich objektiv messbare Kriterien für den „Erfolg" der Haider-FPÖ ausmachen?*
  Und wenn ja, welche?

➢ *Hat es in bestimmten Bereichen eine freiheitliche Themenführerschaft gegeben?*
Und wenn ja, hat sie zu konkreten Umsetzungserfolgen geführt?

Diese Arbeit versucht, Antworten auf diese Fragen zu finden, und – da monokausale Erklärungsmuster in der Regel zu kurz greifen – sich dem Phänomen des freiheitlichen Oppositionserfolges von mehreren Seiten zu nähern. Dabei wurde folgende Arbeitshypothese formuliert:

Es gibt gesellschaftspolitische Umbrüche, welche, gleichsam als Katalysatoren, die Oppositionsrolle der FPÖ von 1986 bis 1999 mit beeinflusst und eine freiheitliche Themenführerschaft begünstigt haben. Der „Erfolg" freiheitlicher Politik ist qualitativ und quantitativ messbar, hat den österreichischen Parlamentarismus nachhaltig beeinflusst und letztlich zu Aufstieg und Wandel der FPÖ geführt.

Der wissenschaftlichen Redlichkeit halber und um angesichts des heiklen Untersuchungsgegenstandes dem Vorwurf der ideologischen Parteinahme oder Wertung zu begegnen, wurde in methodischer Hinsicht weitgehend der empirisch-analytische Ansatz bevorzugt, was deskriptive Abschnitte, theoretische Exkurse oder gar phänomenologische Betrachtungen nicht ausschließt. Im Gegenteil: die empirisch-analytische Methode ist nicht Selbstzweck, sie dient vielmehr der Überprüfung – Verifizierung wie Falsifizierung gleichermaßen – sowie bestenfalls der Fundierung der oben formulierten Arbeitshypothese.

Die Arbeit gliedert sich in sechs Teile. Es sind dies neben der Einleitung ein historischer Abriss, eine ideengeschichtlich-phänomenologische Betrachtung, der empirisch-analytische Hauptteil, ein Abschnitt über Jörg Haider sowie eine abschließende Zusammenfassung samt Ausblick.

Der *historische Abriss* leitet die Ursprünge der freiheitlichen Gesinnungsgemeinschaft ab und umfasst zwei Abschnitte:

Im ersten Abschnitt wird auf Adam Wandruszka und seine „Lagertheorie" eingegangen.

Der zweite Abschnitt gestaltet sich als Streifgang durch die Parteigeschichte der FPÖ. Nach kurzen Periodisierungsversuchen wird das Intermezzo der blauen Regierungsbeteiligung in der Kleinen Koalition von 1983 bis 1986 ausführlicher behandelt, wobei jene „Pannen" geschildert werden, welche die Bruchlinien des späteren Scheiterns markieren. Die Ära Haider bildet den Beobachtungszeitraum dieser Arbeit und wird entsprechend ausführlicher behandelt. Die Freiheitlichen verstehen sich nunmehr als „Reformkraft neuen Stils" und betreiben eine scharfe und kantige Oppositionspolitik. Die Konflikte nehmen zu, der politische Umgangston wird schärfer und der Wechsel von der Konkordanz- zur Konkurrenzdemokratie endgültig vollzogen. Die FPÖ legt von Wahl zu Wahl an Stimmen zu, steigt zu einer Mittelpartei auf und übernimmt in vielen Bereichen die politische Themenführerschaft. Mit dem Eintritt als kleine Koalitionspartner in das Kabinett Schüssel I im Februar 2000 im Gefolge der Oktoberwahlen 1999 beginnt für die Freiheitlichen ein neues Kapitel ihrer wechselvollen Parteigeschichte, das aber nicht mehr Gegenstand dieser Arbeit ist.

Die *ideengeschichtlich-phänomenologische Betrachtung* beleuchtet das Selbstverständnis der Haider-FPÖ, ihre Einbettung in das gesellschaftliche Umfeld, die vielfältigen Interaktionen mit diesem und jene gesellschaftspolitischen Umbrüche, welche nicht ohne Einfluss auf die freiheitliche Oppositionsrolle geblieben sind. Sie umfasst vier Abschnitte:

Der erste Abschnitt beschäftigt sich mit einer Erörterung der Identitätsfrage. In vier Kapiteln werden das Links-Rechts-Schema, die klassischen Ideologien, die Dreiteilung Konservativismus, Liberalismus und Sozialismus sowie das Selbstverständnis und die Programmatik der FPÖ während des Untersuchungszeitraumes behandelt. Dabei wird einzelnen Schwerpunktsetzungen und dem neuen Parteiprogramm ausreichend Platz eingeräumt. In einem fünften Kapitel wird eine Verortung im Links-Rechts-Schema vorgenommen. Im sechsten Kapitel werden Anspruch und Wirklichkeit von Parteiprogrammen miteinander verglichen und deren Bedeutung an den Auswirkungen im politischen Alltag gemessen.

Der zweite Abschnitt setzt sich mit dem für das politische System der Zweiten Republik typischen System von Proporz und Patronage auseinander, das zum Feindbild der FPÖ und zur Triebfeder ihres oppositionellen Handelns wird. In drei Kapiteln werden Licht- und Schattenseiten der Sozialpartnerschaft, die unselige Verflechtung von Parteimitgliedschaft und Patronage sowie das Haidersche Konzept der „Dritten Republik“ behandelt.

Ein dritter Abschnitt widmet sich jenen soziologischen Phänomenen, welche gewissermaßen als Katalysatoren die freiheitlichen Handlungsmuster wesentlich mit bestimmt haben. Exkursiv wird die politikwissenschaftlich interessante *Realignment*-Perspektive (Plasser) ebenso beleuchtet wie Säkularisierung, Postindustrialismus und Postmaterialismus sowie der Bruch mit Ligaturen (Dahrendorf) – Erscheinungen, die wesentlich zur Lockerung von Lagerbindungen und damit zu Stammwählerrückgang und erhöhter Wählermobilität geführt haben. Die neuen Medien und der veränderte Umgang mit ihnen (Postman) werden wiederum als Transmissionsriemen herausgestellt, der moderne freiheitliche Politik leichter, schneller und psychologisch eindrücklicher transportiert. Die „Erlebnisgesellschaft“ (Schulze) schließlich bietet Erklärungsmuster für die Akzeptanz *von* und die Nachfrage *nach* jener „Event“-Kultur, in welche freiheitliche Wahlveranstaltungen und Auftritte Jörg Haiders eingebettet sind.

Ein vierter Abschnitt ist der durchaus kontroversiell geführten Populismus-Diskussion gewidmet. Neben ersten Definitionsversuchen soll nicht nur untersucht werden, inwiefern Populismus beim „Verkauf" freiheitlicher Politik eine tragende Rolle spielt, sondern auch die heikle Frage beantwortet werden, ob es sich bei diesem Phänomen bloß um die legitime Berücksichtigung der *vox populi* handelt oder um ein demagogisches Instrument zur kritiklosen Maximierung von Wählerstimmen.

Der *empirisch-analytische Hauptteil* untersucht die Rolle der freiheitlichen Opposition im Nationalrat und gliedert sich in fünf Abschnitte:

Im ersten Abschnitt wird die Sozialstruktur der FP Nationalratsabgeordneten, also der Akteure im Parlament, analysiert.

Im zweiten Abschnitt werden Möglichkeiten und Grenzen jedweder Oppositionspolitik im Nationalrat aufgezeigt und die hiefür verfassungsrechtlich vorgesehenen Instrumente erläutert. Begleitend wird beschrieben, inwieweit sie von den Freiheitlichen im Untersuchungszeitraum mit Leben gefüllt worden sind.

In einem dritten Abschnitt wird die Transformation von der Konkordanz- zur Konkurrenzdemokratie als unmittelbare Folge des schärfer gewordenen politischen Diskurses herausgestellt.

Der vierte Abschnitt widmet sich der freiheitlichen Themenführerschaft als wesentlichem Aspekt erfolgreicher Opposition. In einem einleitenden Kapitel wird die Operationalisierung politischen „Erfolges" behandelt. In Anlehnung an die Evaluationsforschung (Vedung) wird ein Systemmodell entwickelt, dass eine qualitative Bewertung ermöglichen soll. Das zweite Kapitel beschäftigt sich mit freiheitlichen „Lieblingsthemen" und zeigt anhand des Privilegienabbaus, des Abfertigungsstopps, der Kürzung der Gehälter innerhalb der Österreichischen Nationalbank sowie der Verurteilung des Rundfunkmonopols durch den Europäischen Gerichtshof, wie die Freiheitlichen gleichsam aus der Opposition heraus – wenngleich auf Umwegen und zeitversetzt – die Implementation wichtiger Reformvorhaben bewirkt haben.

Der fünfte Abschnitt illustriert die Zustimmung durch Wahlen und lässt den Beginn der Haider-Ära als deutliche Zäsur erkennen. Wahlergebnisse und Wählerstromanalysen erweisen quantitativ, dass die freiheitliche Oppositionspolitik von breiten Bevölkerungskreisen honoriert worden ist.

Ein fünfter Teil ist *Jörg Haider* als *spiritus rector* und Leitfigur des freiheitlichen Aufstiegs gewidmet. Er verstand es in dieser Rolle wie kaum ein anderer, die politische Diskussion zu polarisieren. Und so gestaltet sich dieser Abschnitt nicht ganz zufällig als eine zum Teil ins Philosophische weisende Auseinandersetzung mit dieser schillernden Persönlichkeit der österreichischen Innenpolitik.

Den Abschluss bildet eine *Zusammenfassung*, in der die Arbeitshypothese einer kritischen Prüfung unterzogen wird, die wesentlichen Thesen noch einmal herausgestrichen und Schlussfolgerungen gezogen werden sowie ein *Ausblick* auf die weitere Entwicklung gegeben wird.

II. Historischer Abriss

Um Aufstieg und Wandel der FPÖ unter Jörg Haider besser verstehen zu können, muss man vor die Parteigründung, zu den freiheitlichen Wurzeln zurückgehen, welche im nationalen oder nationalliberalen Lager liegen, das bereits in der österreichisch-ungarischen Monarchie, konkret in der 1848er Bewegung, eine bedeutende Rolle gespielt und seit der Gründung der Ersten Republik eine traditionelle Gegenposition zum christlichsozialen und sozialdemokratischen Lager bezogen hat.

A. Adam Wandruszka und seine „Lagertheorie"

Kernthese und zugleich Ausgangspunkt der von Adam Wandruszka 1954 formulierten „Lagertheorie" ist die behauptete Stabilität der Dreiteilung des österreichischen Parteiensystems trotz unbestrittener Weiterentwicklung und Wandlung aller drei Gruppen. So sei „die österreichische Innenpolitik, ja die gesamte soziale, ideelle und kulturelle Struktur des Landes ... von 1918 bis zur Gegenwart (1954; M. A.) ... durch das Neben-, Gegen- und Miteinander der drei großen Lager"[3] beherrscht worden.

Die Österreichische Volkspartei habe mit Recht nach 1945 Wert auf die Feststellung gelegt, sie betrachte sich keineswegs als bloße Nachfolgerin der alten Christlichsozialen Partei oder gar der Dollfuß-Schuschniggschen Vaterländischen Front.

Auch die seit 1949 im VdU politisch zusammengefassten Unabhängigen oder die Breitner-Wähler der Bundespräsidentenwahlen von 1951 seien keineswegs mit den Nationalsozialisten, mit den Betont-Nationalen, dem Schoberblock oder den Großdeutschen und Landbündlern gleichzusetzen.

Die Gründung der FPÖ erfolgte erst 1955, also nach der Veröffentlichung der These Wandruszkas. Für die Freiheitlichen, die als die legitimen Erben des VdU angesehen werden dürfen, gilt erst recht, was Wandruszka über den Verband der

3 Adam Wandruszka: Österreichs politische Struktur. Die Entwicklung der Parteien und politischen Bewegungen, in: Heinrich Benedikt (Hrsg.): Geschichte der Republik Österreich. Wien 1954. S 291

Unabhängigen zu sagen hatte: ein Vergleich mit anderen Exponenten des „nationalen“ Lagers ist kaum möglich.

Selbst die Sozialistische Partei (der 50er Jahre; M. A.), die sich als bewusste Nachfolgerin der alten Sozialdemokratischen Arbeiterpartei (und wohl auch der Radikalen Sozialisten; M. A.) präsentierte, habe, so Wandruszka, verglichen mit der alten Partei vor 1934 eine nicht unwesentliche Wandlung durchgemacht.

Das Verhältnis von Wandel und Kontinuität bestimmte die innere Geschichte aller drei Lager sowie ihr Verhältnis zueinander. Innerhalb der Bevölkerung sei, so Wandruszka, das Bewusstsein der Kontinuität allerdings stärker ausgeprägt gewesen als jenes der Wandlung. Wandruszka verteidigt die Stabilität der Dreiteilung mit dem fortgesetzten Scheitern ihrer Überwindungsversuche: „Die Stabilität ... ist nicht zuletzt dadurch schlagend erwiesen worden, dass die Versuche ihrer Überwindung, 1933/34 bis 1938 durch die ‚Vaterländische Front‘, die zumindest der Idee und Absicht nach das gesamte Volk umfassen sollte, wie durch den Nationalsozialismus 1938 bis 1945, der dasselbe mit ungleich gewalttätigeren und zeitweise gewiss wirksameren Mitteln versuchte, nicht nur die Tatsache dieser Dreiteilung nicht aufzuheben, sondern nicht einmal das Kräfteverhältnis der drei Lager wesentlich zu ändern vermochten. Nach der Epoche des ‚Christlichen Ständestaates‘, nach sieben Jahren Hitler-Regime, nach Weltkrieg und Besatzung ergaben die ersten unter einigermaßen normalen Verhältnissen abgehaltenen Parlamentswahlen, die vom 9. Oktober 1949, hinsichtlich der prozentualen Stimmenverteilung der drei Gruppen eine überraschende Ähnlichkeit mit den letzten demokratischen Wahlen vom 9. November 1930; eine Stabilität über zwei Jahrzehnte – und was für Jahrzehnte –, die eindringlicher als jedes andere Argument für die Bedeutung der erwähnten Grundstruktur spricht und die im folgenden getroffene Gliederung als die dem Stoff selbst gemäße rechtfertigt.“[4]

Die Ursprünge aller drei Lager siedelt Wandruszka ideengeschichtlich in den 80er Jahren des 19. Jahrhunderts an, als sich eine immer stärkere Berührung und Verflechtung der Bewegungen und ihrer führenden Persönlichkeiten abzeichnete. Die „Gründerväter“ aller drei Lager – und damit der österreichischen Parteiengeschichte und Innenpolitik des 20. Jahrhunderts – ortet er geschart um den Ältesten von ihnen sowie hinsichtlich seiner Wirkung bedeutungsvollsten: um den jungen Georg Ritter von Schönerer. Zu dessen frühen Gefolgsleuten gehörten u. a. der spätere Christlich-Soziale, Karl Lueger, die Begründer der Sozialdemokratie, Viktor Adler und Engelbert Pernerstorfer, sowie der Historiker Heinrich Friedjung, der an der Abfassung des Linzer Programms entscheidend mitwirken sollte. Tatsächlich deuteten die personellen Beziehungen zwischen den Gründern der sozialistischen, christlich-sozialen und national-sozialen Bewegungen auf ein

4 Wandruszka. S 292

allen drei Richtungen gemeinsames Anliegen hin: nämlich eine Antwort zu finden auf die sozialen Probleme, die der soeben auf dem Höhepunkt angelangte Liberalismus aufzuwerfen begann.

Die im Entstehen begriffenen Lager verstanden sich somit anfangs als gar nicht so sehr voneinander verschiedene organisatorische Ausprägungen einer Gegenbewegung zum Liberalismus. Auf der Suche nach einer Antwort auf die brennende „soziale Frage“ formierten sie sich als soziale und antiliberale Bewegungen in je verschiedene Richtungen, in die christlich-*soziale*, die national-*soziale* und die *sozial*-demokratische. „Das liberale Erbe ist (aber) bis auf den heutigen Tag in allen drei Richtungen lebendig geblieben; wobei im sozialistischen wie im nationalen Lager der kulturelle Liberalismus, vielfach als laizistischer ‚Antiklerikalismus‘, im christlich-sozialen Lager der ökonomische Liberalismus im Vordergrund stand.“[5]

Wandruszka stellt sich nun die Frage, worin denn der wesentliche Gegensatz zwischen dem nun scheinbar vernichteten Liberalismus und seinem dreigeteilten Feind bestanden habe, und kommt zum Schluss: „Der Liberalismus war in Österreich vor und nach 1848 von einem Teil des Adels, vom Großbürgertum, der Industrie und dem hohen Beamtentum getragen worden. Dem Absolutismus der Metternich-Zeit und dem selbst schon stark vom Liberalismus beeinflussten Neo-Absolutismus der Schwarzenberg-Ära stellte er das Ideal der Freiheit der Persönlichkeit in ihrem politischen, kulturellen und wirtschaftlichen Wirken gegenüber. Auf eine idealistische Phase war in der zweiten Jahrhunderthälfte eine realistische, ja materialistische Phase gefolgt, in der das Ideal der innerlich freien, nur dem Sittengesetz unterworfenen Persönlichkeit unter dem Einfluss von Darwinismus und Manchesterlehre mehr und mehr von den Gedanken des hemmungslosen ‚freien Spiels der Kräfte‘, des ‚Kampfes aller gegen alle‘ und der ‚natürlichen Zuchtwahl‘ auch auf politischem, nationalem und wirtschaftlichem Gebiet abgelöst worden war. Mit den Problemen, die der Liberalismus selbst im Zusammenhang mit der jetzt erst in Österreich voll zur Auswirkung kommenden ‚industriellen Revolution‘ zunächst vor allem auf wirtschaftlich-sozialem, aber auch auf dem politischen und nationalen Gebiet geschaffen hatte, vermochte er selbst nicht fertig zu werden. Die Entstehung des Großstadtproletariats, die wirtschaftliche Bedrängnis des Kleinbürgertums, des Handwerks und Gewerbes waren Erscheinungen, die vor allem im Gefolge des großen Börsenkrachs von 1873 eine Millionenarmee von Unzufriedenen und eine tiefe Vertrauenskrise des Liberalismus hervorgerufen hatten – eine Krise, von der sich dieser nie mehr völlig erholen sollte.“[6]

---

5 Wandruszka. S 293
6 Wandruszka. S 294

In dieser Krise wurde liberales Ideengut von Gedanken einer nationalen, religiösen, staatlichen, korporativen und klassenmäßigen „Gemeinschaft" verdrängt. Schönerer, 1875 noch Vorkämpfer individueller und politischer Freiheit, fordert bereits 1880 die Reform der Gewerbeordnung und der Fabriksgesetze sowie die Stärkung des „korporativen Geistes" bei Bauern und Arbeitern. Die Verstaatlichung der Eisenbahnen, Einführung einer progressiven Einkommenssteuer, Einführung von Luxussteuern und Beschränkung von Frauen- und Kinderarbeit sind Forderungen des 1882 von Schönerer, Adler und Friedjung geschaffenen Linzer Programms. Sozial stammten die Gründer der Bewegung bis auf Viktor Adler, der aus dem jüdischen Großbürgertum hervorging, aus der gleichen sozialen Schicht, dem Kleinbürgertum. „Für alle vier war bei den Liberalen kein Platz mehr, als sich diese von einer Partei der Unzufriedenen zu einer Partei der ‚beati possidentes' wandelten."[7]

Die drei Bewegungen wandten sich – wenn auch mit unterschiedlicher Gewichtung – an die selben sozialen Schichten: die Arbeiterschaft, das Kleinbürgertum und die unbemittelte Intelligenz. So sprachen die Sozialisten vornehmlich die Industriearbeiterschaft an, die Christlichsozialen warben um die Kleinbürger, zu denen später der größte Teil der Bauernschaft und das Großbürgertum hinzukamen, und die Nationalen bemühten sich in erster Linie um die Akademiker und die Beamtenschaft. Aus diesem Ringen um dieselben Anhänger- und Wählerschichten mag sich auch der später erbitterte „Bruderkampf" der drei ursprünglich vereinten Richtungen erklären.

In der politikwissenschaftlichen Diskussion wurden und werden immer wieder kritische Stimmen laut, die Wandruszkas Theorie zur Lagerbildung zwar nicht generell ablehnen, aber doch in entscheidenden Punkten modifiziert sehen wollen. So konstatieren Hermann Fritzl und Martin Uitz eine „personalisierende, von Anekdoten durchzogene Geschichtsschreibung" und kritisieren „ferner die ‚Schwammigkeit' des ... verwendeten Begriffsapparates, der breiten Interpretationsspielraum zulässt."[8]

Angesichts des in den 70er Jahren des 20. Jahrhunderts stärker werdenden Trends zu den beiden Großparteien[9] SPÖ und ÖVP – den Hauptexponenten des sozialistischen und des christlichsozial-konservativen Lagers – sowie des langsamen, aber stetigen Ansteigens von Wechselwählern orten Fritzl/Uitz einen Angriff auf die Lagertheorie und ein Verwischen ihrer Grenzen. Die ursprüngliche Definition Wandruszkas habe für die Zweite Republik nur noch bedingt Gültig-

7 Wandruszka. S 295

8 Hermann Fritzl/Martin Uitz: Kritische Anmerkungen zur so genannten Lagertheorie, in: ÖZP 1975/3. S 327

9 Seit der Nationalratswahl 1999 sollte man besser von drei Mittelparteien sprechen.

keit, denn „von den meisten Autoren wird die Definition stillschweigend dahingehend erweitert, dass ... Lager Parteien (sind), die die Integration und Politisierung der von ihnen unterstützten sozialen Gruppen erreichen wollen, indem sie Vorfeldorganisationen (Sportvereine, eigene Bildungsinstitutionen, Konsum- und Autofahrervereinigungen und vieles andere) aufbauen."[10] Fritzl/Uitz stimmen Wandruszka, was dessen Thesen von der Kontinuität und Stabilität angeht, zu. Es gebe auch in der Zweiten Republik Konsum- und Autofahrervereinigungen, die noch immer demselben Lager zugerechnet würden, ja oft nicht einmal ihren Namen geändert hätten. Betrachtete man diese Vorfeldorganisationen allerdings von ihrem Selbstverständnis, fände sich, dass viele von ihnen zumindest nach außen hin sich nicht mehr als zu einer bestimmten Gruppe gehörig dargestellt wissen wollten, sondern sich als überparteilich oder gar unpolitisch bezeichneten.

Weiters beobachten die Autoren einen starken Abbau der so genannten „Lagermentalität" – das sei eine subjektive, in den Individuen rezipierte parteiliche Haltung –, und fragen sich, ob die Parteien eine solche Entwicklung nicht selbst herbeigeführt hätten, indem sie ihre Vorfeldorganisationen zwecks Bindung von traditionellen Stammwählern anderer Parteien für alle Wählerschichten öffneten. So „würde sich die Entpolitisierung dieser Vereinigungen als Teilaspekt ihrer Umwandlung von ideologisch festgelegten Parteien zu ‚modernen' *catch-all-people-parties* verstehen. Hinzu kommt noch, dass die Mitglieder dieser alten Vorfeldorganisationen den Servicecharakter und -wert dieser Vereinigungen in verstärktem Maße im Auge haben, wenn sie ihnen beitreten, während früher politische Motive für einen Beitritt ausschlaggebend waren."[11] Die Autoren illustrieren ihre These an der Mitgliederstruktur der beiden großen Autofahrerorganisationen, ÖAMTC und ARBÖ. Fritzl/Uitz kommen zum Schluss, dass aufgrund der Tatsache, dass die Nationalen in der Zweiten Republik keine nennenswerten Vorfeldorganisationen entwickelt hätten und zahlreiche Wähler zu den beiden Großparteien abgewandert seien, sich für die Zweite Republik die Behauptung von drei Lagern nicht mehr aufrechterhalten ließe. Zwar gebe es die Kontinuität und Stabilität dieser Parteien und ihrer Vorfeldorganisationen, doch seien sie und vor allem ihre Vorfeldorganisationen für den früheren politischen Gegner offen. Da von dieser Möglichkeit auch Gebrauch gemacht werde, seien viele Vorfeldorganisationen politisch nur noch schwer einzuordnen.

„Auffallend an Wandruszkas Einteilung in drei Lager ist die Trennung in ein christlichsozial-konservatives und ein nationales Lager, fasst er doch die Kommunisten und Sozialdemokraten in ein gemeinsames, das sozialistische Lager zusammen. Während er zweifellos vorhandene Unterschiede zwischen Sozialdemo-

10 Fritzl/Uitz. S 327
11 A. a. O. S 328

kraten und Kommunisten einfach vernachlässigt", so die Kritik der Autoren, „überbetont er die Unterschiede von Christlichsozialen und Nationalen."[12] Die Autoren meinen, dass man mit demselben Recht, mit dem man Kommunisten und Sozialdemokraten in ein gemeinsames Lager eingliedere, Christlichsoziale und Nationale in einem gemeinsamen bürgerlichen Lager zusammenfassen könnte. Wandruszka habe die Unterscheidungsmerkmale zwischen Christlichsozialen und Nationalen gesucht, während er ihre gemeinsame, streng antimarxistische Haltung bewusst vernachlässigt habe. Außerdem seien in der Heimwehr Angehörige beider Richtungen vertreten gewesen und hätten trotz gewisser Unterschiede in ihrer Haltung gemeinsam gekämpft.

Sie unterstellen Wandruszka, die strenge Trennung in zwei bürgerliche Lager aufgrund seiner Nähe zum dritten „nationalen" Lager gegen besseres Wissen vollzogen zu haben, denn es hätte ihm nicht entgehen können, dass das eben wieder erstarkte nationale Lager (Beginn der 50er Jahre; M. A.) auf schwachen Beinen stand. „Die ideologisch nicht mehr so stark profilierten Großparteien begannen bereits nach der Aufhebung der Ausnahmegesetzgebung gegen ehemalige Nationalsozialisten um diese Wähler zu werben. Auch die veränderten ökonomischen Bedingungen führten dazu, dass viele potentielle Wähler der ‚Nationalen' sich einer der beiden Großparteien zuwandten."[13] Die Differenzen zwischen den konservativen Rechten und dem liberalen Flügel im 1949 gegründeten VdU hätten neben dem schlechten Wahlergebnis von 1953 zu dessen Auflösung und zur Gründung von Splitterbewegungen wie der Nationalen Liga und der Freiheitlichen Sammlung Österreichs geführt. Durch die Konstruktion eines dritten, des „nationalen Lagers", habe Wandruszka auf die Notwendigkeit einer dritten politischen Kraft hinweisen und zugleich beweisen wollen, dass die Zweite Republik gewissermaßen auf drei tragenden „Säulen" ruhe. Er habe überdies die Partei- und Gruppengründungen der Nationalsozialisten durch den Verweis auf ein „gott- und naturgewolltes" drittes Lager legitimieren wollen.

In der Lagertheorie sehen Fritzl/Uitz ein ideologisches Konstrukt, das mit seiner Erweiterung auf die Vorfeldorganisationen genügend präzise das Parteiensystem in der Ersten Republik erkläre. Für die Zweite Republik ließen sich aber nur noch Reste der Lager und der Lagermentalität feststellen. Interessant für die politikwissenschaftliche Diskussion ist die von ihnen aufgeworfene Fragestellung, „ob man in Anbetracht eines dritten, ‚nationalen Lagers' nicht auch von einem vierten, ‚kommunistischen Lager' sprechen müsste."[14]

---

12 Fritzl/Uitz. S 328
13 A. a. O. S 329
14 A. a. O. S 329

Ausgehend von der für die Zweite Republik durchwegs üblich gewordenen Reduzierung von drei auf zwei große Lager stellen sich Fritzl/Uitz die Frage, ob nicht auch die Trennung zwischen den beiden großen Lagern in der Zweiten Republik ganz bewusst aufrecht erhalten werde, „um über die Tatsache hinweg zu täuschen, dass SPÖ und ÖVP seit Jahrzehnten eine starke Annäherung ihrer Positionen durchmachen, wobei zu erwähnen wäre, dass die SPÖ wesentlich mehr Punkte aus ihrem ehemals marxistischen Programm streichen musste, um diese Annäherung zu erreichen und neue Wählerschichten anzusprechen, als dies die ÖVP tat."[15]

Anton Pelinka sieht in der Bildung einer alle drei staatsgründenden antifaschistischen Parteien (ÖVP, SPÖ und KPÖ; M. A.) umfassenden Konzentrationsregierung nach 1945 eine Relativierung des Konkurrenzmechanismus' des Mehrparteiensystems. Dabei anerkennt er zwar eine Renaissance der alten weltanschaulich-politischen Lager, bezieht diese jedoch auf „Struktur und Stärke der 1945 gegründeten bzw. wieder gegründeten Parteien."[16] In diesem Punkt stimme ich nicht mit ihm überein. Denn aus der Sicht der Wandruszkaschen Lager-Dreiteilung fehlt das „nationale" Lager, und nach der postulierten Zweiteilung nach Fritzl/Uitz wären SPÖ und KPÖ unter ein „sozialistisches" Lager zu subsumieren.

Drei Faktoren bestimmten nach Pelinka die Entwicklung des österreichischen Parteiensystems: „Ein dem Konzept der Konkurrenzdemokratie entsprechendes Konfliktritual mehrerer Parteien; eine diese Konkurrenzdemokratie weitgehend aushöhlende, an einem Konkordanzmodell orientierte Praxis; und eine in Gestalt der alten Lager sich ausdrückende, auffallende Kontinuität von Parteien und Wählern."[17] Er bestätigt die Wandruszkasche These, wenn er meint, „die Struktur des österreichischen Parteiensystems hatte die Jahre des autoritären Ständestaates und der Okkupation durch das nationalsozialistische Deutschland im wesentlichen unverändert überstanden."[18]

Trotz allmählichen Rückganges konstatiert er eine immer noch außerordentlich starke Vererbung der Parteibindung: „So äußern 8 von 10 Wählern, deren Vater eine sozialdemokratische Präferenz hatte, selbst eine Präferenz zugunsten der SPÖ; 7 von 10 Wählern, deren Vater der Christlichsozialen Partei verbunden war, haben eine Parteipräferenz zugunsten der ÖVP. Dass nur 3 von 10 der Wähler, deren Vater einer der Parteien des deutschnationalen Lagers zuneigte, heute sich der FPÖ verbunden fühlen, korrespondiert mit dem langfristigen Rückgang

---

15 A. a. O. S 330
16 Anton Pelinka: Parteiensystem als Integrationsfaktor, in: ÖZP 1975/3. S 301
17 A. a. O. S 301
18 A. a. O. S 302

der Wählerbasis dieses Lagers und mit den Konzentrationstendenzen des Parteiensystems im allgemeinen."[19] Es ist natürlich zu beachten, dass die zitierte Studie bald 35 Jahre alt ist und sich seither ein empirisch nachweisbares Österreichbewusstsein herausgebildet hat, das seinerseits die „deutschnationale" Identität weiter geschwächt hat.

In einer 1988 durchgeführten Studie[20] wurde erstmals versucht, die nationale Selbstdefinition der Österreicher u. a. mit der Frage zu erheben: „Für manche steht der Ort oder der Raum, in dem sie beheimatet sind, an erster Stelle. Als was fühlen Sie sich zuerst?" An „erster Stelle" identifizierten sich 19 Prozent der Befragten mit der (jeweiligen) Gegend / dem Ort, 12 Prozent mit dem (jeweiligen) Bundesland, 20 Prozent sahen sich als Österreicher, ein Prozent als Deutsche, zwei Prozent als Europäer und 45 Prozent als „Mensch".[21]

Pelinkas Behauptung vom langfristigen Rückgang der freiheitlichen Wählerbasis ist nun insofern obsolet, als sich das Selbstverständnis der Freiheitlichen der geänderten Bewusstseinslage weitgehend angepasst hat.[22]

Wolfgang C. Müller meint, „im Gegensatz zu anderen im Rahmen der *Consociational-Democracy*-Theorie gerne mit Österreich verglichenen Ländern gibt es (hierzulande) kaum *cross-cutting cleavages* und sind die Parteien selbst die eigentlichen Kristallisationspunkte der Subkulturen."[23] Parteienidentifikation sei somit eine langfristig wirksame affektive Bindung des einzelnen an eine Partei, die auch die Wahrnehmung politischer Ereignisse stark beeinflusst. „Eine Partei wird so zum Bezugspunkt des politischen Denkens, Fühlens und Handelns."[24]

Was hier über die Identifikation mit Parteien gesagt wird, gilt m. E. auch für die traditionelle Lagerbindung. „Dissonanzen zwischen konkreten Attitüden und der Parteienidentifikation sind keinesfalls ausgeschlossen, aber es ist durchaus möglich, dass der einzelne ein von seiner Parteienidentifikation abweichendes Wahlverhalten an den Tag legt, aber nach Wegfall dieser Einflüsse wieder zu der Partei zurückkehrt, mit der er sich in der beschriebenen Weise verbunden fühlt"[25] (und damit in sein angestammtes Lager; M. A.).

---

19 A. a. O. S 304 – Pelinka bezieht sich auf die Studie von Albrecht K. Konecny: Politisches Verhalten und öffentliche Meinung in Österreich, in: Journal für angewandte Sozialforschung. 2/1974. S 6

20 Albert F. Reiterer (Hrsg.): Nation und Nationalbewusstsein in Österreich. Ergebnisse einer empirischen Untersuchung. Wien 1988

21 A. a. O. S 38

22 Vgl. dazu das Kapitel Selbstverständnis und Programmatik der FPÖ in dieser Arbeit.

23 Wolfgang C. Müller: Politische Kultur und Parteientransformation in Österreich, in: ÖZP 1/1984. S 60

24 A. a. O. S 62

25 A. a. O. S 62

In die selbe Kerbe schlagen auch Helmut Berger und Kurt Traar, die in ihrer Untersuchung die langfristigen schichtspezifischen ökonomischen Interessen betreffend eine hohe Konstanz des Wahlverhaltens feststellen: „Obwohl in den letzten Jahrzehnten der Klassencharakter der Parteien schwächer geworden ist und eine Harmonisierung der sozialen Interessensgegensätze von mehreren Parteien unausgesprochen als Ziel angesehen wird, so sind breite Bevölkerungsschichten noch immer der Meinung, dass die SPÖ in Österreich eher die Interessen der Arbeiter und Angestellten vertritt, während die ÖVP eher als die Interessenspartei der Unternehmer und der Selbständigen gilt."[26]

Für die Freiheitlichen wäre zu ergänzen, dass mit der Übernahme der Partei durch Jörg Haider 1986 ein Paradigmenwechsel stattgefunden hat. Sowohl ihrem Selbstverständnis nach als auch in ihrer Außenwirkung werden die Freiheitlichen zusehends als „plebiszitäre Emanzipationsbewegung" (Mölzer) mit starkem Protestpotential wahrgenommen oder als „Arbeiterpartei neuen Typs" (Plasser) gehandelt.

Berger/Traar sehen in der Ideologie eine Schaltstelle zwischen Wahrnehmung und Verhalten. Durch das vorhandene ideologische Grundmuster würden Wahrnehmungen vorselektiert und die aufgenommenen Wahrnehmungen nach diesem Muster interpretiert und geordnet. Es sei das kognitive Koordinatensystem, das jeder benötige, um aus der Fülle der angebotenen Sinneseindrücke auszuwählen und sie ordnen zu können. In diesem Kontext sei die SPÖ vor allem mit dem Erbe der Arbeiterkultur, die ÖVP vor allem mit dem Erbe der bürgerlichen und der bäuerlichen Kultur in Zusammenhang zu bringen. Das dritte, „nationale" Lager wird nicht erwähnt. Eine Korrelation zwischen sozialen Faktoren und Wahlverhalten sei nicht zu leugnen, was meines Erachtens eine implizite Zustimmung zur Lagertheorie bedeutet. „Wer aus einer Familie von Selbständigen stammt, dementsprechend erzogen wurde, und die bürgerliche Ideologie zu seiner Lebensweisheit gemacht hat, der wird weder durch das gute Image der SPÖ oder ihres Spitzenkandidaten, noch durch punktuelle Maßnahmen dieser Partei, die ihm einen objektiven Vorteil bringen, und schon gar nicht durch die politische Werbung der SPÖ dazu zu bringen sein, dieser Partei seine Stimme zu geben. Seine Lagergebundenheit erweist sich als resistent gegenüber jeder Richtungsänderung."[27]

Wolfgang C. Müller stellt eine langsam vor sich gehende Annäherung der alten Lager bei gleichzeitiger Reduzierung der Bedeutung der Parteien als Orientierungspunkte fest, was mancherorts als ein „Drang zur Mitte" charakterisiert

26 Helmut Berger/Kurt Traar: Grundlegende Faktoren des Wahlverhaltens, in: ÖZP 3/1983. S 294

27 A. a. O. S 296

wird. Eine Untersuchung der Beschaffenheit der vom Staat bzw. den Parteien erwarteten Leistungen zeige überdies, so Müller, bis in die 70er Jahre hinein eine Dominanz materieller Erwartungshaltungen, so genannter *bread-and-butter-issues*. Danach lasse sich eine Zunahme postmaterialistischer Werthaltungen ausmachen. „Trotz teilweiser Erfolge verschiedener Integrationsstrategien der etablierten Parteien ist mit diesem Wertwandel die Herausbildung einer ‚neuen', quer zu der ‚alten' Links-rechts-Dimension liegenden, Politikdimension verbunden."[28]

B. Das „Dritte Lager" und die FPÖ

Die Organisationsdichte des „nationalen" Lagers war seit jeher gering, und seine Wählerschaft bestand vornehmlich aus Männern, Akademikern, Protestanten und Personen mit geringer Religiosität, Kleinbürgern und Kleinstädtern, sowie immer schon Protestwählern. Seine Parteien neigten stets zu inneren Auseinandersetzungen, die teils dem ausgeprägten Individualismus immanent sind, teils den ideologischen Flügelkämpfen zwischen „Liberalen" und „Nationalen" zuzuordnen sind.

1. Periodisierungsversuche

Kurt Richard Luther unterteilt die Geschichte der FPÖ in vier Perioden[29]:

1) „Im ersten Jahrzehnt ihrer Existenz war die FPÖ organisatorisch schwach, programmatisch ausgesprochen national und auf wenige Themen beschränkt, in der Wählergunst bald sinkend und vom politischen Geschehen weitgehend ausgeschlossen.
2) Ab Mitte der 60er Jahre wurde unter ihrem Bundesparteiobmann (BPO) Friedrich Peter bewusst versucht, diese ‚Ghettopartei' aus der Isolation zu führen. Diese Normalisierungsphase war gekennzeichnet durch weitgehend stabile Wahlergebnisse, den Zuzug neuer akademischer Kräfte, womit die intellektuelle Fundierung der Programmatik gestärkt werden sollte, sowie durch eine allmähliche Gesprächsbereitschaft seitens der politischen Konkurrenten der FPÖ. Diese Phase gipfelte 1970/71 in der Unterstützung der SPÖ-Minderheitsregierung durch die FPÖ, wofür sie als Gegenleistung eine minderheitenfreundliche Wahlrechtsreform erhielt.
3) Ab der zweiten Hälfte der 70er Jahre ist eine Phase der politischen Akzeptanz anzusetzen. Objekt freiheitlicher Annäherungsversuche war unter BPO Alexander Götz

---

28 Müller: Politische Kultur. S 67

29 Kurt Richard Luther: Die Freiheitliche Partei Österreichs, in: Herbert Dachs et al. (Hrsg.): Handbuch des politischen Systems Österreichs. Die Zweite Republik. Wien 1997. S 287

(1978-1979) die ÖVP, ab 1980 unter BPO Norbert Steger jedoch die SPÖ. Unter der Parteiführung der Ära Steger, die die FPÖ in Richtung Liberalismus drängte, erfuhr die organisatorisch noch unterentwickelte und für eine Regierungsbeteiligung unvorbereitete Partei eine weitere Verschlechterung ihrer wahlpolitischen Position und geriet in immer größere interne Auseinandersetzungen, vor allem ab 1983, als die FPÖ erstmals an der Bundesregierung beteiligt war. Diese Konflikte mündeten im September 1986 in die Wahl des charismatischen Jörg Haider zum neuen BPO.

4) Damit trat die FPÖ in eine Phase des populistischen Protests. In Bezug auf Wahlergebnisse und Mandate ist dies die bisher erfolgreichste Phase der Parteigeschichte. Anderseits wird der FPÖ unter Haider von beträchtlichen Teilen der Großparteien (besonders der SPÖ) vorgeworfen, sie sei nicht koalitionsfähig, was ... (bis zum Jahr 1999; M. A.) ihre Ausschaltung aus der Bundesregierung bedeutet hat."

Dieser Befund kann freilich nur für den Untersuchungszeitraum gelten, zumal sich die politische Landschaft zwischenzeitlich völlig verändert hat. Nach dem Intermezzo einer freiheitlichen Regierungsbeteiligung von 2000 bis 2006 und der Abspaltung des BZÖ von der FPÖ im Jahre 2005 marschiert das Dritte Lager nunmehr getrennt. Für diese Arbeit ist dies ohne Bedeutung.

2. Die Kleine Koalition von 1983 bis 1986

Die Kleine Koalition zwischen SPÖ und FPÖ von 1983 bis 1986 war die erste wirkliche Herausforderung für den österreichischen Parteien- und Verbändestaat, zumal mit der FPÖ eine Partei in die Regierung kam, die weder zu den Gründern der II. Republik zählte, noch am für die II. Republik typischen System der Verflechtung von Parteien, Verbänden und Verfassungsorganen teilhatte.

Gegründet im Wesentlichen von ÖVP und SPÖ – die KPÖ hatte bis zu ihrem Ausscheiden aus dem Nationalrat 1949 nur marginale Bedeutung – bestimmten diese Parteien die Spielregeln der Politik und bauten nach Ende des II. Weltkrieges ihren Einfluss weit in gesellschaftliche Teilbereiche hinein aus. So dominierten die Sozialdemokraten die Verstaatlichten Banken, die Verstaatlichte Industrie und das Schulwesen. Dazu kam als Novum der II. Republik jener von den Haider-Freiheitlichen später so leidenschaftlich bekämpfte Verbändestaat. Die aus den klassischen Lagern hervorgegangenen Parteien hatten sich ein eigenes Verbändesystem geschaffen, das sich zusehends verselbständigte. So wurde der 1945 gegründete, formal überparteiliche Österreichischen Gewerkschaftsbund von den Sozialdemokraten dominiert und die 1946 aus der Taufe gehobene Bundeskammer der Gewerblichen Wirtschaft, formal ebenso überparteilich, als Gegengewicht für die Arbeitgeberseite von der ÖVP. Gestützt auf diese Pfeiler entstand die Sozialpartnerschaft.

Die Freiheitlichen partizipierten von dieser Vernetzung kaum. Bis 1983 war der Verbändestaat an der Kleinen Koalition vorbeigegangen, ebenso wie der Parteienstaat. Die FPÖ konnte personalpolitisch kaum mitgestalten. Sieht man einmal davon ab, dass die FPÖ seit 1964 den Rechnungshofpräsidenten stellte – ein honoriges Kontrollorgan zwar, aber nicht dazu angetan, aktiv Politik zu gestalten.

Mit der Kleinen Koalition sei es nach Anton Pelinka zu einer „Entfesselung" des Wählerverhaltens und damit zu einer Abkehr von traditionellen Mustern gekommen, und damit zur Abkehr von der Treue und Verlässlichkeit in Form der traditionalen Dauerbindung an eine Partei. „Gerade weil die Einbindung der FPÖ in eine Koalitionsregierung ein Tabu brach, konnten nun andere Tabus gebrochen werden. Die Folge ist eine radikal abnehmende Berechenbarkeit des Wählerverhaltens und, in weiterer Konsequenz, eine radikal abnehmende Berechenbarkeit des politischen Systems überhaupt."[30]

Diese Entwicklung hat die Erosion der politischen Lager zwar beschleunigt, aber nicht allein verursacht, wie ich der ideengeschichtlich-phänomenologischen Betrachtung dieser Arbeit, speziell in den Abschnitten über „Proporz und Patronage" sowie über die „soziologischen Phänomene als Katalysatoren", noch zu zeigen versuchen werde. Zweifelsohne hat aber die Kleine Koalition insofern eine Transformation der politischen Kultur ausgelöst, als sie den Übergang von der auf Stabilität und Konsens, Berechenbarkeit und Loyalität gerichteten Konsensdemokratie der Nachkriegsjahrzehnte hin zur Bestehendes in Frage stellenden und den Konflikt suchenden Konkurrenzdemokratie eingeleitet hat. Dieser Tendenz ist ein eigenes Kapitel des empirisch-analytischen Hauptteiles gewidmet.

Anton Pelinka schreibt die Verspätung der Kleinen Koalition nicht nur dem Machtkalkül der Großparteien zu, einer dritten Partei keinen Platz innerhalb der Regierung zu lassen – dieses Kalkül würde ja auch für alle anderen europäischen Mehrparteiensysteme gelten –, sondern der Besonderheit der FPÖ, die, so Pelinka, aus „historisch und aktuell nachvollziehbaren Gründen, als belastete Partei" gelte. Belastet vom österreichischen Deutschnationalismus, der in ursächlichem Zusammenhang mit dem österreichischen Nationalsozialismus zu sehen sei. Die FPÖ, von Friedrich Peter und dann vor allem von Norbert Steger als „liberal", als geradezu „linksliberal" profiliert, hätte sich dadurch von ihrer eigentlichen Basis zunehmend entfernt. Das Ergebnis habe zu einer Entfremdung geführt, aus der heraus der Innsbrucker Parteitag, die Abwahl Norbert Stegers und das Ende der Kleinen Koalition erklärt werden müsse. Jörg Haider habe so gesehen die Kernschichten der FPÖ „wachgeküsst".

---

30 Anton Pelinka: Die Kleine Koalition. SPÖ – FPÖ 1983 – 1986, Wien; Köln; Graz 1993. S 94

Die Kleine Koalition sei nach Pelinka zu spät, zugleich aber auch zu früh gekommen, zumal die FPÖ nur an der Oberfläche, geprägt von einer Art Wunschdenken ihrer damaligen Führung, zur (liberalen) Normalpartei geworden sei. Dahinter habe sich der eigentliche, der harte Kern der Partei verborgen, welcher die liberale Profilierung nicht wirklich akzeptiert hätte.

„Nach 13 Jahren sozialdemokratischer Alleinregierung hatte sich die SPÖ an ihre führende Regierungsrolle gewöhnt. Zu sehr schien, entgegen den später eintretenden Entwicklungen, eine sozialdemokratische Alleinregierung der Normalfall; schien daher eine Kleine Koalition als gerade noch zumutbarerer Ausnahmefall. Unabhängig von den weiter reichenden strategischen Überlegungen Bruno Kreiskys war die Kleine Koalition für das Mehrheitsbedürfnis innerhalb der SPÖ kein positives Ziel an sich – sondern das kleinste von drei Übeln (Große Koalition, Kleine Koalition, Opposition). Die SPÖ lebte, 1983, noch in der Illusion, die 2. Republik sei nunmehr von einem angelsächsischen Politikmuster bestimmt – die politische Kultur der Konkordanzdemokratie und die dieser immanenten Neigung zur Bildung Großer Koalitionen wären überwunden."[31]

Die kleine Koalition stellt somit den Übergang zu einem sich erst 1986 mit der Übernahme der FPÖ durch Jörg Haider deutlicher abzeichnenden und für Österreich neuen Politikmuster dar: zum Abstieg der Großparteien, zum Verlust der Prägekraft der politisch-weltanschaulichen Lager; zum Aufstieg von Parteien neuen Typs, ja von neuen Parteien überhaupt. „Die Kleine Koalition war gewiss nicht primäre Ursache für diese Entwicklung, aber sie wirkte offenkundig als Katalysator."[32]

Die FPÖ war 1983 vor allem daran interessiert, aus der jahrzehntelangen Isolation auszubrechen und, über eine Regierungsbeteiligung, zu einem entscheidenden Faktor des politischen Systems zu werden. Bundespräsident Theodor Körner hatte noch 1953 dem VdU, der Vorgängerpartei der FPÖ, mit dem Hinweis auf ihren „nicht-österreichischen Charakter" die damals von der ÖVP betriebene Aufnahme in die Regierung verwehrt. Die 1963 und 1964 von der SPÖ ausgehenden Signale in Richtung Kleine Koalition hatten ebenfalls kein Ergebnis gebracht. Die freiheitlichen Politiker hätten nach Pelinka 1983 endlich die Chance auf eine Rehabilitierung des „Dritten Lagers" gesehen. Vor allem für Friedrich Peter und Norbert Steger sei die Regierungsbeteiligung ein wichtiger Abschnitt in der Entwicklung der FPÖ gewesen, nämlich von einer betont deutschnationalen zu einer eindeutig liberalen Partei.

Auch für die Sozialdemokratie ergaben sich Vorteile: „Der kleinen Fünf-Prozent-Partei FPÖ musste die SPÖ viel weniger Ministerämter überlassen als

---

31 A. a. O. S 13
32 A. a. O. S 13

dies im Falle einer Großen Koalition gegenüber den Ansprüchen der ÖVP notwendig gewesen wäre. Die Mehrheitsbildung mit den Freiheitlichen kam der SPÖ also wesentlich ‚billiger' als die Mehrheitsbildung mit der fast gleich starken ÖVP."[33]

Die Kleine Koalition ist auf eine langfristige Strategie Bruno Kreiskys zurückzuführen, hinter der mehr stand als nüchternes Kalkül. „Dahinter stand Kreiskys persönliches Temperament, seine persönliche Biographie: Für Kreisky war nicht primär das ‚Dritte Lager' für das Ende der I. Republik und damit der Demokratie in Österreich verantwortlich. Für Kreisky waren die Kanonen, die der christlichsoziale Bundeskanzler Engelbert Dollfuß auf die Arbeiterbewegung richtete, das Ende der Demokratie. Der autoritäre Ständestaat, der ‚Austrofaschismus' waren für ihn das Urerlebnis. Und er saß auch im Kerker dieser Diktatur. Dass diese sich ‚vaterländisch' nennende Diktatur dann im März 1938 der nationalsozialistischen totalitären Herrschaft Platz machen musste – das war für Kreisky offenkundig nur die Fortsetzung der Unfreiheit, keineswegs eine neue, prinzipiell schlimmere Qualität von Diktatur."[34]

Ein weiteres von der ÖVP ausgehendes Signal erleichterte die Entscheidung zugunsten einer rot-blauen Koalition: Sowohl Friedrich Peter als auch Walter Grabher-Meyer, damals Generalsekretär der FPÖ, erinnern sich an einen Ausspruch von Michael Graff: „Wenn die rothaarige Braut nicht will, nehmen wir die blauäugige." Diese Äußerung sei von der FPÖ als mangelnde Ernsthaftigkeit der ÖVP aufgefasst worden. Darüber hinaus erklärte Grabher-Meyer schon a priori seine grundsätzliche Zustimmung, denn diese Koalition sei eine „historische Chance für das liberale (eben nicht: freiheitliche) Lager" gewesen.[35]

Am Tag nach der Wahl, am 25. April 1983, tagte das Präsidium der FPÖ; am 26. April der Bundesparteivorstand. Dieser legitimierte die FPÖ, sowohl mit der SPÖ als auch mit der ÖVP Gespräche aufzunehmen. Auch Politiker, die nicht dem unmittelbaren Kreis um Norbert Steger angehörten – wie Gerulf Stix und Jörg Haider – hätten damals laut Norbert Steger gemeint, es ginge zunächst um die Verhinderung einer Großen Koalition.[36]

Erst mit Vranitzky kam ein Akteur auf die Bühne der Bundesregierung, „der sich mit der Logik der Kleinen Koalition, der Logik des kleineren Übels nicht

---

33 A. a. O. S 17

34 A. a. O. S 19

35 Walter Grabher-Meyer am 23.04.1992 in einem Interview mit Anton Pelinka, zitiert in: Pelinka. Die Kleine Koalition. S 27

36 Norbert Steger am 17.12.1991 in einem Interview mit Anton Pelinka, zitiert in: Pelinka. Die Kleine Koalition. S 28

identifizieren wollte; und der sich offenkundig insbesondere mit der strategischen Überlegung Bruno Kreiskys nicht identifizieren konnte.“[37]

a) „Pannen“ als Bruchlinien

- Am 8. Dezember 1984 kam es infolge des Verstoßes gegen das Ladenschlussgesetz durch den Salzburger Landeshauptmann Wilfried Haslauer, der durch die Öffnung der Geschäfte die süddeutsche Konkurrenz abzuwehren versuchte, zu einem Konflikt innerhalb der Kleinen Koalition. Die FPÖ, aus wirtschaftspolitischen Gründen grundsätzlich für die Ladenöffnung, schwenkte im Ministerrat vom 4. Dezember 1984 auf den Kurs des damaligen Sozialministers Dallinger ein und distanzierte sich damit von Haslauers Entscheidung. Auch wenn Steger nachträglich versuchte, diese Entscheidung der Bundesregierung als „Kompromiss“ darzustellen, wurde seine Zustimmung zur Verfassungsklage gegen Haslauer als Einschwenken auf den Kurs Dallingers und damit der SPÖ und der Gewerkschaften wahrgenommen. „Steger stand als ‚Umfaller‘ da – und das in einer Frage, die unmittelbar das von ihm angestrebte Erscheinungsbild wirtschaftspolitischer Führung betraf. Was Steger naturgemäß anders sah. Sinowatz habe mit der vom ÖGB betriebenen Lösung die Koalitionsfrage verbunden.“[38] Faktum bleibt: „Nach dem 8. Dezember 1984 stand die FPÖ als bloßes Anhängsel der SPÖ da.“[39]
- Eine zweite Bruchlinie tat sich im Winter 1984/85 rund um den geplanten Bau des Kraftwerks Hainburg auf. In dieser Auseinandersetzung liefen die Konfliktlinien erstmals entlang einer relativ neuen „postmaterialistischen“ Konfliktlinie. Es standen die primär ökonomischen Interessen der Produzenten (Arbeitgeber, Arbeitnehmer) gegen die ökologischen Interessen der Neuen Sozialen Bewegungen. Obwohl im gemeinsamen Regierungsprogramm von SPÖ und FPÖ der Bau des Kraftwerks vorgesehen war, erachtete die FPÖ diese „Zementierung“ in der Regierungserklärung als überflüssig.[40]

Die Ereignisse um den 8. Dezember 1984 seien nach Pelinka im Vergleich mit den nachfolgenden „Pannen“ wie „ein Wetterleuchten gewesen, das die eigentlichen Krisen der Kleinen Koalition bloß angekündigt habe. Diese Krisen hätten das Jahr 1985 gekennzeichnet.

- So hat zu Beginn des Jahres der Handschlag zwischen dem damaligen FP-Verteidigungsminister Friedhelm Frischenschlager und dem wegen NS-Kriegsverbrechen verurteilten und aus der italienischen Haft entlassenen Walter Reder die gemeinsame Basis der Koalition zerstört und insbesondere die Bereitschaft innerhalb der SPÖ untergraben, die FPÖ als längerfristigen Regierungspartner zu akzeptieren. Für die Sozi-

---

37 Pelinka. Die Kleine Koalition. S 36

38 A. a. O. S 41

39 Harald Ofner am 05.03.1992 in einem Interview mit Anton Pelinka, zitiert in: Pelinka. Die Kleine Koalition. S 42

40 Friedrich Peter am 17.12.1991 in einem Interview mit Anton Pelinka, zitiert in: Pelinka. Die Kleine Koalition. S 42

aldemokraten musste die ganze Affäre so aussehen, „dass selbst ein als besonders liberal profilierter Freiheitlicher letztendlich doch ein Nahverhältnis zum Nationalsozialismus hatte. (...) Die Empörung erfasste auch die Bundesregierung. Insbesondere Ferdinand Lacina erklärte sich zunächst außerstande, weiterhin gemeinsam mit Friedhelm Frischenschlager auf einer Regierungsbank sitzen zu können.“[41]
Die ÖVP sah sich durch die Reaktion auf den Empfang Reders veranlasst, im Nationalrat einen Misstrauensantrag gegen Frischenschlager zu stellen. Dieser Misstrauensantrag brachte die SPÖ in eine schwierige Lage. Da die FPÖ, auch mit dem Hinweis auf die koalitionären Spielregeln, der SPÖ jedes Recht absprach, über die Besetzung des vereinbarungsgemäß der FPÖ zustehenden Amtes des Landesverteidigungsministers zu befinden, wurde die Affäre Frischenschlager zur Koalitionsfrage. Die SPÖ musste daher, wollte sie die Kleine Koalition fortsetzen, gegen den Misstrauensantrag der ÖVP stimmen. Gleichzeitig schien aber eben dies einigen Abgeordneten und auch Regierungsmitgliedern nicht zumutbar. (...) Der Misstrauensantrag der ÖVP gegen Frischenschlager wurde im Nationalrat am 1. Februar 1985 diskutiert und abgestimmt. In einer insgesamt vierstündigen Debatte galt das Hauptaugenmerk der SPÖ, deren Vertreter begründen mussten, warum sie – trotz kritischer Distanz zu Frischenschlager – weiterhin für dessen Verbleiben in der Bundesregierung eintraten. Bei der namentlichen Abstimmung stimmte die ÖVP geschlossen für den Misstrauensantrag, SPÖ und FPÖ geschlossen dagegen.“[42]

- Am Ende des Jahres stand die VOEST-Krise: „Mit dieser Krise drohte die SPÖ den wesentlichen Teil ihrer Sozialkompetenz zu verlieren; überdies übernahm zum ersten Mal seit 1970 die ÖVP bei Meinungsumfragen die Führungsposition – die SPÖ musste sich daran gewöhnen, dass sie nicht selbstverständlich, nicht ‚natürlich‘ Mehrheitspartei des Landes war.“[43]
  „Die Freiheitlichen sahen sich, in der VOEST-Krise, wieder einmal nicht als Partner; sondern als zu vernachlässigendes Anhängsel der allein handelnden SPÖ. Die FPÖ erkannte, dass – aus ihrer Sicht – die ‚Philosophie‘ der Kleinen Koalition zerstört war; die Freiheitlichen waren nicht in der Lage, als wirtschaftsliberales Korrektiv der SPÖ zu agieren.[44] Mit der Krise des größten Betriebes der Verstaatlichten Industrie geriet das Konzept in die politische Krise, das die Wirtschaft durch staatliche Intervention sozial steuern wollte. Austro-Keynesianismus, gemischte Wirtschaft, die Verstaatlichung des Jahres 1946 – alles das wurde nun zunehmend in Frage gestellt.“[45]

„In den kritischen Tagen der des Jänner 1985 und danach hatte sich zwar die ganze Partei mit Frischenschlager solidarisiert. Besonders taten sich dabei aber die hervor, die gegen die Kleine Koalition – zumindest in ihrer damaligen Zusammensetzung – waren. Frischenschlager erhielt besonderen Beifall von Jörg Haider; und Haider kritisierte dann auch folgerichtig Frischenschlagers Selbstkri-

41 Fred Sinowatz am 12.12.1991 in einem Interview mit Anton Pelinka, zitiert in: Pelinka. Die Kleine Koalition. S 47
42 Pelinka. Die Kleine Koalition. S 47 f
43 A. a. O. S 46
44 Friedhelm Frischenschlager am 5.7.1991 in einem Interview mit Anton Pelinka, zitiert in: Pelinka. Die Kleine Koalition. S 51
45 Pelinka. Die Kleine Koalition. S 51

tik. Haider nahm die Krise der Kleinen Koalition zum Anlass, sich gegenüber dem Liberalismus à la Steger und Frischenschlager als Hüter der deutschnationalen Linie darzustellen – im Bündnis mit dem Frischenschlager des Handschlags gegen den Frischenschlager der Selbstkritik."[46]

„In dieser Phase schien es nahe zu liegen, nach dem großen Partner Ausschau zu halten, der – wie schon 1945 und danach – gemeinsam die Spielregeln des ‚österreichischen Weges' definiert hatte. Wenn es um neue Regeln, um eine neue Fundierung der Republik ging, dann schien ein Regierungsbündnis mit der ÖVP doch näher zu liegen als ein Bündnis mit der kleinen, sozialpartnerschaftlich praktisch nicht verankerten FPÖ. Wenn schon eine neue Republik – dann sollte sie durch eine möglichst breite Grundlage fundiert sein."[47]

„Auf dem außerordentlichen Parteitag am 1. und 2. Juni 1985 gelang es der Parteiführung der FPÖ noch einmal, ihre internen Kritiker zu integrieren: Das neue Parteiprogramm wurde einvernehmlich beschlossen (...) Doch die immer stärker werdende Opposition um Norbert Gugerbauer und Jörg Haider wollte den für 1986 bevorstehenden Parteitag zum Sturz Stegers und der Repräsentanten des Koalitionskurses nützen. (...) Die Entscheidungen waren 1985 vorbereitet; umgesetzt wurden sie dann 1986. Die Kleine Koalition sollte die vier Jahre, für die sie 1983 zumindest konzipiert worden war, nicht erleben."[48]

„Die FPÖ und der Ausgang des Innsbrucker Parteitages lieferten dem neuen Kanzler (Franz Vranitzky; M. A.) den nicht unwillkommenen Anlass, die Kleine Koalition vorzeitig aufzukündigen. (...) Die Kleine Koalition galt nunmehr als Übel, das rasch zu liquidieren war. Dass dabei der in Innsbruck (am 13. September 1986; M. A.) neu gewählte Bundesparteiobmann Jörg Haider dieser Liquidationsabsicht so ideal entgegenkommen würde, damit konnte Vranitzky zunächst freilich nicht unbedingt rechnen."[49]

„Mit dem Innsbrucker Parteitag war die Kleine Koalition als politisches Gefüge tot. Der Wahlkampf, den die von Franz Vranitzky bewusst herbeigeführten, vorverlegten Nationalratswahlen bedeutete, gab der neuen FPÖ-Führung eine klare Rolle: Opposition; und die neue SPÖ-Führung hatte ebenso eine klare Rolle: Regierung." Vranitzky habe nun seine Partei geschlossen zur Konfrontation mit dem Regierungspartner FPÖ führen können, weil nun, anders als 1983, die Sozialdemokratie bereit gewesen sei, die Freiheitlichen nicht als Liberale, sondern als mehr oder weniger nationalsozialistisch infizierte Extremisten (!) zu se-

---

46 A. a. O. S 49
47 A. a. O. S 52
48 A. a. O. S 53
49 A. a. O. S 55

hen. Dazu habe – aus der Sicht Pelinkas – die FPÖ beigetragen: durch Frischenschlagers Handschlag; insbesondere aber durch den Innsbrucker Parteitag.[50]

„Innerhalb der FPÖ gab es schon am Beginn der Legislaturperiode einen Bruch der Fraktions- und Koalitionsdisziplin: Norbert Gugerbauer stimmte im November 1983 sowohl gegen die verfassungsrechtliche als auch gegen die einfachgesetzliche Neuregelung des Bezügegesetzes für öffentlich Bedienstete mit parlamentarischem Mandat. Dieser Bruch der Fraktions- und Koalitionsdisziplin ist umso auffallender, als die Neuregelung der Abgeordnetenbezüge auf eine Dreiparteien-Einigung zurückging; die Anträge wurden auch von den drei Klubobmännern Wille, Mock und Peter gemeinsam gestellt. Das nahm der Abweichung Gugerbauers freilich auch ein wenig die Spitze – er stimmte nicht mit der Opposition gegen die Regierung, sondern er stimmte gegen eine von allen Parlamentsparteien getragene Übereinkunft. Gugerbauer wollte damit demonstrieren, dass die unter dem Stichwort ‚Privilegienabbau' propagierte Neuregelung ihm nicht weit genug ging. Dass Gugerbauer ein solches Zeichen setzte, wird rückblickend von Norbert Steger als Beleg für die Liberalität der Partei in seiner Ära angeführt. Dass Gugerbauer diese Abweichung schon am Beginn der Kleinen Koalition so demonstrativ setzte, machte seine Distanz eben zur ‚Ära Steger' deutlich – eine Distanz, die Norbert Steger nicht überwinden konnte oder wollte und die Gugerbauer schließlich nutzte, um die Ablöse Stegers zu betreiben."[51]

„Die Kleine Koalition war somit ein Beitrag in die Richtung auf Verselbständigung des Parlamentarismus – aber nur im Rahmen der Grenzen, die ein parlamentarisches und parteienstaatliches System setzt. Da die Bundesregierung bei ihrer Bestellung grundsätzlich eine Mehrheit im Nationalrat haben muss und da bei aufrechter Partei- und Fraktionsdisziplin die Regierung grundsätzlich das dem Parlament vorgeordnete Organ ist, müssen diese Tendenzen zur Verselbständigung des Parlaments ihre Grenzen finden. Daran konnte, daran wollte die Kleine Koalition nichts ändern."[52]

3. Die „Reformkraft neuen Stils" – der Aufstieg

Mit der Wahl Jörg Haiders zum Bundesparteiobmann der FPÖ auf dem Bundesparteitag in Innsbruck 1986 seien die Freiheitlichen, so Kurt Richard Luther in

50 A. a. O. S 61f
51 A. a. O. S 70 f
52 A. a. O. S 74

seiner Analyse der Geschichte der FPÖ[53], in die bislang erfolgreichste Phase ihrer Geschichte eingetreten, die von ihm, Luther, als die Periode des „populistischen Protests“ bezeichnet wird. Und in der Tat entfalten die Freiheitlichen in diesen Jahren mit ungewohnter Schärfe ihre Kontrolltätigkeit. Es sind nicht mehr allein die bislang üblichen Themen des Dritten Lagers, die sich um klassisch national-liberale Ideen ranken, alle Facetten des Alltags werden zum Gegenstand freiheitlichen Interesses in jenem Zeitraum, der entscheidend von der Person des neuen Bundesparteiobmanns geprägt ist. Andreas Mölzer sieht in dieser Entwicklung der „Haider-FPÖ“ sehr früh eine Abkehr von der einstigen Honoratiorenpartei hin zu einer „plebiszitären Emanzipationsbewegung“ und meint: „Diese inneren Notwendigkeiten der zeitgenössischen freiheitlichen Politik bestehen nun einmal darin, dass ein breites Spektrum an Wählern eine breitere Palette inhaltlicher Aussagen erfordert und dass damit – und dies ist unwiderlegbare Logik – die althergebrachten Standpunkte der FPÖ, auch ihr althergebrachtes weltanschauliches Fundament, breiter, offener und damit zwangsläufig unschärfer interpretiert werden müssen.“[54]

Dass den etablierten Parteien der aufkeimende „populistische Protest“, den die „plebiszitäre Emanzipationsbewegung“ unter ihrem neu gewählten Obmann Haider erhebt, ein Dorn im Auge sein musste, lässt sich leicht nachvollziehen. Konnte die SPÖ als dominierende Kraft innerhalb der Kleinen Koalition von 1983 bis 1986 die Steger-FPÖ noch durch Einbindung in die Regierungsgeschäfte „an der Stange halten“, musste sie nunmehr zu Recht befürchten, dass unter Haider ein neuer Wind wehen würde. Franz Vranitzky, der mittlerweile zum neuen Vorsitzenden der SPÖ aufgestiegen war, erkannte, dass sich über kurz oder lang die ohnedies vorhandenen weltanschaulichen Gräben auf ein unüberwindliches Maß vergrößern würden, und kündigte die Zusammenarbeit mit der FPÖ vorzeitig auf. Mit der Neuauflage einer Großen Koalition mit der ÖVP, die fast 14 Jahre währen sollte, leitete er – bewusst oder unbewusst – den Aufstieg der FPÖ zur größten und aus der Sicht der Regierenden wohl „lästigsten“ Oppositionspartei der Zweiten Republik ein. Der Preis für das unausgesprochene Ziel Bruno Kreiskys, durch Einbindung der Freiheitlichen in eine Koalition mit der Sozialdemokratie das „bürgerliche“ Lager zu spalten und damit zu schwächen, war dem neuen SP-Chef wohl zu hoch geworden.

Am 2. Oktober 1986 beschloss der Nationalrat, den Bundespräsidenten zu ersuchen, die ordentliche Tagung 1986/87 der XVI. Gesetzgebungsperiode des

---

53 Luther. S 287, vgl. auch seine Periodisierung in diesem Teil meiner Arbeit

54 Andreas Mölzer: Grundwerte statt Ideologie, in: Freiheitliches Bildungswerk (Hrsg.): Freie Argumente. Freiheitliche Zeitschrift für Politik. 21. Jg., 1994, Folge 4. Wien 1994. S 5

Nationalrates mit Ablauf des 8. Oktober für beendet zu erklären. Anlässlich der Beendigung der ordentlichen Tagung richtete der damalige Präsident des Nationalrates, Anton Benya, im Rahmen seiner traditionellen Schlussansprache einen flehenden Appell an die Adresse der vollzählig versammelten Abgeordneten: „Eines muss klar sein: Nach den Wahlen am 23. November sollen die Gewählten wieder einander in die Augen schauen können, und sie werden – gleich welche Funktion sie in diesem Hause einnehmen – auch miteinander reden müssen, um auf parlamentarischer Ebene einen Grundkonsens zu finden.“[55] Benya hatte vorausgeahnt, dass mit dem sich abzeichnenden Aufstieg der Haider-FPÖ als kompromissloser Oppositionspartei eine Verschärfung des politischen Klimas, und damit ein schärferer Ton im Hohen Haus einhergehen würde.

In einer außerordentlichen Tagung der XVI. Gesetzgebungsperiode, die bis 5. November 1986 dauern sollte, wurde noch schnell das Budget 1987 verhandelt, dann endete die Kleine Koalition. Die XVII. Gesetzgebungsperiode wurde offiziell am 17. Dezember 1986 eröffnet, als der am 23. November 1986 neu gewählte Nationalrat zur konstituierenden Sitzung zusammentrat. Zum neuen Präsidenten des Nationalrates wurde Leopold Gratz gewählt, zur Zweiten Präsidentin Marga Hubinek und zum Dritten Präsidenten der Freiheitliche Gerulf Stix. Außer dieser Sitzung sollte 1986 keine weitere mehr stattfinden. Die eigentliche Oppositionsarbeit der Haider-FPÖ begann somit erst im Jahr 1987 und sollte mehr als vier volle Gesetzgebungsperioden umfassen.

Innerhalb dieser XVII. Gesetzgebungsperiode, die bis 4. November 1990 dauert, kommt es zur Neuauflage einer Großen Koalition zwischen SPÖ und ÖVP. Die Freiheitlichen bilden gemeinsam mit den erstmals im Nationalrat vertretenen Grünen die Opposition. Der Aufstieg der FPÖ zur Mittelpartei beginnt. Die Freiheitlichen verstehen sich von Anbeginn als gesellschaftsverändernde Kraft, die „ohne Anpassung an gegebene Machtverhältnisse eine Strategie der Systemänderung verfolgt.“[56] Ihr erklärtes Ziel ist es, die liberalen Ideen der Grund- und Freiheitsrechte durch die Befreiung der Bürger von den politischen Parteien zu vollenden. Ziel des oppositionellen Angriffs ist „der Herrschaftsbereich der ‚Altparteien‘ SPÖ und ÖVP, der sich in breiter Verästelung über das ganze Land erstreckt – beginnend von der Schule bis zu den Senioren und hin zu Sport- und Autofahrerklubs –, und insbesondere die Abhängigkeit der Menschen hinsichtlich Arbeit und Wohnung anstrebt.“[57]

---

55 Schlussansprache von Nationalratspräsident Anton Benya, in: Stenographische Protokolle des Nationalrates, XVI. GP, Bd. XI, S 13.772

56 Freiheitliches Bildungswerk (Hrsg.): Freiheitliche Thesen zur politischen Erneuerung Österreichs. Wien 1994. S 4

57 A. a. O. S 4

In der XVIII. Gesetzgebungsperiode, vom 5. November 1990 bis 6. November 1994, wird die Große Koalition fortgesetzt. Die ÖVP verzeichnet starke Mandatsverluste, die SPÖ stagniert auf hohem Niveau, die FPÖ kann ihren Mandatsstand beinahe verdoppeln, und die Grünen legen ebenfalls zwei Mandate zu. Haiders harter Oppositionskurs und die Positionierung der FPÖ als „Reformkraft neuen Stils" tragen erste Früchte. Die Abspaltung von fünf FP-Abgeordneten und ihr Zusammenschluss zu einer eigenen Partei, dem Liberalen Forum, ändert nichts daran.

Die XIX. Gesetzgebungsperiode währt nur etwas länger als ein Jahr, nämlich vom 7. November 1994 bis zum 14. Jänner 1996. Erstmals ist die Vertretung des Liberalen Forums im Nationalrat durch Wahlen legitimiert. Die Regierungskoalition ist stark geschwächt, SPÖ und ÖVP verlieren die Zwei-Drittel-Mehrheit im Nationalrat. Die Freiheitlichen legen weiter an Mandaten zu, ihr Aufstieg zur Mittelpartei setzt sich fort. Aufgrund zunehmender Spannungen innerhalb der Koalition und bestärkt von einem Hoch in den Meinungsumfragen beantragt ÖVP-Obmann und Vizekanzler Wolfgang Schüssel Neuwahlen, die er als notwendigen „Kassasturz" bezeichnet.

Die XX. Gesetzgebungsperiode dauert vom 15. Jänner 1996 bis zum 28. Oktober 1999. Große Gewinner der vorverlegten Wahlen sind die Sozialdemokraten. Das Kalkül der ÖVP geht nicht auf, trotzdem behält sie ihre Mandate. Die Freiheitlichen erfahren erstmals einen kleinen Rückschlag, sie verlieren ein Mandat. Auch die Grünen und die Liberalen gehören zu den Verlierern dieser Wahl.

4. Eine neue Ära – die Regierungsbeteiligung

Die XXI. Gesetzgebungsperiode beginnt offiziell mit der Konstituierung des neuen Nationalrates am 29. Oktober 1999. Die Wahlen am 3. Oktober 1999 haben den bisher stärksten Mandatsgewinn für die FPÖ gebracht. Erstmals steigt sie knapp vor der ÖVP zur zweitstärksten Kraft der Republik auf. Das Liberale Forum scheidet aus dem Nationalrat aus. Drei annähernd gleich starke Mittelparteien stehen nunmehr einer grünen Kleinpartei gegenüber. Schwierige Koalitionsverhandlungen beginnen. Die von Bundespräsident Thomas Klestil anberaumten „Sondierungsgespräche" führen am 4. Februar 2000 zur Bildung einer Koalition zwischen FPÖ und ÖVP. Das erfolgreiche Kapitel freiheitlicher Oppositionspolitik ist damit – wie wir heute wissen – beendet.

Um die Abgeschlossenheit der Darstellung zu wahren, wird die letzte Phase der freiheitlichen Opposition innerhalb der XXI. Gesetzgebungsperiode sinnvollerweise nicht mehr in diese Untersuchung mit einbezogen.

III. Ideengeschichtlich-phänomenologische Betrachtung

Die zwischen 1986 und 1999 erfolgte Transformation der FPÖ von einer Fünf-Prozent-Partei zu einer „plebiszitären Emanzipationsbewegung“, die über ein Viertel der Wahlbevölkerung für sich zu mobilisieren weiß, wirft zahlreiche Fragen ideengeschichtlich-philosophischer Natur auf:

- *Wie sieht es mit dem Selbstverständnis von Parteien im allgemeinem und jenem der Freiheitlichen im Besonderen aus?*
- *Welche Rolle spielt die Ideologie in der Programmatik von Parteien?*
- *Haben Parteiprogramme überhaupt noch eine Bedeutung?*
- *Wo liegen die Feindbilder der Freiheitlichen, die als Triebfedern ihres (oppositionellen) Handelns wirken?*
- *Gibt es soziologische Phänomene, die als Katalysatoren das politische Handeln mit bestimmen?*

Die Einbettung in das gesellschaftliche Umfeld erweist sich für Parteien von ebenso großer Bedeutung wie jene soziologischen Phänomene, die zu umbruchartigen Veränderungen in der Gesellschaft geführt oder zumindest wesentliche gesellschaftspolitische Erosionsprozesse ausgelöst haben. Schließlich beeinflussen solche Paradigmenwechsel immer auch Denken, Einstellungsmuster und Handeln der politischen Akteure.

A. Die Identitätsfrage

Es ist viel von Identität die Rede, in vielen Zusammenhängen. Versucht man sich aber in einer Definition des Wortes, die über die lexikalische, zumeist unbefriedigende Begriffsbestimmung – „a) vollkommene Gleichheit od. Übereinstimmung (in Bezug auf Dinge od. Personen); Wesensgleichheit; das Existieren von jmd., etwas als ein Bestimmtes, Individuelles, Unverwechselbares; b) (Psychol.) die als ‚Selbst‘ erlebte innere Einheit der Person“[58] – hinausgeht, wird es schwierig. Man weiß zwar intuitiv genau, was man meint, wenn man von Identität spricht, und auch das Gegenüber weiß um das Vermeinte Bescheid, dennoch ist es schwer, es in Worte zu kleiden.

58 Duden Band 5 – Das Fremdwörterbuch. Mannheim 2001

Charles Taylor versteht „Identität als Abgrenzung gegenüber dem Fremden, als etwas Ureigenes, das doch der Akzeptanz durch die anderen bedarf."[59] Ob und inwieweit dieses „Ureigene" – von den Wählern verinnerlicht – den Ausschlag für die Zustimmung zu einer Partei gibt, oder ob es eher einzelne *Issues* sind, also politisch relevante Probleme oder Fragestellungen, die – sozialökonomischen Moden unterworfen – das Wahlverhalten prägen und damit die Wählerzuordnung zu bestimmten Lagern rechtfertigen, sei vorläufig dahingestellt.

1. Das Links-Rechts-Schema

Manche meinen, die dichotome Einteilung in „linke" und „rechte" Denkschemata sei veraltet, und daher unbrauchbar geworden. Sie sei bestenfalls zur schwarzweiß malenden Polemik geeignet, nicht aber für eine differenzierte politikwissenschaftlich-ideengeschichtliche Analyse. Ich schließe mich dieser Meinung nicht an. Sogar die lexikalischen – und sohin sehr eindimensionalen – Beschreibungen der beiden Richtungen liefern einen, wenn auch groben, so doch heuristisch wertvollen Raster für die Zuordnung politischen Denkens, und ermöglichen damit die Klassifizierung von Identität stiftenden Parteiprogrammen.

„Dem linken Lager werden von jeher die „fortschrittlichen Parteien (zugerechnet), deren Vertreter in vielen Parlamenten auf der linken Seite zu sitzen pflegen. Man spricht sinngemäß auch außerhalb des Parlaments von einer ‚linksgerichteten' Politik oder ‚linken' Anschauungen. Dies bezieht sich auf liberale, sozialistische und kommunistische Parteien. Die ‚linken' Flügel aller Parteien (auch die ‚rechten' Parteien haben ‚linke' Flügel) sind die fortschrittlicher, sozialer oder revolutionärer gesinnten."[60]

Hier einige konstitutive Merkmale, die für linke Vorstellungen oder Ideale, linkes Denken und Handeln stehen:

> Ein materialistisches Geschichts- und ein kollektivistisches Menschenbild; Gleichheit und Sicherheit als zentrale Grundwerte; marxistische, sozialistische und kommunistische Ideologien; Streben nach revolutionärer Umwälzung der Staatsform, der Produktionsverhältnisse und des gesamten gesellschaftlichen Gefüges mit dem Endziel einer „klassenlosen Gesellschaft"; staatliche Ordnungsvorstellungen wie Zentralismus; eine von oben nach unten durchorganisierte Gesellschaft, eine zentrale Verwaltungswirtschaft, korrelierend mit der Vorstellung von Gemeineigentum und gesellschaftlicher Verfügung über die Produktionsmittel; eine soziale Ordnungsvorstellung, die nach kollektiver Betreuung

---

59 Zitiert in: Pia Maria Plechl: Sommerliche Runde in Castelgandolfo – Nachdenken über „Identität", in: Die Presse vom 13./14./15.08.1994. S 3

60 Vgl. dazu die Definition von „Linksparteien" in: Walter Theimer: Lexikon der Politik. Tübingen 1981. S 177 f.

durch Staat und Gesellschaft, Reglementierung aller Lebensbereiche, Zuteilungsprinzip und Versorgungsstaat verlangt.

Dem rechten Lager werden die „konservativen und nationalen Parteien (zugerechnet), deren Vertreter in vielen Parlamenten auf der rechten Seite zu sitzen pflegen." Und auch hier gilt: „Die ‚rechten' Flügel aller Parteien (auch die ‚linken' Parteien haben ‚rechte' Flügel) sind die gemäßigten."[61] Den konstitutiv linken Einordnungskriterien stehen auf der rechten Seite gegenüber:

> Ein idealistisches Geschichts- und ein individualistisches Menschenbild; zentrale Grundwerte wie Gerechtigkeit und Freiheit; konservative und liberale Ideologien; das Festhalten am Evolutionären und die tradition-anknüpfende Weiterentwicklung von Staat und Gesellschaft unter Bedachtnahme auf die Unveräußerbarkeit ideeller Grundwerte; staatliche Ordnungsvorstellungen wie Gewaltentrennung, Subsidiarität und Föderalismus; eine freie Marktwirtschaft mit Privateigentum und privater Verfügung über die Produktionsmittel; eine soziale Ordnungsvorstellung, gekennzeichnet durch individuelle Entscheidungs- und Dispositionsfreiheit, Selbstbestimmung und Eigenverantwortlichkeit sowie Eigenvorsorge und Leistungsprinzip.

Es wird noch zu zeigen sein, dass nach dem Links-Rechts-Schema eine Grobzuordnung der von 1986 bis 1999 im Nationalrat vertretenen Parteien zwar auf den ersten Blick möglich scheint, bei näherem Hinsehen aber durchaus Widersprüche auftreten. Die klassische Faustregel, wonach man anhand der Einstellung zu drei Bereichen, nämlich Eigentum, Familie und Bildung, erkennen könne, wo eine politische Gruppierung einzuordnen sei, hat nur vorläufigen Wert und greift in einer differenzierteren Analyse zu kurz.

Bei den Grünen und den Sozialdemokraten des Untersuchungszeitraumes bereitet die Zuordnung kaum Schwierigkeiten, beide stehen – vor allem gesellschafts- und kulturpolitisch – eher links. Die Freiheitlichen sind, spätestens nach der Abspaltung des Liberalen Forums 1993, eher rechts der Mitte zu verorten. Die ÖVP, die sich selbst gerne in die „Mitte" positioniert, ist wirtschaftspolitisch als rechts, gesellschafts- und kulturpolitisch nur sehr schwer klassifizierbar. Wie übrigens Heide Schmidts Liberales Forum, von dem Norbert Leser behauptet, es überhole in gesellschaftspolitischen Belangen die Grünen links und in wirtschaftspolitischer Hinsicht die Freiheitlichen rechts.

---

61 Vgl. dazu die Definition von „Rechtsparteien" in: Theimer, S 247 f.

2. *Die „klassischen" Ideologien*

Neben dem streng dichotomen Links-Rechts-Raster, von dem behauptet wird, er sei angesichts der quer zu ihm liegenden postmaterialistischen Einstellungsmuster und der Zuordnungsproblematik nur für eine Grobverortung geeignet, gibt es noch eine differenziertere Einteilung in die „klassischen" politischen Ideologien[62]:

a) Konservatismus (Konservativismus)

Es sind verschiedene Konservatismen zu unterscheiden. Der aus der *Frankfurter Schule* kommende Soziologe Karl Mannheim begreift konservatives Denken als Gegensatz zum progressiven Denken, der Konservatismus sei die Gegenbewegung zur Formierung der progressiven Elemente nach der Französischen Revolution. Der Konservatismus ist eine historische Erscheinung und an sozioökonomische Interessengruppen gebunden, die sich durch Auflösung der feudal-agrarischen und handwerklichen Ständeordnung bedroht fühlten und sich gegen den liberalen Kapitalismus wandten. Er ist daher von der Restauration oder Reaktion schwer zu trennen. Konservatismus bedeutet Festhalten an bewährten Institutionen, aber das Offen-Sein für Reformen. Man unterscheidet heute Wertkonservatismus von Strukturkonservatismus, je nachdem, ob an Werten – Freiheit, Selbstbestimmung etc. – oder an Strukturen – Familie, Staatsordnung etc. – festgehalten werden soll.

Charakteristisch ist auch das organologische Denken. Argumente und Begründungen werden – gemäß Schellings Naturphilosophie – der Biologie entlehnt: „Staat und Individuum, Staat und Familie werden in Analogie gesetzt. Häufig wird der Staat auch als Pflanze betrachtet, ist die Auffassung zu hören, er müsse ‚wachsen' und ‚gedeihen'. Äußerungen, der Staat sei ‚krank', er bedürfe einer ‚Gesundung' an ‚Haupt und Gliedern', sind typisch konservative Vorstellungen, die unverkennbar organologisches Denken verraten."[63] Entscheidend ist auch der Unterschied zwischen „Wachsen" und „Machen". „Der Konservative versteht sich als der schöpferische Mensch, der sein Werk ‚zeugt' oder ‚gebiert', auf nicht systematisch planende, sondern eher naturhaft unbewusste Weise."[64]

---

62 Ich orientiere mich weitgehend an der Fünfteilung der „Großen politischen Ideologien" nach Hans-Georg Heinrich, in: derselbe: Einführung in die Politikwissenschaft. Wien – Köln 1989. S 98f

63 Julius H. Schöps: Konservativismus, in: Wilhelm Fink (Hrsg.): Konservativismus, Liberalismus, Sozialismus. München 1981. S 15

64 A. a. O. S 15

Daraus erklärt sich die Abneigung Konservativer gegen alles bewusste oder gar gewaltsame „Machen".

b) Liberalismus

Das Wort „liberal" wird zunächst von der spanischen Fortschrittspartei *los liberales* übernommen und nach den Napoleonischen Kriegen als freiheitlich und freisinnig interpretiert. Allen liberalen Strömungen liegt die Anerkennung des einzelnen als selbständig denkendes, urteilendes und handelndes Wesen zugrunde. Der Einzelne soll Privatautonomie genießen, also seine Entscheidungen möglichst frei und unbeeinflusst treffen können. Der ältere Liberalismus definiert die Freiheit des einzelnen nach Friedrich August von Hayek als Freiheit von Zwang, während der jüngere nach Ralf Dahrendorf die Option, sich zwischen verschiedenen Möglichkeiten entscheiden zu können, in den Vordergrund stellt. In Deutschland und Österreich ist die liberale Bewegung mit der nationalen gekoppelt. Souveränität wird für den einzelnen ebenso wie für den Nationalstaat gefordert. Die liberale Doktrin verlangt nach einer möglichst großen staatsfreien Sphäre – dem *status negativus* – und einer Garantie der Unantastbarkeit individueller Freiheitsrechte durch den Staat. Der frühe ökonomische Liberalismus – auch Manchester-Liberalismus genannt – glaubt, in dem von Adam Smith herausgestellten Modell der *Laissez-faire*-Marktwirtschaft das optimale Gesellschaftsmodell gefunden zu haben, das gleichzeitig Freiheit und Wohlstand verbürgt.

Heute kann man von einer einheitlichen liberalen Bewegung nicht sprechen, zu verschieden sind die nationalen Traditionen und vertretenen Ideologien.

c) Sozialismus/Marxismus

Der Sozialismus entwickelte sich als Idee und als Bewegung mit und nach der Französischen Revolution. Der Sozialismus reklamierte die Erfüllung aller drei Schlagworte der Französischen Revolution – Freiheit, Gleichheit und Brüderlichkeit – und kann somit durchaus als die Ideologie des bürgerlichen Zeitalters charakterisiert werden. Er ist ein vorwiegend europäisches Phänomen geblieben. Die sozialen und kulturellen Voraussetzungen für eine breite sozialistische Bewegung sind im Allgemeinen weder in Entwicklungsländern noch in den USA gegeben.

Die zentrale sozialistische Theorie, mit der sich sämtliche folgenden auseinandersetzen mussten, war der Marxismus, der die geschichtliche Aufgabe des Industrieproletariats in der revolutionären Herbeiführung einer klassenlosen Gesellschaft erblickte. Damit verband sich eine radikale Kritik an der bürgerlichen Gesellschaft als Ausbeutergesellschaft und am bürgerlichen Staat als Repressionsinstrument des Kapitals. Durch Teilerfolge der organisierten Arbeiterbewegung wurde der Revisionismus zur dominierenden Strategie. Er leugnete die Notwendigkeit einer gewaltsamen Revolution und setzte auf die friedliche Machtübernahme im politischen Kampf nach dem Motto: „Das Ziel ist nichts, der Weg ist alles." Nach der bolschewistischen Revolution in Russland spaltete sich die Arbeiterbewegung endgültig in einen kommunistischen und einen sozialdemokratischen Flügel[65], die sich ideologisch vor allem in der Strategiefrage unterscheiden und weniger in der Analyse der gegenwärtigen bürgerlichen – spätkapitalistischen – Gesellschaft.

d) Kommunismus

Der Begriff hat erst nach dem Ersten Weltkrieg eine einigermaßen eindeutige Definition erhalten. Bis dahin waren bei einer wenigstens formalen Einheit der Arbeiterbewegung die beiden Begriffe Kommunismus und Sozialismus mehr oder weniger gleichbedeutend gewesen. Andererseits bedeutet Kommunismus wesentlich mehr als der Bolschewismus Leninscher oder Stalinscher Prägung. Er bezeichnet auch diejenigen Strömungen, die sich gleichzeitig gegen den sozialdemokratischen Revisionismus als auch gegen den offiziellen Marxismus-Leninismus als Herrschaftsideologie der kommunistischen Parteien richteten. Kommunismus in dieser Bedeutung heißt, das Endziel der Geschichte – die kommunistische Gesellschaft, in der die Freiheit jedes einzelnen die Voraussetzung für die Freiheit aller sein wird – nicht aus den Augen zu lassen, d. h. aktiv für ihre Verwirklichung einzutreten.

An dieser Stelle sei mir – sozusagen als demokratietheoretischer Einschub – die Wiedergabe Giovanni Sartoris sehr fundiert vorgetragener Kritik am kommunistischen Gesellschaftsentwurf erlaubt:

„Die ganze politische Prophetie Marxens – eine Gesellschaft ohne Staat, mit buchstäblicher Selbstregierung – beruht nicht nur auf dem ‚Trugschluss des dramatischen Augenblicks', sondern noch mehr auf dem, wie man sagen könnte, ‚Trugschluss der Zeitlosigkeit'. Bei Marx und in der kommunistischen Gesellschaftstheorie wird ein *Intensitätsblitz* aufgefasst als stetig und endlos in der Zeit wiederholbar, in völliger Verkennung der untrüglichsten aller Erfahrungen der Menschheit, nämlich dass Dauer zur Routine führt, dass Flitterwochen nicht ewig dauern. Man kann stundenlang laufen, aber nicht jahrelang; man kann einen Tag lang schwimmen, aber nicht endlos lange. Marx kam nicht einmal auf den Gedanken – wie man aus seinen Schriften schließen muss –, dass die Intensität einer Selbstregierung in umgekehrtem Verhältnis sowohl zu ihrer räumlichen Ausdeh-

65 Vgl. dazu die Kritik von Fritzl/Uitz an der mangelnden Ausdifferenzierung des „sozialistischen" Lagers durch Adam Wandruszka im historischen Teil dieser Arbeit

nung ... und ihrer zeitlichen Dauer stehen könnte. Als Philosoph, der über eine zeitlose und raumlose Selbstregierung des Proletariats spekuliert, ist Marx interessant. Aber als *revolutionärer* Philosoph, dem es um Veränderung der wirklichen Welt geht, ist er purer Utopist. Sein politischer Entwurf der Ersetzung der Regierungen durch Selbstregierung war damals so unmöglich wie heute und in aller Zukunft."[66]

e) Anarchismus

Das aus dem Griechischen stammende Wort bedeutet Herrschaftslosigkeit, nicht etwa Chaos oder Unordnung. Die grundlegende Doktrin der verschiedenen anarchistischen Ideologien ist die Unterscheidung zwischen Gewalt und Zwang: Gewalt soll dazu dienen, die Herrschaftsstrukturen zu beseitigen, welche Zwang ausüben. Gesellschaft ist als freiwillige Assoziation selbst bestimmter und über sich selbst frei verfügender Individuen denkbar. Als soziale Bewegung ist der Anarchismus als Kritik am Staat zu verstehen, und zwar sowohl am bürgerlichen als auch am realsozialistischen.

Als theoretischer Begründer des Anarchismus gilt Pierre Joseph Proudhon (1809 - 1865). Er trat im Gegensatz zu den Marxisten dafür ein, die Formen der künftigen, anarchistischen Gesellschaft schon während des Kampfes um die Gesellschaft zu antizipieren, also nicht um die Staatsmacht zu kämpfen, sondern Inseln einer kommunalen, föderativen Tauschwirtschaft inmitten der kapitalistischen Marktwirtschaft zu schaffen, was als Mutualismus bezeichnet wurde. Er trat auch für die Aufrechterhaltung des Privateigentums und des Konkurrenzprinzips als Schutz vor politischen und wirtschaftlichen Monopolen ein, was ihm von Seiten der Marxisten den Vorwurf einbrachte, er sei ein kleinbürgerlicher Ideologe.

Einen viel radikaleren Individualismus forderte Max Stirner, der im Interesse eines egoistischen Individuums die Durchbrechung aller moralischen und rechtlichen Schranken forderte. Der kollektivistische Anarchismus wurde in Russland von Bakunin und Kropotkin vertreten.

Der Anarchismus erlebte während der 60er Jahre an den europäischen Universitäten eine Renaissance, mit dem Abklingen der 68er-Studentenbewegung sank er aber wieder auf einen Sektenstatus zurück. Heute würde ich die gewaltbereite „Autonomenszene" als linksradikale Gruppierung dem Anarchismus zuordnen.

---

66 Giovanni Sartori: Demokratietheorie. Darmstadt 1992. S 75

3. Konservativismus – Liberalismus – Sozialismus

Neben dieser Fünfgliederung beschränkt man sich heute zumeist auf die klassisch gewordene Dreiteilung in Konservativismus, Liberalismus und Sozialismus. Wie das Links-Rechts-Schema liefert auch diese Klassifizierung nur idealtypische Anhaltspunkte für die Zuordnung von Parteien zu weltanschaulich-politischen Lagern.

Hermann Lübbe meint sogar, beim Stand der „industriegesellschaftlichen Modernität", der inzwischen erreicht sei, hätte diese Einteilung ihr parteipolitisches Profilierungspotential weitgehend eingebüßt, und stellt fest: „Konservativismus einerseits, Liberalismus andererseits und Sozialismus überdies eignen sich immer weniger als Markenzeichen, das die Identität einer Partei gegen die jeweils anderen Parteien eindeutig und unverwechselbar kennzeichnen könnte. Noch einmal anders formuliert: Es gibt die Partei gar nicht mehr, die exklusiv entweder auf Sozialismus oder auf Liberalismus oder auf Konservativismus zu setzen vermöchte. Was einst die Parteien ideologisch gegeneinander profilierte, hat inzwischen den Charakter gleich ursprünglicher aktueller Fälligkeiten und Notwendigkeiten gewonnen. Konservativismus, Liberalismus und Sozialismus definieren Funktionen, deren Erfüllung zu den Erhaltungsbedingungen hoch entwickelter moderner Industriegesellschaften gehört."[67]

4. Selbstverständnis und Programmatik der FPÖ

„Wer liest schon Parteiprogramme?" heißt es immer wieder. Und in der Tat, der politische Alltag, Sachzwänge, taktische Bereichskoalitionen zwischen sonst weltanschaulich weit voneinander entfernten Gruppen, zeitgeistige Strömungen und stetige Neuausrichtungen relativieren die Bedeutung von Parteiprogrammen. Umso mehr bei den Freiheitlichen, als unter der Obmannschaft Haiders die Fama ging, das Programm sei nicht so wichtig, es gelte vielmehr das gesprochene Wort des Chefs.

Aber auch Programme und Absichtserklärungen selbst sind zeitgebunden. Und so kann es passieren, dass Passagen aus dem zeitlichen Abstand von nur wenigen Jahren antiquiert klingen mögen oder über statutenmäßige „Neuerungen" so lange der Mantel des Schweigens gebreitet wird, bis stillschweigend vorgenommene Änderungen kaum mehr öffentlich wahrgenommen werden. So im Fal-

---

67 Hermann Lübbe: Konservativismus, Liberalismus und Sozialismus: Politische Archetypen? In: Freiheitliches Bildungswerk (Hrsg.): Freiheit und Verantwortung. Jahrbuch für politische Erneuerung. Wien 1995. S 36

le der Umwandlung der freiheitlichen *Partei* in eine *Bewegung* und retour. Wie auch immer, für diese Arbeit von Relevanz sind nur jene programmatischen Festlegungen, die – ungeachtet ihres bereits historischen Charakters – im Untersuchungszeitraum gegolten haben.

Das Selbstverständnis der FPÖ hat sich seit ihrer Gründung im Jahre 1956 zum Teil grundlegend gewandelt. Es ist nur aus der Geschichte des Dritten Lagers heraus verständlich. So waren dessen Parteien anfangs durchwegs dezentralisierte Honoratiorenparteien, wie etwa die Großdeutsche Volkspartei, der Landbund und der Verband der Unabhängigen (VdU), deren regionale Hochburgen – Kärnten, Oberösterreich und Salzburg – großteils dieselben geblieben sind.

a) Die Verbreiterung der Wählerschaft

Der heutige Chefredakteur der rechtskonservativen Wochenzeitung „Zur Zeit" und vormalige Kuratoriumsvorsitzende des Freiheitlichen Bildungswerkes, Andreas Mölzer, sieht diese Entwicklung als eine Abkehr von der einstigen Honoratiorenpartei hin zu einer „plebiszitären Emanzipationsbewegung", und meint: „Diese inneren Notwendigkeiten der zeitgenössischen freiheitlichen Politik bestehen nun einmal darin, dass ein breites Spektrum an Wählern eine breitere Palette inhaltlicher Aussagen erfordert und dass damit – und dies ist unwiderlegbare Logik – die althergebrachten Standpunkte der FPÖ, auch ihr althergebrachtes weltanschauliches Fundament, breiter, offener und damit zwangsläufig unschärfer interpretiert werden müssen."[68]

Das am 1. und 2. Juni 1985 in Salzburg beschlossene Programm der FPÖ, erweitert um die Freiheitlichen Thesen, gilt bis 1997 als weltanschauliches Grundgerüst. Entsprechend den aktuellen politischen Veränderungen und neu hinzugekommenen Herausforderungen bedarf es aber der von Mölzer zitierten ständigen Neuinterpretation. So verstehen sich die Freiheitlichen mehr denn je als eine gesellschaftsverändernde Kraft, die „ohne Anpassung an gegebene Machtverhältnisse eine Strategie der Systemänderung verfolgt."[69] Erklärtes Ziel ist es, die liberalen Ideen der Grund- und Freiheitsrechte durch die Befreiung der Bürger von den politischen Parteien zu vollenden.

Die politische Auseinandersetzung erfährt im Untersuchungszeitraum durch die von Jörg Haider sehr leidenschaftlich geführte „Kampfansage an das Herrschaftssystem der Proporzparteien" immer mehr an Schärfe. Ziel des Angriffs ist

68 Andreas Mölzer: Grundwerte statt Ideologie, in: Freiheitliches Bildungswerk (Hrsg.): Freie Argumente. Freiheitliche Zeitschrift für Politik. 21. Jg., 1994, Folge 4. S 5

69 Freiheitliches Bildungswerk (Hrsg.): Freiheitliche Thesen zur politischen Erneuerung Österreichs. Wien 1994. S 4

„der Herrschaftsbereich der ‚Altparteien' SPÖ und ÖVP, der sich in breiter Verästelung über das ganze Land erstreckt – beginnend von der Schule bis zu den Senioren und hin zu Sport- und Autofahrerklubs –, und insbesondere die Abhängigkeit der Menschen hinsichtlich Arbeit und Wohnung anstrebt."[70] In diesem Sinne empfinden sich die Freiheitlichen als eine große Bürgerrechtsbewegung. Jörg Haider fordert in diesem Zusammenhang eine Staatsreform, die in eine „Dritte Republik" ausmünden soll (siehe auch eigener Abschnitt in dieser Arbeit). Er kritisiert, dass die österreichische Verfassung zersplittert und zahnlos geworden sowie faktisch durch ganz andere Strukturen ersetzt worden sei, die sich der demokratischen Legitimation völlig entzogen hätten.

„‚Sozialpartnerschaft', Kammern und Verbände, Landeshauptleutekonferenzen gehören dazu. Hinter verschlossenen Türen ausgefeilschte Sozialpartnerkompromisse führen dazu, dass eine eingehende Behandlung wichtiger Materien, wie der Gewerbeordnung oder der Sozialversicherungsreform sowohl von den Ministern in den Parlamentsausschüssen als auch von den Regierungsfraktionen verweigert wird. Das Parlament verkommt zu einer Abstimmungsmaschinerie, zu einem verlängerten Arm einer im luftleeren Raum agierenden Funktionärstruppe, die sich Sozialpartnerschaft nennt."[71]

Die „Dritte Republik" sei, ungeachtet aller negativen verbalen Konnotationen, die vom politischen Gegner in die Diskussion hinein getragen würden, bloß der Arbeitstitel für eine essentielle Verfassungsreform. Ein Zurückdrängen der repräsentativen Demokratie sei, so Haider, unumgänglich, der Parteieneinfluss durch mehr direkte Demokratie nach Schweizer Muster zurückzudrängen, die Gesetze sollten verständlicher formuliert und vor ihrer Erlassung auf ihre Durchsetzbarkeit überprüft werden. Gerade diese „ketzerischen" Aussagen gegen das etablierte politische System haben den Freiheitlichen viel Kritik eingebracht, die bis hin zur „Ausgrenzung" ihres Obmannes reicht.

b) Österreich und das Vereinte Europa

Die kritische Haltung der freiheitlichen Opposition zur Europäischen Union hat nichts mit jener europafeindlichen Haltung zu tun, die man ihr allzu oft unterstellt. Vielmehr ist sie mit dem Parteiprogramm von 1985 durchaus vereinbar. Dort heißt es nämlich u. a.:

„Wir vertreten eine Europapolitik, die realistisches Augenmaß für die nächsten möglichen Schritte mit dem Mut zur Vision verbindet. Den letzten Schritt zur Vollendung des von uns angestrebten Einigungswerkes erblicken wir in der Schaffung einer europäischen

---

70 Freiheitliche Thesen. S 4

71 Jörg Haider: Die Freiheit, die ich meine. Frankfurt/Main – Berlin 1993. S 230 f

Konföderation. In dieser soll jedes Volk auf der Grundlage von Selbstbestimmung seine Eigenart bewahren können."[72]

Und im 1997 verabschiedeten Parteiprogramm heißt es dazu:

„Ein bürgernahes und demokratisches Europa kann nur über möglichst föderalistische Zuständigkeiten und in unmittelbarer Zusammenarbeit zwischen den historisch gewachsenen Regionen gestaltetet werden."[73]

In der „Maastricht-Union" hingegen sehen die Freiheitlichen eine aufgeblähte, zentralistisch agierende Bürokratie, die sich mit freiheitlichen Grundwerten, wie dem Selbstbestimmungsrecht der Völker, nicht vereinbaren lasse.

c) Die Ausländerfrage

In den 90er Jahren sind die Freiheitlichen wegen ihrer restriktiven Haltung in der Ausländerpolitik vom politischen Gegner mehrfach der „Rechtslastigkeit" bezichtigt worden. Die Parteiverantwortlichen weisen eine solche Klassifizierung aufs schärfste zurück. Vielmehr betonen sie, Österreich sei kein Einwanderungsland, der Schutz der kulturellen Identität müsse gewahrt werden, und im Interesse des sozialen Friedens solle bis auf weiteres ein Einwanderungsstopp verfügt werden. Diese Haltung sei kein Widerspruch zur offiziellen Programmatik. Dort heißt es ausdrücklich:

„Wir wollen eine nationale Politik, die den Völkern und Volksgruppen die Wahrung ihrer Lebensrechte und die Entfaltung ihrer Eigenart mit Hilfe liberaler Politik auf friedliche Weise ermöglicht."[74]

Die „nationale" Politik als Identität stiftendes Element der freiheitlichen Gesinnungsgemeinschaft ist schon Teil des alten Programms. Man ist überzeugt, dass „das Bekenntnis zum eigenen Volkstum eine Grundvoraussetzung für die Bewahrung und Weiterentwicklung der kulturellen Werte und des historisch-kulturellen Selbstverständnisses jeder ethnischen Gemeinschaft ist."[75] Auch im aktuellen Programm heißt es:

72 Programm der FPÖ. Salzburg 1985. I. Grundlegung. 4. Kap. Abs. 20
73 Programm der FPÖ. Linz 1997. Kap. VI, Art. 3
74 FPÖ-Programm 1985. I. Teil. 3. Kap. Abs.13
75 A. a. O. I. Teil. 3. Kap. Abs.17

„Jeder Österreicher hat das Grundrecht, über seine Identität und Volkstumszugehörigkeit selbstbestimmt und frei zu befinden. Es darf ihm aus seinem Volkstumsbekenntnis kein Nachteil erwachsen."[76]

Außerdem habe bereits Ralf Dahrendorf erkannt, dass „wer den Nationalstaat aufgibt, (...) damit die bisher einzige effektive Garantie seiner Grundrechte (verliert). Wer heute den Nationalstaat für entbehrlich hält, erklärt damit – sei es auch noch so unabsichtlich – die Bürgerrechte für entbehrlich."[77]

d) Der Kirchenkurs – Ein Zweckbündnis?

Am 25. Juli 1993 wird Jörg Haider mit seiner Familie vom Papst empfangen. Haider erklärt, er habe mit Johannes Paul II. ein anregendes und interessantes Gespräch geführt:[78] Dabei sei auch die Lage in Osteuropa eingehend behandelt worden. Der Papst sei der Überzeugung, so Haider, dass nicht allein die wirtschaftliche Entwicklung die früheren kommunistischen Länder in eine bessere Zukunft hinführe, sondern auch eine geistige Erneuerung erforderlich sei. Was das Ausländer- und Flüchtlingsproblem angeht, habe der Papst Haider darauf hingewiesen, dass die Menschen in ihren Heimatländern verwurzelt bleiben müssten.

Schon einen Tag später betont Haider anlässlich einer Sitzung der FPÖ-Bundesparteileitung In Salzburg, dass die FPÖ „aus einer kühlen Distanz zur Kirche in eine wohlwollende, freundliche Nähe gerückt" sei.[79] Als Grund dafür nennt der Parteiobmann das Anwachsen der FPÖ, deren Wählerschaft heute überwiegend in einer der beiden christlichen Kirchen gebunden sei. Haider bekennt sich zur grundsätzlichen Trennung von Kirche und Staat, welche aber nicht verbiete, dass man gemeinsame Wertvorstellungen habe, die einem in der Gesellschaftspolitik auf die gleiche Seite brächten.

Freilich legt die Annäherung der FPÖ an die Kirche den Schluss nahe, dass hier eine Doppelstrategie verfolgt wird: Einerseits soll der Transformation der „Honoratiorenpartei" zur „plebiszitären Emanzipationsbewegung" Rechnung getragen werden, andererseits gilt es, neue Verbündete im Kampf gegen einen gemeinsamen Gegner zu gewinnen. Der gemeinsame Feind, das ist in diesem Zusammenhang der Zeitgeist, verkörpert von jenen Linksintellektuellen, welche die

76 FPÖ-Programm 1997. Kap. IV, Art. 3

77 Ralf Dahrendorf: Die Sache mit der Nation, in: Michael Jeismann/Henning Ritter (Hrsg.): Grenzfälle. Über neuen und alten Nationalismus. Leipzig 1993. S 106

78 Der Standard vom 26.06.1993. S 5

79 Die Presse vom 28.06.1993

traditionellen Werte des „christlichen Abendlandes“ nicht nur ablehnen sondern auch verhöhnen.

Die im Gefolge von Haiders Papstbesuch sukzessive betriebene Annäherung an die katholische Kirche findet ihren Niederschlag im neuen Parteiprogramm. Dort heißt es ausdrücklich:

> „Die Bewahrung der geistigen Grundlagen des Abendlandes erfordert ein Christentum, das seine Werte verteidigt. Im Bestreben um den Erhalt dieser Grundlagen sehen sich die Freiheitlichen als ideelle Partner der christlichen Kirchen, auch wenn es zu verschiedenen politischen Fragen unterschiedliche Standpunkte gibt.“[80]

Und wie zur Beruhigung der irritierten Funktionäre und Wähler heißt es wenige Zeilen weiter:

> „Die Sicherung der Autonomie der Kirchen und anerkannten Religionsgemeinschaften erfordert die institutionelle Trennung von Kirche und Staat. Diese Trennung ist darüber hinaus auch ein wesentlicher Garant für die Wahrung der Freiheit des Einzelnen.“[81]

e) Von der Partei zur Bewegung

Am 14. Jänner 1995 tritt die FPÖ im Linzer Design Center zu einem außerordentlichen Bundesparteitag zusammen, auf dem die Weichen zu den bisher weit reichendsten Reformen gestellt werden sollen: Die FPÖ wird von einer Partei zu einer Bürgerbewegung umgewandelt, was „Staberl“ zu folgendem Kommentar veranlasst:

> „Jörg Haider hat jetzt wieder bewiesen, dass er an politischem Talent und untrüglichem Gespür dafür, was in den Köpfen und Herzen der Bürger vor sich geht, allen seinen Gegnern überlegen ist. Während die anderen von ihren Politologen und ihren Meinungsforschern die ‚Politikverdrossenheit‘ und das tiefe Misstrauen der Österreicher gegen die Parteien bejammern lassen; während in den Parteisekretariaten nostalgisch der schönen, aber längst entschwundenen Zeiten nachgeträumt wird, da die Kinder und Enkel ganz automatisch stets wie einst die Großeltern gewählt haben: just zur gleichen Zeit wandelt Haider seine Partei in eine ‚Bürgerbewegung‘ um, in der die bisherigen Parteimitglieder nur noch den Kern jener bilden sollen, die künftig zur politischen Mitarbeit in primär freiheitlichem Sinn eingeladen sind. Die Auflösung des Parteisekretariats und die Abschaffung der Sekretäre ist da nur noch ein logischer Schritt.“[82]

Und auch die internationale Presse kommentiert die blaue Metamorphose recht ausführlich:

---

80 FPÖ-Programm 1997. Kap. V, Art. 2
81 FPÖ-Programm 1997. Kap. V, Art. 3
82 „Staberl“ in der Neuen Kronen-Zeitung vom 19.01.1995. S 4

„Mit einer groß angelegten Marketingoperation setzt der FPÖ-Chef Haider zum großen Sprung nach vorne an, der ihn spätestens bis 1998 nach den nächsten Nationalratswahlen allein oder im Bündnis mit der ÖVP an die Macht bringen soll. Während die Koalitionsparteien SPÖ und ÖVP noch immer an den Wunden der Wahlniederlage lecken und vor einer innerparteilichen Zerreißprobe stehen, hat die FPÖ, beflügelt von ihrem großen Erfolg bereits die nächste Wahlkampagne eröffnet. Die am Sonderparteitag in Linz am Wochenende abgesegnete radikale Strukturreform, die aus der Partei eine breite Bürgerbewegung (‚Bündnis 98') machen soll und noch mehr als bisher die Führungsrolle Haiders unterstreicht, ändert an den bisherigen Inhalten freilich wenig. Die Öffnung für Sympathisanten und Mitläufer, die mit der Partei wenigstens einen Teil des Weges gemeinsam gehen wollen, so wie dies schon einmal mit Erfolg Bruno Kreisky praktiziert hatte, verbreitert aber zweifellos die ideologische Basis."[83]

„Die Umwandlung der FPÖ in eine Bewegung entspricht (Haiders) seit längerem vorgetragenen Überlegungen, wonach die repräsentative Demokratie in Österreich in Anlehnung an das Modell der Schweiz mehr basisdemokratische Elemente erhalten sollte. Parteien im hergebrachten Sinn sollte es daher in Österreich nicht mehr geben."[84]

Doch es gärt in der „Bewegung". Die Unzufriedenheit, vor allem alteingesessener Funktionäre wächst. Schließlich bekennt Haider selbst im August 1995 im Rahmen einer Vorstandsklausur im steirischen Schladming, dass die Freiheitlichen ihre neue Kurzbezeichnung „F" wider ablegen und in Hinkunft wieder FPÖ genannt werden wollten.[85] Mittlerweile ist die „Bewegung" Geschichte.

f) Schluss mit der „Deutschtümelei"

Am 17. August 1995 verordnet Jörg Haider den Freiheitlichen eine stärkere österreichisch-patriotische Profilierung:[86] Mit mehr als einer Million Wähler sei die FPÖ eine Art Hoffnungsträger geworden. Sie würde sich selbst den schlechtesten Dienst erweisen, wenn sie sich nicht weiterentwickle. Er, Haider, wolle der Partei überhaupt keinen Zwang antun, er glaube aber, „dass jedes Element der Deutschtümelei in der FPÖ der Vergangenheit angehören" müsse. In einem Interview für die freiheitliche Wochenzeitung NFZ ergänzt Haider, das Bekenntnis zum deutschen Kulturkreis sei nichts Schlechtes. Im Gegenteil, er halte jede Kultur- und Traditionspflege für wertvoll. Es könne auch keine Rede davon sein, dass sich die Freiheitlichen von ihren Traditionen verabschiedeten. Man müsse sich als Österreicher aber eindeutig zu Österreich und seiner politisch eigenständigen, vielschichtigen Identität bekennen: „Wer das nicht will, hat in uns keinen

83 Neue Zürcher Zeitung vom 17.01.1995 S 2

84 Frankfurter Allgemeine Zeitung vom 16.01.1995. S 6

85 Salzburger Nachrichten vom 31.08.1995

86 Kurt Piringer: Chronologie der FPÖ-Entwicklung 1986 bis Jahresmitte 2000, in: Republik im Wandel. Die große Koalition und der Aufstieg der Haider-FPÖ. München 2001. S 408

Partner", so Haider ungewöhnlich scharf. Diese Klarstellung müsse auch im künftigen Parteiprogramm zum Ausdruck kommen.

In dieser Deutlichkeit habe Haider bisher nie zugegeben, dass er auf einen Strukturwandel in seiner Wählerschaft reagieren müsse, meint Christoph Kotanko im „Kurier", und weiter:[87] „ Laut dem Politikwissenschafter Fritz Plasser sind nur mehr fünf bis sechs Prozent aller Wähler durch ewiggestrige Themen wie den Deutschnationalismus zu mobilisieren; die MTV-Generation weiß nicht einmal mehr, was damit gemeint sein könnte." Das sehen viele Bürger anders. In einem Leserbrief zum Thema heißt es:

> „Neuerdings werden Bekenntnis zum Deutschtum und Deutschtümelei hierzulande gleichgesetzt, gehässig oder vergröbernd. Einerseits von solchen, die ein gestörtes Verhältnis zu allem, was deutsch ist, andererseits von jenen, die den ‚neuen Menschen' in einer klassen- und staatenlosen, letztlich wahrscheinlich kulturlosen Weltgesellschaft herbeisehnen. Wer diese Gleichschaltung heute unwidersprochen duldet, darf sich nicht wundern, wenn morgen vielleicht nur mehr von Europäertümelei, Bauerntümelei, Volkstümelei oder auch Eigentümelei die Rede sein wird. Der Kirchgänger wird dann zum Christentümler, der Synagogenbesucher zum Judentümler. Eine säuberliche Unterscheidung zwischen „Tum" und „Tümelei" ist einzufordern, auch von J. Haider."[88]

Lothar Höbelt formuliert den diplomatischen Mittelweg:

> „Die Tatsachenfestestellung, dass der Großteil der Österreicher der deutschen Volks- und Kulturgemeinschaft angehört, halte ich für unumstritten innerhalb der freiheitlichen Bewegung. Prinzipiell ist es nicht nötig, einen solchen Paragraphen zu streichen. (...) Für das breite Publikum ist diese Frage (aber) eine akademische. Die wenigsten Leute interessieren sich für die reine Lehre. Haider hat diesen Trend erkannt."[89]

Und im neuen Parteiprogramm wird, nachdem sich die emotionalen Wogen rund um die „Deutschtümelei" wieder halbwegs geglättet haben, ein „Bekenntnis zu Österreich" abgelegt, mit dem die meisten Freiheitlichen wieder leben können. Es wird die Verpflichtung formuliert, „für die Selbständigkeit und Eigenständigkeit Österreichs sowie für die Erhaltung der Verfassungsprinzipien einzutreten"[90], wobei „das historische und kulturelle Erbe Österreichs (...) zu Stolz auf die erbrachten Leistungen, Traditionen und Errungenschaften" berechtige.[91] Weiters: „Unter Heimat sind die demokratische Republik Österreich und ihre Bundesländer, die historisch ansässigen Volksgruppen (Deutsche, Kroaten, Roma,

---

87 Kurier vom 17.08.1995. S 2
88 Leserbriefschreiber Dr. med. Bernt Swoboda in: Die Presse vom 02.09.1995. Spectrum/Tribüne der Leser. S XI
89 Kurier vom 18.08.1995. S 2
90 FPÖ-Programm 1997. Kap. III, Art. 2
91 A. a. O. Kap. III, Art. 4

Slowaken, Slowenen, Tschechen und Ungarn) und die von ihnen geprägte Kultur zu verstehen, wobei von der Rechtsordnung denklogisch vorausgesetzt wird, dass die überwiegende Mehrheit der Österreicher der deutschen Volksgruppe angehört."[92]

g) Das neue Programm 1997

Wieder im Linzer Design Center wird vor rund 600 Delegierten und zahlreichen Ehrengästen aus dem In- und Ausland von Bundesparteiobmann Haider der Programmparteitag der FPÖ eröffnet. In seinen umfassenden Ausführungen zum neuen Parteiprogramm betont Haider, dieses Programm sei „selbstbewusst, fair und verantwortungsvoll". Es stelle gleichzeitig die Grundlage für eine mögliche Regierungsbeteiligung der FPÖ nach den nächsten Nationalratswahlen dar.[93]

Mit dem neuen Parteiprogramm wird die Wandlung von der „nationalliberalen Honoratiorenpartei" zur „plebiszitären Emanzipationsbewegung" bzw. zur „Reformkraft neuen Stils" nunmehr auch nachlesbar vollzogen.

5. Die Verortung im Links-Rechts-Schema

Das maßgebliche FPÖ-Parteiprogramm für den Untersuchungszeitraum von 1986 bis 1999 bleibt dennoch das aus dem Jahr 1985. Daher wird es auch für die Verortung im Links-Rechts-Schema herangezogen und zu den Themenbereichen Leistung, Familie und Bildung befragt. Hier die Kernaussagen:

- Leistung: „Das Leistungsprinzip soll die treibende Kraft der gesellschaftlichen Entwicklung bleiben. Wir sehen im persönlichen Leistungswillen eines Menschen die bewusste Hinwendung zu einem aktiv gestalteten Leben. Wir meinen die Leistung in allen Lebensbereichen, geistig wie körperlich, kulturell wie sozial, technisch wie wirtschaftlich. Die Einengung auf einen rein materiellen Leistungsbegriff lehnen wir ab."[94]
- Familie: „Die Familie steht organisch zwischen dem Einzelnen und der Gesellschaft und ist als wichtigste soziale Gemeinschaft Grundlage des Staates, sie ist durch keine andere Einrichtung ersetzbar. In der Familie erfährt und erlebt der Mensch die grundlegende Bedeutung von Liebe und Wertschätzung, Rücksichtnahme und Hilfeleistung, Freiheit und Verantwortung als notwendige Grundvoraussetzung für zwischenmenschliche Beziehungen, die über materielle Nützlichkeitserwägungen hinausgehen."[95]

---

92 FPÖ-Programm 1997 Kap. IV, Art. 1
93 Piringer. S 424 f
94 FPÖ-Programm 1985. Teil I: Grundlegung. 7. Kap. Abs. 36
95 A. a. O. Teil II: Lebensbereiche. 4. Kap. Abs. 184

- Bildung: „Ein an liberalen Grundsätzen orientiertes Bildungssystem muss durch Begabungsfindung und Begabungsförderung Entwicklungsmöglichkeiten für jeden nach seiner besonderen Veranlagung schaffen. Wir treten für Chancengleichheit ein und fordern ein Bildungssystem, das auch für individuelle Entfaltungsmöglichkeiten offen ist."[96]

Ja zu Leistung, ja zu Familie, ja zu Elitenbildung. Aus der Beantwortung der Fragen ergibt sich eine vorläufige Rechts-Zuordnung, die ich allerdings in Anbetracht des Bekenntnisses zu liberalen Grundwerten zur Mitte hin korrigieren möchte.

6. Ideologische Erosionstendenzen

Erweitert man den Blickwinkel auch auf die anderen im Nationalrat vertretenen Parteien, lässt sich – bezogen auf die Links-Rechts-Dichotomie – eine Entwicklung ausmachen, die auf ideologische Erosionstendenzen, im Besonderen auf eine starke Lockerung der klassischen Lagerbindungen hindeutet.

Mitte der 70er Jahre gibt es für Österreich eine geringe Verbreitung ideologischer Politikkonzeptionen. „In der Folgezeit verblassen die traditionellen ideologischen Deutungsmuster weiter. Verankert sich in den 70er Jahren etwa ein Fünftel der Österreicher in der linken und ein gutes Viertel in der rechten Hälfte des politischen Spektrums – und bleibt die Selbstdefinition als ‚Mitte' somit deutlich unter der 50-Prozent-Marke –, so platziert sich ein Jahrzehnt später etwa die Hälfte in der politischen Mitte. Die Selbstverortung als rechts bzw. links sinkt auf ein Drittel, wobei besonders die ‚radikalen Ränder' deutlich zurückgehen."[97] Bei Arbeitern geht die Selbstplatzierung als „links", bei Gewerbetreibenden (nicht aber bei den Landwirten!) jene als „rechts" überdurchschnittlich zurück.

Die obere Bildungsschicht verliert seit 1976 an „rechter", die untere an „linker" Identität (vgl. Abb. 1 u. 2). Die Freiheitlichen werden seit 1985 stärker profiliert wahrgenommen (vgl. Abb. 3 u. 4).

Zusammenfassend lässt sich also aus den beiden Vergleichsdaten 1976 und 1985 bei der Bevölkerung ein empirisch nachweisbarer Verlust an „rechter" bzw. „linker" Gesinnung ablesen. Die ideologischen Differenzen zwischen SPÖ und ÖVP werden mit dem Trend zur Mitte immer geringer. Mit der Öffnung der FPÖ in Richtung neuer Wählerschichten geht auch dort ein Rückgang an ideologischer

---

96 A. a. O. Teil II: 3. Kap. Abs. 155.

97 Peter A. Ulram: Hegemonie und Erosion. Politische Kultur und politischer Wandel in Österreich. Wien 1990. S 88

Abb. 1: Verortung nach Bildung 1976

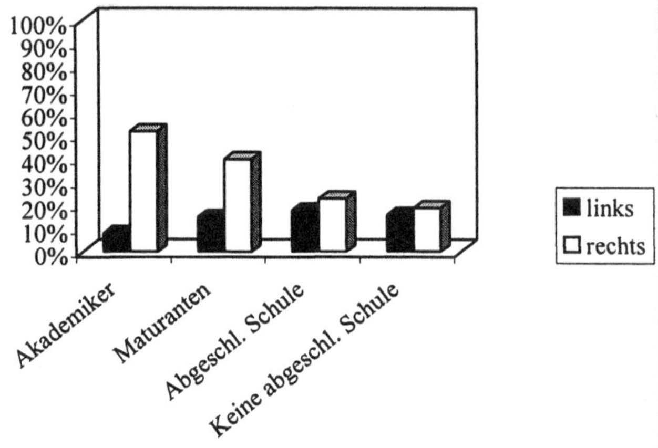

Abb. 2: Verortung nach Bildung 1985

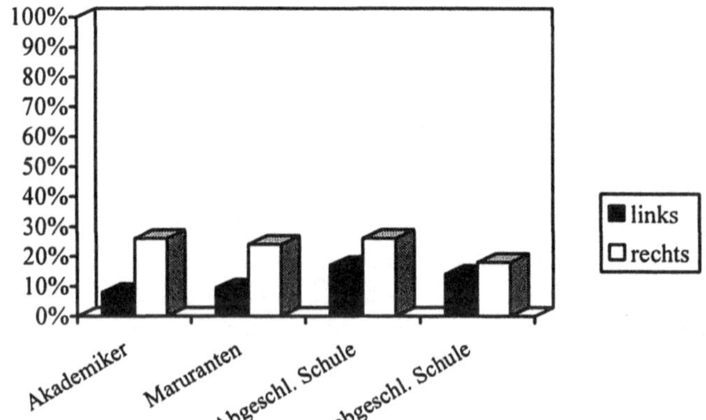

Abb. 3: Parteienposition im Links-Rechts-Schema 1976
(in Prozent der abgegebenen Stimmen)

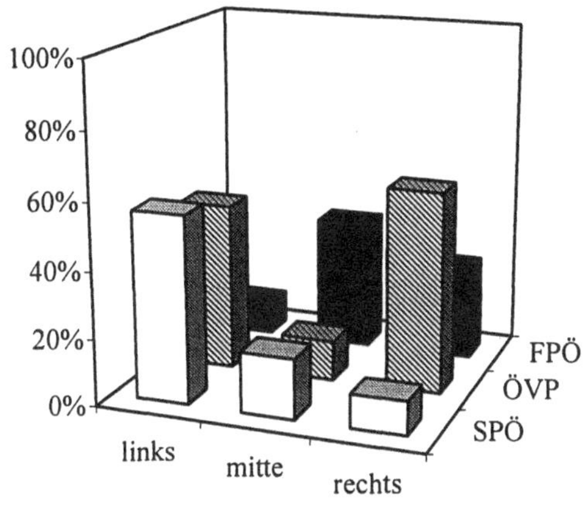

Abb. 4: Parteienposition im Links-Rechts-Schema 1985
(in Prozent der abgegebenen Stimmen)

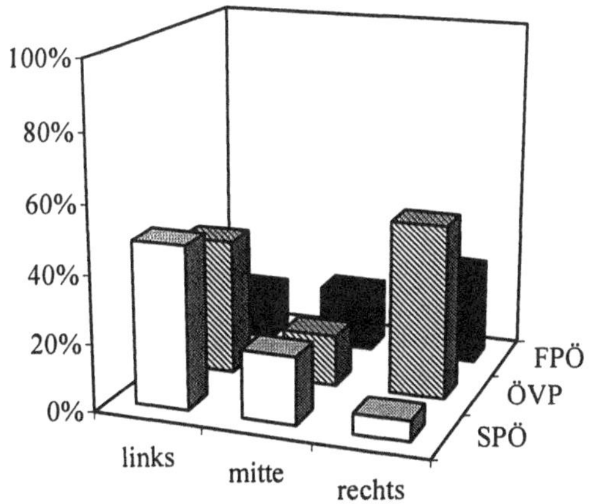

Profilierung einher. „Nur mehr Minderheiten betrachten ‚Weltanschauung' als den zentralen Punkt der Bewertung einer Partei oder sehen einen zwingenden

Konnex zwischen einem bestimmten ideologischen Deutungsmuster und der Wahl einer Partei. So wie die Großparteien keine ‚natürlichen Heimaten' bestimmter sozialer Gruppen mehr darstellen, so sind sie auch kein ‚Hort ideologisch-weltanschaulicher Geborgenheit' mehr."[98]

Ergänzt um die Feststellung, dass ab 1999 der Terminus „Großparteien" durch „Mittelparteien" ersetzt werden müsste, sehe ich in Peter A. Ulrams Befund die „Erosion der Lager" empirisch bestätigt.

7. Anspruch und Wirklichkeit

Sichtet und beurteilt man ganz allgemein die Programme der von 1986 bis 1999 im Nationalrat vertretenen Parteien und vergleicht sie mit dem, was in der tatsächlichen Politik geschieht, erkennt man die Diskrepanz zwischen Anspruch und Wirklichkeit. Dies hängt wohl auch damit zusammen, dass immer wieder divergierende Lagerinteressen kollidieren und ein Konsens gefunden werden muss.

Im Spannungsfeld der Ideologien und des Links-Rechts-Schemas wird eine Politik betrieben, die keinem der politischen Lager ausschließlich zugeordnet werden kann. Die Opposition macht von ihrem demokratischen Recht Gebrauch, kontrolliert und kritisiert die Regierung, und leistet so – zusammen mit der Presse – ihren Beitrag zur Bildung der öffentlichen Meinung. Diese öffentliche, oder besser: veröffentlichte Meinung wirkt auf die Absichten der Regierung zurück.

Jürgen Habermas zeichnet diesen sensiblen Regelkreis in der Begründung seiner Diskurstheorie recht anschaulich nach, wenn er den Vollzug „demokratischer Selbstgesetzgebung" beschreibt:

„Worauf gründet sich nun die Legitimität von Regeln, die doch vom politischen Gesetzgeber jederzeit geändert werden können? Diese Frage verschärft sich zumal in pluralistischen Gesellschaften, in denen inklusive Weltbilder und kollektiv verbindliche Ethiken zerfallen sind und wo die übrig gebliebene posttraditionale Gewissensmoral keine hinreichende Grundlage mehr für das einst religiös oder metaphysisch begründete Naturrecht bietet. Die einzige nachmetaphysische Quelle der Legitimität bildet offensichtlich das demokratische Verfahren der Rechtserzeugung. Was verleiht aber diesem Verfahren seine legitimierende Kraft? Darauf gibt die Diskurstheorie eine einfache, auf den ersten Blick unwahrscheinliche Antwort: das demokratische Verfahren ermöglicht das freie Flottieren von Themen und Beiträgen, Informationen und Gründen, sichert der politischen Willensbildung einen diskursiven Charakter und begründet damit die fallibilistische[99] Vermu-

---

98 Ulram: Hegemonie und Erosion. S 93

99 Vgl. dazu die Definition im Duden-Fremdwörterbuch: Fallibilismus *der*;-: Anschauung der kritisch-rationalistischen Schule, nach der es keine unfehlbare Erkenntnisinstanz gibt.

tung, dass verfahrensgerecht zustande gekommene Resultate mehr oder weniger vernünftig sind."[100]

Dass ein solcher „Diskurs" nur vor dem Hintergrund einer „posttraditionalen Gewissensmoral" – eines unverbindlichen Werteangebotes, wenn man so will – zu entfalten ist, scheint mir zwingend. Habermas gesteht selbst ein, dass „kollektiv verbindliche Ethiken zerfallen sind".

Der Anspruch politischer Parteien, ihrer je vorgegebenen Programmatik treu zu bleiben, kann in der Wirklichkeit nicht erfüllt werden. Kompromisse sind notwendig, und auch die Programme, die – so gesehen – nur den ungefähren Weg weisen können, müssen ständig modifiziert werden und bleiben bisweilen widersprüchlich. Die „reine Lehre" bleibt Papierform. Das ist der Preis einer lebendigen Demokratie, und das ist gut so.

B. Feindbild als Triebfeder: Proporz und Patronage

Um den in der Ära Haider mit Leidenschaft betriebenen Kampf gegen Privilegien und „Freunderlwirtschaft" besser zu verstehen, scheint ein Exkurs in das für das politische System Österreichs so typische Phänomen von Proporz und Patronage unabdingbar. In diesem Zusammenhang gilt es vor allem, den bipolaren Proporz der beiden Großparteien SPÖ und ÖVP zu explizieren: ein Phänomen, das sich im Gefolge der Entstehung der Sozialpartnerschaft ausgebildet hat und neben dieser wohl einzigartig im internationalen Vergleich dasteht.

1. Die Sozialpartnerschaft

Wenngleich die Sozialpartnerschaft als neokorporatistisches Modell irrelevant für diese Arbeit ist, so ist sie doch von Anbeginn untrennbar mit dem Zwei-Parteien-Proporz verbunden. Und dieser ist als eines der politischen Angriffsziele der FPÖ Gegenstand dieser Analyse. Werden doch innerhalb der Sozialpartnerschaft – prozentuell nicht unerheblich – traditionale Bindungen durch willkommene Patronage verdeckt.

Die Entstehungsbedingungen der Sozialpartnerschaft – und damit gleichermaßen des Proporzes – hat Friedrich Fürstenberg in seiner Untersuchung ihrer sozialkulturellen Aspekte sehr trefflich – in beinahe phänomenologischer Schau –

100 Jürgen Habermas: Nachwort zur 4. Auflage von: Faktizität und Geltung. Beiträge zur Diskurstheorie des Rechts und des demokratischen Rechtsstaats. Frankfurt am Main 1992. S 662

herausgearbeitet: „Die Sozialpartnerschaft wird durch eine politische Kultur im Sinne langfristig stabiler Grundhaltungen der Akteure gestützt. Für die politische Führungsschicht wurde wiederholt eine ‚Konkordanzhaltung' festgestellt, die Konsultationen mit den politischen Gegnern und wechselseitige Zugeständnisse fördert. Die ideologisch verstärkten Auseinandersetzungen werden hingegen vorwiegend von einer mittleren, durch ‚Lagermentalitäten' gekennzeichneten Schicht der Funktionäre und Vertrauensleute getragen."[101]

Um diese sozialen Beziehungsmuster und Mentalitäten zu verstehen, sei es nach Fürstenberg notwendig, die historische Dimension und die sozialkulturellen Prägungen zu erklären, die sie bedingen: „Die Sozialstruktur Österreichs ist entscheidend beeinflusst durch einen erst spät einsetzenden Industrialisierungsprozess in einem überwiegend agrarisch und handwerklich bestimmten Wirtschaftsraum, dessen überwiegend alpine bzw. voralpine Lage nur wenige Ballungszentren aufzuweisen hat."[102] Es habe sich kaum eine Großindustrie entwickelt, sodass sich die recht ausgeprägte Arbeiterkultur vorwiegend auf Arbeitsverhältnisse in Klein- und Mittelbetrieben gegründet habe.

„Stärker als in vergleichbaren Gesellschaften haben sich in Österreich ständische Relikte erhalten, wie sie z. B. schon im alltäglichen Sprachgebrauch und in den Umgangsformen deutlich hervortreten. So wird z. B. Personal nicht eingestellt, sondern ‚aufgenommen', Grundbesitz nicht verkauft, sondern ‚vergeben'. Die Grundzüge bäuerlicher und kleinbürgerlicher Mentalität wirken nach. Die erreichte Soziallage erscheint nicht so sehr als Ergebnis der Marktverhältnisse, sondern als Ausdruck teilweise ererbter, teilweise persönlich erworbener Ansprüche und Rechte, die mit Nachdruck verteidigt werden. Diese Haltung spiegelt teilweise auch die Standesvorteile wider, die der deutsch-österreichischen Bevölkerung in den Kerngebieten der Habsburger Monarchie zugestanden worden waren. Eine derartige Orientierung an einer Wahrung und Vermehrung des Besitzstandes geht mit relativ geringer geographischer, sozialer, aber auch sozialpsychologischer Mobilität einher. Sesshaftigkeit bedeutet zugleich auch Einordnung in überindividuell normierte Lebensformen, wodurch Abweichler rasch stigmatisiert werden."[103]

Diese Orientierung an überdauernden Lebensformen habe zu einer weit verbreiteten Ablehnung von Konkurrenz geführt. An ihre Stelle seien Sozialkartelle getreten, wobei Aufnahme oder Ausschluss wesentlich die sozialen Chancen be-

---

101 Friedrich Fürstenberg: Sozialkulturelle Aspekte der Sozialpartnerschaft, in: Peter Gerlich; Edgar Grande; Wolfgang C. Müller (Hrsg.): Sozialpartnerschaft in der Krise. Leistungen und Grenzen des Neokorporatismus in Österreich. Wien; Köln; Graz 1985. S 31

102 A. a. O. S 31

103 A. a. O. S 31 f.

einflusst hätten. Eine relativ dauerhafte Organisation politischer Prozesse sei ohne Berücksichtigung dieser quasi-ständisch geprägten Sozialkartelle nicht denkbar. Eine derartige Einstellung sei zudem obrigkeitlich durch autoritativ und sogar autoritär verfahrende Regierungen gefördert worden, während liberalistische Tendenzen sich nur vorübergehend im öffentlichen Leben durchsetzen hätten können. „Die umfassende Vergesellschaftung des Individuums wird gleichsam zugunsten einer Integration in kleine Kreise von lokaler, allenfalls regionaler Orientierung abgeblockt. Vorindustrielle Muster der Familien- und Nachbarschaftsbindung wirken nach oder werden auf moderne Organisationsformen übertragen und vermitteln Sicherheit in überschaubaren Verhältnissen. (...) Generationen lang sind wirtschaftlich und sozial aktivere Bevölkerungsteile ab- bzw. ausgewandert, sodass für die Zurückbleibenden Platz in der bestehenden Ordnung blieb. Gebiete und Bereiche mit dynamischerer Entwicklung werden eher als suspekt betrachtet.“[104]

Das hier Gesagte scheint mir deshalb so wichtig, weil es Adam Wandruszka in seinen Ausführungen zur Lagertheorie bestätigt, wenn er meint, das Bewusstsein der Kontinuität sei innerhalb der Bevölkerung stärker ausgeprägt gewesen als jenes der Wandlung. Letztlich seien die Reste jenes ständisch-agrarischen Denkens auch in nicht-ländlichen Bereichen für jene Mentalität bezeichnend, die das österreichische politische System seit 1945 im Wesentlichen gestützt habe: „Der Österreicher strebt nach Reduktion des Risikos, nach ‚Sicherheit in überschaubaren Bereichen‘, nach Bindung und Betreuung durch Sozialkartelle, die auf personalen Bindungen aufbauen. Mobilität, Konkurrenz und Konflikt erscheinen bedrohlich, Stabilität, Kooperation und Risikoabsicherung erstrebenswert. Dem widerspricht die Tendenz zur Politik als Schaugeschäft, zum periodisch wiederkehrenden politischen Theaterdonner nur scheinbar.“[105]

Gegründet im Wesentlichen von ÖVP und SPÖ – die KPÖ hatte bis zu ihrem Ausscheiden aus dem Nationalrat 1949 nur marginale Bedeutung – bestimmten diese beiden Großparteien die Spielregeln der Politik und bauten nach Ende des II. Weltkrieges ihren Einfluss weit in gesellschaftliche Teilbereiche hinein aus. So dominierten die Sozialdemokraten die Verstaatlichten Banken, die Verstaatlichte Industrie und das Schulwesen. Dazu kam als Novum der II. Republik der von den Haider-Freiheitlichen später so leidenschaftlich bekämpfte Verbändestaat. Die aus den klassischen Lagern hervorgegangenen Parteien hatten sich ein eigenes Verbändesystem geschaffen, das sich zusehends verselbständigte. So wurde der 1945 gegründete, formal überparteiliche Österreichischen Gewerkschaftsbund von den Sozialdemokraten dominiert und die 1946 aus der Taufe ge-

104 A. a. O. S 32 f.

105 Peter Gerlich: Sozialpartnerschaft in der Krise, in: Gerlich; Grande; Müller. S 358

hobene Bundeskammer der Gewerblichen Wirtschaft, formal ebenso überparteilich, als Gegengewicht für die Arbeitgeberseite von der ÖVP. Gestützt auf diese Pfeiler entstand die Sozialpartnerschaft.

Die Freiheitlichen partizipierten von dieser Vernetzung kaum. Bis 1983 war der Verbändestaat an der Kleinen Koalition vorbeigegangen, ebenso wie der Parteienstaat. Die FPÖ konnte personalpolitisch kaum mitgestalten. Sieht man einmal davon ab, dass die FPÖ seit 1964 den Rechnungshofpräsidenten stellte – ein honoriges Kontrollorgan zwar, aber nicht dazu angetan, aktiv Politik zu gestalten.

Ohne die historischen Verdienste der Sozialpartnerschaft leugnen zu wollen, bleibt somit festzustellen, dass gleichsam hinter verschlossenen Türen der Einflussbereich in Wirtschaft und Staat unter diesen Parteien streng nach Proporz aufgeteilt wurde und sich im Laufe der Jahre sukzessive verfestigt hat. Fürstenberg meint, dass weit über den Kreis der Familie und Nachbarschaft hinaus das österreichische Sozialleben durch die verschiedensten Arten von Klientelbindungen und Betreuungsverhältnisse gekennzeichnet sei, in denen Protektion durch Autoritätsbindung gewährleistet werde, und folgert daraus: „Das bis in die Gewährleistung von Wohnraum und Freizeitaktivitäten (Sport) hinein praktizierte politische Patronagesystem“ entspreche „durchaus noch Resten einer ‚familialistischen‘ Erwartungshaltung weiter Bevölkerungskreise.“[106]

Genau hier setzt der freiheitliche Protest ein. Durchaus verständlich, bedenkt man, dass das Dritte Lager stets aus dieser dichotomen Einflusssphäre ausgeschlossen blieb. Mit seiner Analyse des Status Quo fände Fürstenberg wohl freiheitliche Zustimmung, nicht aber, was seine Schlussfolgerung angeht. Hier würde man ihm wohl vorwerfen, „das Ausnutzen existentieller Notsituationen“ mit der Idylle einer „familialistischen“ Erwartungshaltung zu verwechseln. Evident ist jedenfalls, dass in Österreich durch ein riesiges informelles Netz, das wiederum eng mit der Sozialpartnerschaft verknüpft ist, ohne „rotes“ oder „schwarzes“ Parteibuch – je nach Planstelle – weder Spitzenfunktionen in der Wirtschaft, noch Schuldirektorenposten oder höhere Leitungsfunktionen innerhalb der Bürokratie oder in verstaatlichten Banken vergeben werden. Inwieweit die „objektivierte“ Vergabe von Gemeindewohnungen ohne entsprechend nachgewiesene Parteimitgliedschaft – streng nach Proporz entweder in ÖVP oder SPÖ – tatsächlich funktioniert, wird empirisch ebenfalls schwer zu dokumentieren sein.

106 Fürstenberg. S 33

2. *Patronage und Parteibuch*

Das in weiten Teilen der Bevölkerung verinnerlichte Wissen um ein funktionierendes, untrennbar mit dem „rot-schwarzen" Proporz verknüpftes – demokratiepolitisch aber höchst bedenkliches – Patronagesystem simuliert aus freiheitlicher Sicht bloß eine Lagerzugehörigkeit. Denn verloren gegangene echte affektive Beziehungen zum „christlich-konservativen" oder zum „sozialistischen" Lager werden durch ein proporzbedingtes Geflecht von Abhängigkeitsverhältnissen bei Wohnungssuche und/oder Berufswahl zu einem nicht unerheblichen Prozentsatz verdeckt.

Auch Wolfgang C. Müller stimmt diesem Befund implizit zu, wenn er in einer 1985 durchgeführten Erhebung von Beitrittsmotiven nachweist, „dass zwischen einem Fünftel und der Hälfte der Parteibeitritte zumindest auch auf die (erwartete) Patronage zurückzuführen ist."[107] Der Vollständigkeit halber sei vermerkt, dass es sich hier um Beitritte zu den beiden Proporzparteien SPÖ und ÖVP handelt. Er hält fest, „dass die Entwicklung hin zu Massenpatronageparteien und das starke Hervortreten des Patronagemotivs nicht erst Produkt der 50er oder 60er Jahre waren. Zahlreiche Quellen sprechen von einer großen Politik- und Parteimüdigkeit in der ‚Stunde Null' (1945) der Zweiten Republik. Dennoch gelang der Wiederaufbau der Parteiorganisation zu einer im internationalen Vergleich eindrucksvollen Größe in verhältnismäßig kurzer Zeit."[108]

Wenn nach der zitierten Erhebung von 1985 das berufliche Weiterkommen mit 52 Prozent, das Erhalten der Wohnung bzw. des Arbeitsplatzes mit 44 Prozent als „wichtig" bzw. „sehr wichtig" für den Beitritt zu einer Partei eingestuft werden, wird dadurch die 87-prozentige Verbundenheit mit einer weltanschaulichen Position – also eine starke traditionelle Lagerbindung – ebenso relativiert wie das zu 62 Prozent vorhandene Bedürfnis nach Verwirklichung eigener politischer Ideen (vgl. Abb. 5).

Um es klar zu stellen: Die unumstrittenen Verdienste der Sozialpartnerschaft interessieren im Rahmen dieser Arbeit nicht. Es geht hier ausschließlich darum, die Kausalkette Sozialpartnerschaft & Proporz – Proporz & Patronage – Patronage & freiheitlicher Protest herauszustreichen.

---

107 Wolfgang C. Müller: Patronage im österreichischen Parteiensystem. Theoretische Überlegungen und empirische Befunde, in: Anton Pelinka; Fritz Plasser (Hrsg.): Das österreichische Parteiensystem. Wien; Köln; Graz 1988. S 473

108 A. a. O. S 473

Abb. 5: Motive der Parteimitgliedschaft

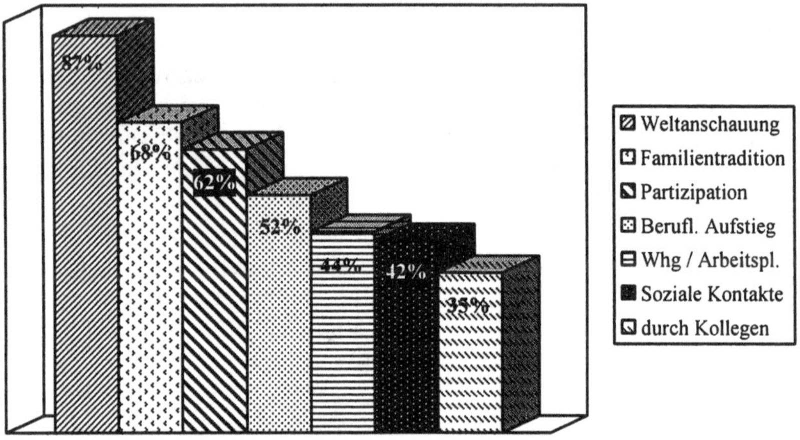

„Rot-schwarzer" Parteienproporz und Sozialpartnerschaft bedingen einander und haben historisch gleiche Wurzeln. Die Bevölkerung müsse *nolens volens* zur Kenntnis nehmen, so Peter Gerlich, dass „insbesondere hinsichtlich der Sozialpartnerschaft viele Aspekte nicht gerade im Lichte der Öffentlichkeit ausgebreitet werden und stets nur der Vertraulichkeit vorbehalten bleiben."[109] Und auch er fragt sich in seiner Untersuchung des Zusammenhanges von Regierungssystem und Sozialpartnerschaft, ob man Sozialpartnerschaft und Regierung überhaupt trennen könne und ob es nicht vielmehr so sei, „dass man es gerade in Österreich im Grunde nur mit einer homogenen Gruppe von Machtträgern zu tun hat? Steht nicht an der Spitze der Politik eine ziemlich geschlossene Elite von Funktionären, die miteinander steten Kontakt hält und intern mehr gemeinsam hat, als nach außen dringt?"[110] Eine Elite von Funktionären, bliebe zu ergänzen, deren Bekämpfung sich die Freiheitlichen vor allem unter der Obmannschaft Jörg Haiders auf die Fahnen geheftet haben.

Die Kleine Koalition zwischen FPÖ und SPÖ von 1983 bis 1986 war so gesehen die erste wirkliche Herausforderung für den österreichischen Parteien- und Verbändestaat, zumal mit der FPÖ eine Partei in die Regierung kam, die nicht

109 Peter Gerlich: Sozialpartnerschaft und Regierungssystem, in: Gerlich; Grande; Müller. S 110

110 Gerlich: Sozialpartnerschaft und Regierungssystem. S 110

nur nicht zu den Gründern der II. Republik zählte, sondern auch vom für die II. Republik typischen System der Verflechtung von Parteien, Verbänden und Verfassungsorganen ausgeschlossen war. Mit ihr kam es nach Anton Pelinka zu einer „Entfesselung“ des Wählererhaltens und damit zu einer Abkehr von traditionellen Mustern; die Abkehr von der Treue und Verlässlichkeit in Form der traditionalen Dauerbindung an eine Partei sei durch die Kleine Koalition wesentlich gefördert worden. „Gerade weil die Einbindung der FPÖ in eine Koalitionsregierung ein Tabu brach, konnten nun andere Tabus gebrochen werden. Die Folge ist eine radikal abnehmende Berechenbarkeit des Wählerverhaltens und, in weiterer Konsequenz, eine radikal abnehmende Berechenbarkeit des politischen Systems überhaupt.“[111] Eine Entwicklung, welche die Erosion der Lager beschleunigt hat.

Die Kleine Koalition bedeutete somit eine Transformation der politischen Kultur: den Übergang von der auf Stabilität und Konsens, Berechenbarkeit und Loyalität gerichteten Konsensdemokratie, welche die Politik der Nachkriegsjahrzehnte bestimmte, hin zur das Bestehende zusehend in Frage stellenden und den Konflikt suchenden Konkurrenzdemokratie.

3. Aufbruch in die Dritte Republik

Um mehr Bürgernähe und Transparenz zu verwirklichen, wurde 1993 von Jörg Haider unter dem Schlagwort „Dritte Republik“ das Konzept einer weit reichenden Verfassungsreform in die politische Diskussion eingeführt. Ein Arbeitskreis, dem neben FPÖ-Politikern auch Experten aus der Wissenschaft angehörten, sollte zahlreiche Problemkreise wie Außen- und Sicherheitspolitik, Bildungs- und Erziehungspolitik, Wirtschafts- und Sozialpolitik und eben auch eine neue Verfassungs- und Bürgerrechtsordnung diskutieren und Verbesserungsvorschläge erarbeiten.

Diese zielten im Wesentlichen auf folgende Punkte ab:

- Vereinfachung der Staatsspitze durch Zusammenlegung von Bundespräsident und Bundeskanzler samt verkleinerter Bundesregierung;
- stärkere Gewaltenteilung durch die Verlagerung der Gesetzgebung auch im Inhaltlichen an die Parlamente von Bund und Ländern;
- Aufwertung des Nationalrats durch die Kompetenz, die Bundesminister zu wählen;
- Stärkung des Bundesrates gegenüber dem Nationalrat;
- unabhängige Rechnungskontrolle;
- Stärkung der Mittel der direkten Demokratie;
- Aufwertung des Föderalismus durch Abkoppelung der Länder vom Bund sowie durch deren Aufgabenvermehrung;

---

111 Anton Pelinka: Die Kleine Koalition. S 94

- Festschreiben eines einheitlichen und inhaltlich erneuerten Grundrechtskataloges;
- Umfassende Reduktion des Staatsapparates durch Verschlankung der Verwaltung;
- Verringerung des Einflusses der politischen Parteien und Kammern.

Gleich vielen anderen Vorschlägen der freiheitlichen Opposition wurde auch dieses Reformkonzept von den politischen Gegnern fast ausschließlich abfällig kommentiert. Obwohl sich der Arbeitskreis unter dem Leitbild einer „Dritten Republik" sehr seriös mit durchaus diskutablen Änderungsvorschlägen befasst hatte, richtete sich das Hauptaugenmerk der politischen Gegner auf den Begriff selbst, und damit auf die semantische Konnotation mit dem „Dritten Reich".

ÖVP-Abgeordneter Andreas Khol nahm seine Vorbehalte gegenüber dem Reformkonzept sogar zum Anlass, die FPÖ „außerhalb des Verfassungsbogens" zu stellen. Was Mitte der neunziger Jahre dazu führte, dass ein freiheitlicher Abgeordneter, der unter Bezugnahme auf die Bundesverfassung[112] über Verfassungsänderungen nachdachte, gleichsam als Aussätziger behandelt wurde. Khols Kritik verblasste allerdings im Laufe der Jahre, und 1998 sollten sich die Freiheitlichen wieder im Rahmen des „allgemeinen Grundkonsenses"[113] befinden.

Wieder einmal erwies sich das Sprichwort *Quod licet Iovi non licet bovi* als trefflich, allerdings in der abgewandelten Form: *Quod licet aliis non licet Haider*. Denn wie Wilhelm Brauneder in einem Aufsatz über die Verfassungsdiskussion im Zusammenhang mit der „Dritten Republik" dokumentiert, „wünschte sich schon 1975 Otto Schulmeister einen Weg, der ‚ohne Bruch aus der Ära Kreisky hinüberführte in eine Dritte Republik', und Alexander Vodopivec schrieb 1976 ein Buch mit dem Titel ‚Die Dritte Republik', in dem er diese als Ist-Zustand beschrieb. Als 1985 der Grazer Zivilrechtsprofessor Bernd Schilcher als ÖVP-Politiker ein Verfassungskonzept entwarf, sollte dieses der Dritten Republik zur Geburt verhelfen. Auch für Erhard Busek war ‚Dritte Republik' wie selbstverständlich bzw. mathematisch zum Etikett einer bereits wahrgenommenen oder erst erwünschten tief schürfenden Staatserneuerung geworden. Schließlich schrieb 2000 der Politiker der ‚Grünen', Peter Pilz, ein Buch, das eine ‚Dritte Republik' voraussetzt: ‚Die vierte Republik' mit den drei Kapiteln ‚Die zweite Republik', ‚Die dritte Republik' (!) und ‚Die vierte Republik'."[114]

---

112 Vgl. Bundes-Verfassungsgesetz (B-VG), BGBl. 1930/1 idgF Art 44, wonach Verfassungsgesetze oder in einfachen Gesetzen enthaltene Verfassungsbestimmungen vom Nationalrat beschlossen werden können und auch eine Gesamtänderung der Bundesverfassung möglich ist, sofern sie einer Abstimmung des gesamten Bundesvolkes unterzogen wird.

113 Andreas Khol: Mein politisches Credo. Wien 1998, S 178

114 Wilhelm Brauneder: Die Verfassungsdiskussion, in: Lothar Höbelt (Hrsg.): Republik im Wandel. Die große Koalition und der Aufstieg der Haider-FPÖ. München 2001. S 11

Brauneder verweist im Zusammenhang mit der Polemik gegen die „Dritte Republik" Haiders darauf, dass es mit dem EU-Beitritt Österreichs zu einer viel folgenschwereren Verfassungsänderung gekommen sei. Denn der EU-Beitritt Österreichs habe unabweislich zur Folge gehabt, dass geltendes Recht nicht mehr vom repräsentierten Volk in einem Parlament stamme, sondern von einem nicht gewählten Exekutivorgan, hauptsächlich dem (EU-)Rat, wodurch sowohl das demokratische als auch das gewaltentrennende Prinzip negiert würden. Überdies gerate das föderalistische Prinzip dadurch in Gefahr, dass durch die an die EU abzugebenden Kompetenzen der Länder deren ohnedies vorhandene Kompetenzarmut weiter geschwächt würde, was sie der Staatsqualität berauben könnte und die Bundesstaatlichkeit Österreichs gefährde. Mit Anfang 1995, dem Beginn der EU-Mitgliedschaft Österreichs, sei somit nicht nur die gravierendste aller Verfassungsänderungen seit der Staatsgründung 1918 effektiv geworden, sondern auch die Bedeutung der Neutralität rapide gesunken. Brauneder stellt im Zusammenhang die provokante Frage: „In der wievielten Republik befand man sich nun?"[115]

Auch Norbert Leser hält die gegen Jörg Haiders Konzept einer „Dritten Republik" erhobenen Vorwürfe für überzogen und plädiert dafür, die dahinter stehenden verfassungsrechtlichen Vorstellungen der FPÖ nicht von vornherein zu verwerfen: „Eine starke präsidentielle Gewalt steht weder in der Weltmacht USA noch in Frankreich im Widerspruch zur demokratischen Grundstruktur des Landes. Ein Sozialist wie Mitterand hat von dieser Verfassungsmacht ausgiebig Gebrauch gemacht, ohne dass ihm dies den Vorwurf der Diktatur eingetragen hätte."[116]

C. Soziologische Phänomene als Katalysatoren

Dass gesellschaftspolitische Umbrüche auf die Politik rückwirken, gewissermaßen katalysatorische Funktion haben, bestreitet auch Jörg Haider nicht. Vielmehr beschreibt er die Notwendigkeit der Reaktion auf solchermaßen geänderte Rahmenbedingungen, wenn er etwa schreibt: „Die Welt hat sich verändert. Die Formen der Arbeit sind andere geworden, neue Technologien revolutionieren die Ausbildung, gesellschaftliche Bindungen sind brüchig geworden, die Familie kämpft um ihren Stellenwert, Gemeinschaftssinn wird Mangelware. Ein nostalgi-

115 Brauneder. S 13
116 Norbert Leser: Die Sozialdemokratie und das Ende der großen Koalition, in: Republik im Wandel. S 51

scher Seufzer hilft da wenig. (...) Wir müssen diese Situation als Herausforderung begreifen und damit umgehen lernen.“[117]

Die Zukunft Österreichs dürfe nicht die des Josef K. in Kafkas Roman „das Schloss“ sein, der zeitlebens vergeblich versucht habe, das heilige Schloss auf dem Berg zu erreichen. Vielmehr müsse die Jugend wieder zur Überzeugung kommen, dass es sich auszahle, in Österreich zu lernen, zu arbeiten und zu leben. „Die jungen Menschen in unserem Land müssen an die Freiheit der Entscheidung glauben können, an eine offene Gesellschaft, in der jeder die gleichen Chancen hat.“

Denn die Wahrheit habe mehrere Gesichter, so Haider, und es gelte, „nicht der Illusion falscher Versprechungen zu erliegen, sondern dem Wandel für eine befreite Zukunft eine Chance zu geben.“[118]

1. Theoretischer Exkurs: Die Realignment-Perspektive

Konstitutiv für demokratische Parteiensysteme ist die Chance des Machtwechsels, der eine mögliche Neuausrichtung der Parteienlandschaft zulässt. Der demokratische Wahlzyklus markiere, so Fritz Plasser, die „kritischen“ Punkte in der dynamischen Entwicklung der Parteiensysteme. Stationäre Phasen würden dabei von turbulenten Übergangsphasen abgelöst, die auf eine zyklische Umstrukturierung der politischen Gemeinschaft verwiesen. Die *Realignment*-Perspektive – als theoretischer Zugang zu Phänomenen einer zyklischen Neustrukturierung von Parteiensystemen – bietet nach Fritz Plasser die Möglichkeit, Prozesse der Innovation und Erosion, des Aufstiegs und Verfalls von Wählerkoalitionen in demokratischen Parteiensystemen zu studieren. Elektorale Neugruppierungen seien durch ein „krisenhaftes“ Moment charakterisiert, eine „Krise des Phasenübergangs“, die durch politische Diskontinuitäten, interne Spannungszustände, kritische Fluktuationen und Widerspruchsreaktionen gekennzeichnet sei.

Aus der *Realignment*-Perspektive erscheint die elektorale Neugruppierung eines Parteiensystems somit als „Spannungsbogen, als ‚kritische‘ Entwicklung, die einer komplexen Krisendramaturgie zu folgen scheint.“[119] Im Zentrum der *Realignment*-Perspektive steht das Konzept der „kritischen“ Wahl, die zu einer fun-

117 Jörg Haider: Befreite Zukunft jenseits von links und rechts. Wien 1997. S 10

118 A. a. O. S 29 f

119 Fritz Plasser: Parteien unter Stress. Zur Dynamik der Parteiensysteme in Österreich, der Bundesrepublik Deutschland und den Vereinigten Staaten. Wien – Köln – Graz 1987. S 9

damentalen Umgruppierung der Parteiensysteme führe. Fritz Plasser unterscheidet drei Perioden:[120]

- In stationären Perioden (*stable alignments*) befinden sich Parteiensysteme in einem dynamischen Gleichgewicht. Die Wählerkoalitionen bleiben weitgehend intakt. Trotz gelegentlicher Schwankungen im Wählerverhalten, die als temporäre Abweichungen vom „normalen" Wählerverhalten einer Pendel-Logik folgen, verharrt das Parteiensystem in einem dynamischen Ruhezustand.
- In Perioden der Innovation (*partisan realignments*) verändert sich die Grundstruktur eines Parteiensystems. Die bestehenden Wählerkoalitionen geraten in Bewegung. Interne Spannungen und Konflikte steigen an. Das Wählerverhalten wird unruhiger. Das Parteiensystem nähert sich einer Übergangsphase, die in einer „kritischen" Wahl ihren Höhepunkt findet.
- In Perioden der Erosion (*partisan dealignments*) lockern sich strukturelle und affektive Parteibindungen. Die elektorale Verankerung des Parteiensystems wird schwächer, das Verhalten der Wähler unberechenbarer. Die Wählerbewegungen zwischen den Parteien (*volatility*) steigen an und bewirken eine fortschreitende Destabilisierung des Parteiensystems, die in letzter Konsequenz zu krisenhaften Erschütterungen führen kann. Formiert sich dagegen um zukunftsweisende Politikoptionen eine Wählerkoalition der Veränderung, die den Anspruch erhebt, die politische Malaise zu überwinden, und gelingt es ihr glaubhaft, eine neue Aufbruchstimmung zu erzeugen, kann der Erosionsprozess durch eine „kritische" Wahl überwunden werden. Das Parteiensystem tritt dann wieder in eine Restrukturierungsphase ein, in der neue Bindungen und neue Loyalitäten aufgebaut werden, die Krise des Phasenübergangs nicht nur bereinigt, sondern auf absehbare Zeit gelöst erscheint.

Treten Parteiensysteme in eine Übergangsphase ein, so würden nach Plasser diese Phasenwechsel von strukturellen Erosionsprozessen und kritischen Fluktuationen begleitet. Affektive Parteibindungen begännen sich abzuschwächen, tradierte Gruppenloyalitäten verlören an Bedeutung, das Wählerverhalten würde mobiler.

Charakteristisch für *Dealignment*-Phasen sind nach Plasser:[121]

- ein Rückgang affektiver Parteibindungen bzw. der Bereitschaft, sich mit einer bestimmten Partei zu identifizieren;
- ein Ansteigen der Wechselbereitschaft und eine Zunahme des „*floating vote*";
- zunehmende Verdrossenheit; diffuse Verärgerung und ein Anwachsen des Protestwählerpotentials;
- die Formierung neuer Parteien bzw. Abspaltungstendenzen innerhalb der traditionellen Parteien;
- Schwächung der Integrations- und Mobilisierungsfähigkeit der traditionellen Parteien;
- Verschärfung innerparteilicher Konflikte, zunehmende Hektik und Nervosität der Parteieliten und tief greifende strategische Auffassungsunterschiede.

---

120 A. a. O. S 11

121 A. a. O. S 23

Strukturelle Erosionserscheinungen in den Parteiensystemen reifer Industriegesellschaften seien, so Plasser, Zeichen einer zunehmenden Marginalisierung der politischen Parteien bzw. einer Entwicklungsphase „nachindustrieller" Demokratien, in der sich der Fokus politischer Aktion überhaupt von der Arena des Parteienwettbewerbs entferne. Der Rückgang affektiver Parteibindungen und Parteiloyalitäten, die zunehmende Selektivität und Flexibilität im Wählerverhalten, eine spürbare pragmatisch-instrumentelle Einstellung gegenüber politischen Parteien und die Zunahme der *issue voters*, wird von den Theoretikern der Tertiärstufe westlicher Parteiensysteme als Verlust der funktionalen Relevanz politischer Parteien interpretiert. Die zunehmende Marginalisierung der Parteien könne an einer spürbaren Indifferenz der Wähler abgelesen werden.

Was die Zukunft politischer Parteien in einer nachindustriellen Demokratie betrifft, verweisen die Prognostiker der tertiären Entwicklungsstufe auf:[122]

- die zunehmende Attraktivität von Bürgerinitiativen, informellen Netzwerken und spontanen Formen politischer Beteiligung, die sich der Kontrolle politischer Parteien entziehen;
- die wachsende Nachfrage nach plebiszitären bzw. direktdemokratischen Partizipationsformen (Initiativen, Referenden);
- den wachsenden Einfluss organisierter Interessengruppen *(special interest groups)*, die den generellen Interessenvertretungsanspruch politischer Großparteien unterminieren;
- Integrationsschwächen bzw. ein strukturell bedingtes Aggregationsproblem politischer Parteien angesichts heterogener und häufig widersprüchlicher Forderungen und rasch wechselnder Problemlagen;
- thematische Repräsentationsdefizite, vor allem was neue Problemlagen und Wählerbedürfnisse betrifft.

Die abnehmende Bereitschaft, sich mit einer bestimmten politischen Partei zu identifizieren und das Anwachsen von *new independants* unter den jüngeren Wählergenerationen wird von Theoretikern des Untergangs der Parteien als Zäsur in der Entwicklung der westlichen Parteiensysteme interpretiert. Strukturelle Erosionsprozesse, abnehmende Relevanz politischer Parteien für den einzelnen Wähler und die beobachtbare Unruhe, die in immer stärkeren Wählerbewegungen zwischen den Parteien, also in höherer Volatilität, ihren Niederschlag fände, seien Indikatoren eines *creeping dealignment*, einer „schleichenden Erosion".

Diese Lösung der parteipolitischen Bindungen lässt sich deutlich an einem Rückgang der Stammwähler ablesen (vgl. Abb. 6).

122 Plasser: Parteien unter Stress. S 25

Abb. 6: Stammwählerrückgang in Prozent der Wählerschaft

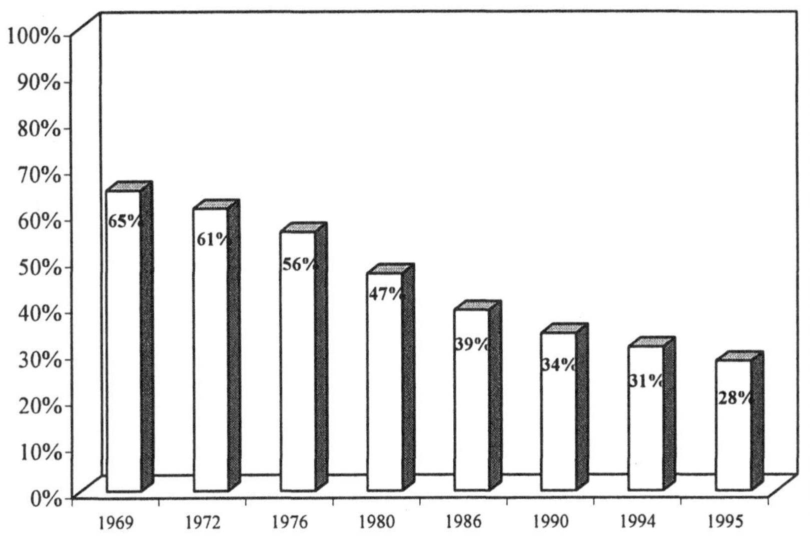

Fritz Plasser meint: „Der fortschreitende strukturelle und affektive Erosionsprozess (...) wird auf ein hoch komplexes, multifaktorielles Ursachenbündel zurückgeführt, wobei fünf prominente Erklärungsansätze die analytische Diskussion bestimmen":[123]

- Die These thematischer Repräsentationsdefizite geht von einer wachsenden Kluft zwischen dem Problembewusstsein der Wähler und der Problemsicht der politischen Parteien aus. Eine wachsende Zahl kritischer Wähler fühlt sich von den Parteien nicht mehr vertreten, die Parteien erscheinen als nutzlose Akteure.
- Die These eines Relevanzverlustes politischer Parteien bezweifelt die Lebensfähigkeit politischer Parteien in einer nachindustriellen Gesellschaft. Angesichts einer fortschreitenden Ausdifferenzierung der Gesellschaft sind die politischen Parteien nicht mehr in der Lage, den politischen Prozess hinreichend zu strukturieren, d. h. den Wählern sinnvolle Entscheidungsoptionen anzubieten.
- Die These der kognitiven Mobilisierung führt den Rückgang der affektiven Parteibindungen auf die Zunahme kognitiver Ressourcen unter jüngeren und überdurchschnittlich qualifizierten Wählerschichten zurück.
- Die Konfusionstheorie geht von einem informationell überforderten Wähler aus. Die zunehmende Komplexität des politischen Prozesses überfordert die Fähigkeit durch-

123 A. a. O. S 26 ff.

schnittlicher Wähler, zurechenbare Handlungs- und Verantwortungsbereiche auszumachen.

- Die These aktiver politischer Entfremdung konstatiert dagegen eine Zunahme aversiver Einstellungen gegenüber den politischen Parteien. Ein anwachsendes Frustrationspotential kann jederzeit in Wählerprotest umschlagen.

2. Die Säkularisierung

Im selben Maß, wie religiöse Bindungen zurückgehen, steigt die Bereitschaft, sich anders zu orientieren, den eigenen Lebensentwurf insgesamt freier und offener zu gestalten. Insofern ist die fortschreitende Säkularisierung als soziologisches Phänomen auch ein Indikator für die zunehmende Erosion von Lagerbindungen und für die steigende weltanschauliche Mobilität, welche wiederum zur Bereitschaft der Menschen führt, sich auch im Umfeld von politischen Parteien wohl zu fühlen, die bislang als ideologisch fern gegolten haben. Dabei fungieren „Kirchen und Religionsgemeinschaften ... auch heute noch als maßgebliche ‚Sozialisationsinstanzen', durch die allgemeine Werthaltungen, aber auch konkrete politische Verhaltensweisen geprägt und tradiert werden."[124]

Die im Gefolge der Aufklärung und der bürgerlichen Revolutionen des 19. Jahrhunderts auftretenden Spannungen zwischen Staat und Kirche, zwischen „Thron und Altar", führten in der Ersten Republik zu einer tief greifenden Legitimationskrise der Gesellschaft. Mit dem Ende der Habsburgermonarchie erlosch auch die religiöse Legitimation der Herrschaft. An ihre Stelle trat der Grundsatz der Volkssouveränität: „Österreich ist eine demokratische Republik. Ihr Recht geht vom Volk aus."[125] Viele Katholiken sahen aber darin pure Blasphemie. Folge dieser misslungenen politischen Integration war eine Polarisierung, die zur Frontstellung zwischen christlich-konservativem Lager auf der einen und nationalem plus sozialistischem Lager auf der anderen Seite führte und letztendlich 1934 im Bürgerkrieg kulminierte. Erst durch das *Mariazeller Manifest* aus dem Jahre 1952, in dem das Bekenntnis zu „einer freien Kirche in einem freien Staat" formuliert wurde, entkrampfte sich das Verhältnis zwischen Kirche und Sozialdemokratie. Das *II. Vatikanische Konzil* schließlich definierte ein neues Selbstverständnis für die Katholische Kirche. In der Erklärung über die Religionsfreiheit *Dignitatis Humanae* wurde die konziliare Anerkennung des religiös neutralen Staates festgeschrieben, der seinerseits wieder die Bedeutung der Kirchen für die gesellschaftliche Gesamtordnung anerkannte und von der kulturkämpferischen

---

124 Franz Horner/Paul M. Zulehner: Kirchen und Politik, in: Jahrbuch. S 492

125 B-VG 1920 i. d. F. von 1929 (BGBl. Nr. 1/1930). Art. 1

Forderung nach Trennung der Kirche vom Staat und der Erklärung der Religion als Privatsache abrückte.

Dennoch galt die Zuordnung katholischer Wähler zum christlich-konservativen Lager lange Zeit als unbestritten: „Nach der Auflösung der Jahrhunderte langen Ehe zwischen Thron und Altar, der weltlichen und der geistlichen Obrigkeit, hat das katholische Restösterreich sich politisch in den Parteien der Katholisch-Konservativen und später der *Christlichsozialen* gesammelt. ... Erst die schmerzlichen Erfahrungen des Bürgerkrieges in der Ersten Republik, die Behinderungen, die sich daraus für die seelsorgliche Arbeit der Kirche insbesondere im Umkreis der Arbeiterschaft ergaben, dazu die weltanschauliche Pluralisierung sowie Entkonfessionalisierung (im Sinne der Öffnung auch für Nichtkatholiken) der Nachfolgepartei der Christlichsozialen, der Österreichischen Volkspartei nach 1945, führte zu einer Entpolitisierung der Kirche und gleichzeitig zu einer Entkirchlichung der Politik."[126]

Abb. 7: Religion und Parteizugehörigkeit

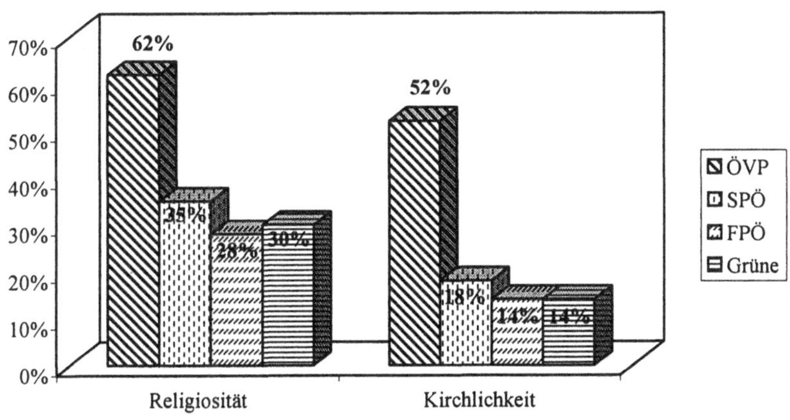

Einer Langzeitstudie zufolge[127] sind heute 89 Prozent von 1990 Befragten der Ansicht, „die Kirche sollte sich gegenüber den politischen Parteien neutral verhalten"; 7 Prozent sind für eine Unterstützung der ÖVP durch die Kirche, 1 Pro-

126 Horner/Zulehner: S 494 f

127 Daten aus Langzeitstudie über „Die Religion im Leben der Österreicher" und Europäischer Wertestudie, erhoben zwischen 1970 und 1990, zitiert in: Horner/Zulehner. S 495

zent will eine Unterstützung der SPÖ. Zwischen Kirche und Politik werde somit von der österreichischen Bevölkerung keine Beziehung gewünscht. Die Österreicher sehen aber immer noch eine beachtliche Nähe der Kirche zur ÖVP. 64 Prozent der in der Studie Befragten sind der Meinung, dass die ÖVP in ihrer Politik am ehesten christliche Grundsätze vertrete, der SPÖ trauen dies nur acht und der FPÖ gar nur zwei Prozent der Befragten zu. Religiosität und Kirchlichkeit werden am ehesten den ÖVP-Wählern attestiert (vgl. Abb. 7).

Horner/Zulehner sehen Religion auch als Widerstand gegen die Endlichkeit und Vergänglichkeit, und damit als Aufstand gegen den Tod. Mit der Frage, wie die Reichweite der eigenen Existenz definiert wird, hänge auch die praktische Lebenskultur eng zusammen. Wer meint, mit dem Tod sei alles aus, habe nicht nur eine andere religiöse Grundhaltung, sondern neige auch zu einem ausgeprägten Individualismus, sei stärker mit einem Belohnungsschema ausgestattet und neige auch dazu, menschliche Verbindlichkeiten leichter scheidbar zu machen. „Diesseitsorientierung scheint damit eine der wichtigsten Quellen zu sein für jene zwei Grundhaltungen, die für unsere ... materialistische Kultur charakteristisch sind: Selbstbezogenheit und Belohnungsstreben. In diesem Umkreis wiederum sind die zwischenmenschlichen Beziehungen lockerer und lösbarer.“[128]

Gute Messgrößen für den Säkularisierungsprozess sind auch die Kirchgangsfrequenz (vgl. Abb. 8) und die Zahl der Eheschließungen und -scheidungen (vgl. Abb. 9).

Abb. 8: Kirchgangsfrequenz im Ländervergleich

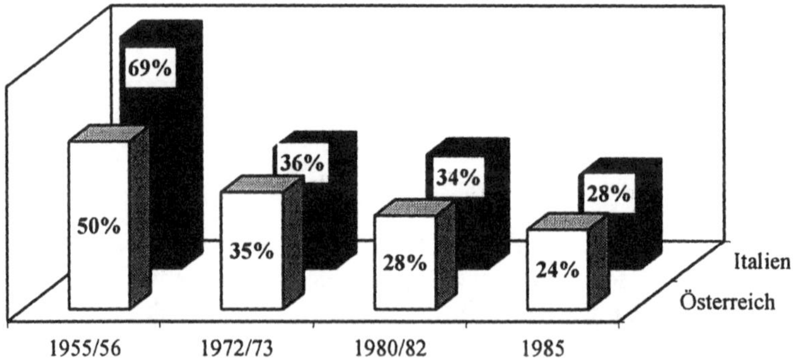

128 Horner/Zulehner. S 500

Es zeigt sich, dass sich beispielsweise der Prozentsatz regelmäßiger sonntäglicher Kirchgänger in Österreich, Italien und der Bundesrepublik seit den 50er Jahren halbiert hat.[129] Daraus folgt, dass die Zahl jener, die zum Lager der Traditionell-Religiösen gehören, abnimmt. Peter Ulram sieht den Hauptgrund dafür im Verblassen bzw. bei manchen Gruppen im Verschwinden religiöser Orientierungen und Verhaltensweisen.

Von besonderer Aussagekraft ist auch die Zunahme der Scheidungsrate bei vernachlässigbarem Bevölkerungszuwachs bei gleichzeitiger Abnahme der Eheschließungen. Im Vergleich zu den frühen 60er Jahren haben sich die Scheidungsziffern in Österreich mehr als verdoppelt.

Abb. 9: Eheschließungen und -scheidungen

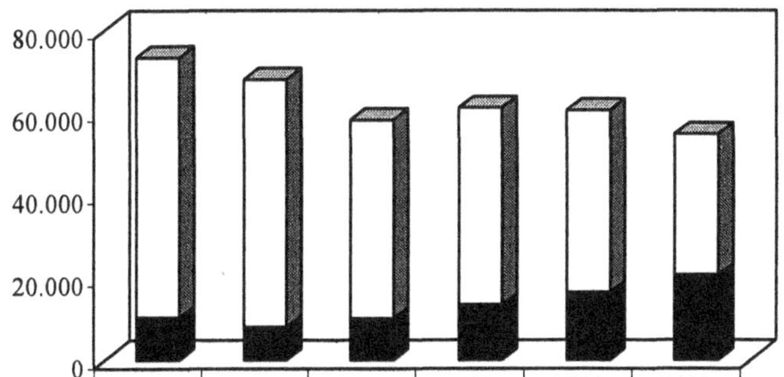

	1951	1961	1971	1981	1991	2001
□ Eheschließungen	63.167	60.001	48.166	47.768	44.106	34.213
■ Ehescheidungen	10.295	8.045	10.005	13.369	16.391	20.582

Das Wählerverhalten zeigt deutlich, dass „der konfessionelle Faktor ... rückläufig (ist). Anders ausgedrückt: Langfristig wählen immer weniger Österreicher deshalb ÖVP, weil sie katholisch sind.“[130] Dies bedeutet aber im Umkehrschluss, dass das Elektorat flexibler wird, sprich: offener für Angebote anderer Parteien – etwa das der FPÖ. Tatsächlich kommt es unter dem freiheitlichen Klubobmann Ewald Stadler zu einer Annäherung der FPÖ an ein „wehrhaftes Christentum“.[131]

129 Vgl.: Ulram. S 27

130 Anton Pelinka: Parteiensystem als Integrationsfaktor, in: ÖZP 1975/3. S 305

131 Vgl. dazu das Kapitel „Selbstverständnis und Programmatik der FPÖ“ in dieser Arbeit

Einerseits wird so der traditionell antiklerikale Weg des Dritten Lagers verlassen, andererseits orientieren sich bisherige ÖVP-Stammwähler neu.

Die fortschreitende Säkularisierung korreliert mit zwei verwandten soziologischen Phänomenen, nämlich Postindustrialismus und Postmaterialismus.

3. Postindustrialismus und Postmaterialismus

Um die beiden Phänomene *Postindustrialismus* und *Postmaterialismus* – beide hängen miteinander zusammen – besser verstehen zu können, ist es angezeigt, ihre sozioökonomischen Rahmenbedingungen aufzuzeigen.

Ralf Dahrendorf, der in seinem Buch *Der moderne soziale Konflikt* die Strukturen von Gesellschaft und Politik genau analysiert, meint, je mehr wir uns der unmittelbaren Gegenwart näherten, desto weniger ließe sich die Beschäftigung mit dem, was Menschen meinen und empfinden und daher tun können, vermeiden. Viele Strukturen hätten sich noch nicht herauskristallisiert, so dass man sie sich in einem früheren Aggregatzustand ansehen müsste. Der Begriff der „postindustriellen Gesellschaft" habe etwas zu tun mit diesem amorphen Zustand.

Technologischer Fortschritt und die mit ihm einhergehenden Möglichkeiten der Produktivitätssteigerung haben zu veränderten Nachfragestrukturen geführt. Seit dem Zweiten Weltkrieg ist es zu einer Verschiebung der Anteile der Wirtschaftssektoren Landwirtschaft (primärer Sektor), Industrie/Gewerbe (sekundärer Sektor), und Dienstleistungen (tertiärer Sektor) an der Beschäftigungszahl und an der Entstehung des Nationalprodukts gekommen. Der Anteil der Beschäftigten im Primärsektor ist seither stark rückläufig, jener im Sekundärsektor im langjährigen Durchschnitt konstant, und der Tertiärsektor expandiert absolut wie relativ.

„Die Zahl der in der Landwirtschaft Tätigen war in der ganzen Nachkriegszeit rückläufig; die der industriell Berufstätigen stieg zunächst noch an, erreichte und überschritt dann aber einen Scheitelpunkt; die Expansion ereignete sich vornehmlich in Dienstleistungsberufen. ... Zugleich begann auch der Anteil der industriell Beschäftigten zu sinken, und zwar recht deutlich in Ländern wie Deutschland oder Großbritannien von etwa der Hälfte der Berufstätigen auf 40 Prozent oder weniger. Das hieß, dass die modernen Dienstleistungsökonomien weiter ausgebaut wurden. Um 1980 fanden sich mehr als 50 Prozent aller Beschäftigten in der OECD-Welt in der zugegebenermaßen etwas kunterbunten Kategorie der Dienstleistungsberufe, das heißt weder in primären noch in sekundären Tätigkeiten. Der

Trend hat sich fortgesetzt."[132] Und was für den großen OECD-Raum gilt, gilt auch für Österreich.

In einem technischen Sinn rechtfertige, so Dahrendorf, dieser Trend allein die Rede von einer „postindustriellen Gesellschaft". Wenn Industrie Produktion heiße und Gesellschaften durch die vorherrschenden Berufstätigkeiten gekennzeichnet seien, dann seien industrielle durch Dienstleistungsgesellschaften ersetzt worden. Die Mehrheitsklasse sei auch eine Dienstklasse. Aber die Sprache der „Post"-Advokaten habe andere Absichten. Sie habe es mit der These zu tun, dass die Veränderungen in den Berufsstrukturen von einem Wertewandel begleitet gewesen seien.

Peter Ulram fasst die grundlegenden postindustriellen Tendenzen wie folgt zusammen:[133]

- Die selbständigen Landwirte und die Landarbeiter nehmen deutlich ab.
- Die städtischen Mittelklassen befinden sich in allen fortgeschrittenen kapitalistischen Ländern in schnellem absolutem wie relativem Wachstum.
- Innerhalb der Mittelklassen ist das Wachstum der privaten und öffentlichen Angestellten besonders stark ausgeprägt.
- Die Arbeiterklasse geht relativ, in manchen Ländern auch in absoluten Zahlen, zurück.

Damit habe sich nicht nur die soziale Schichtung, sondern auch das politische Gewicht der „politisierten Sozialstruktur" in der westlichen Welt einschneidend geändert: die Bauernfrage sei im Begriff mit dem Verschwinden der Bauern zu verschwinden; in einer nicht allzu fernen Zukunft würde wahrscheinlich auch die Arbeiterfrage mit dem tendenziellen Verschwinden der Arbeiter überwunden werden.

Auch die Bildungsstruktur hat sich gewandelt: „In den meisten europäischen Ländern (wie auch in Nordamerika) hat sich der Anteil an Schülern höherer Bildungsanstalten unter den entsprechenden Altersjahrgängen zwischen 1950 und 1975 in etwa verdoppelt bis vervierfacht. Im Sinne des *Gender Mainstreaming* interessant, aber nicht verwunderlich, ist die kontinuierliche Zunahme des weiblichen Schüleranteils an den allgemein bildenden höheren Schulen (AHS). In einem halben Jahrhundert hat sich die Zahl der Schülerinnen mehr als verfünffacht (vgl. Abb. 10).

---

132 Ralf Dahrendorf: Der moderne soziale Konflikt. Essay zur Politik der Freiheit. Stuttgart 1992. S 202

133 Ulram: S 24

Abb. 10: Schülerzahlen an AHS

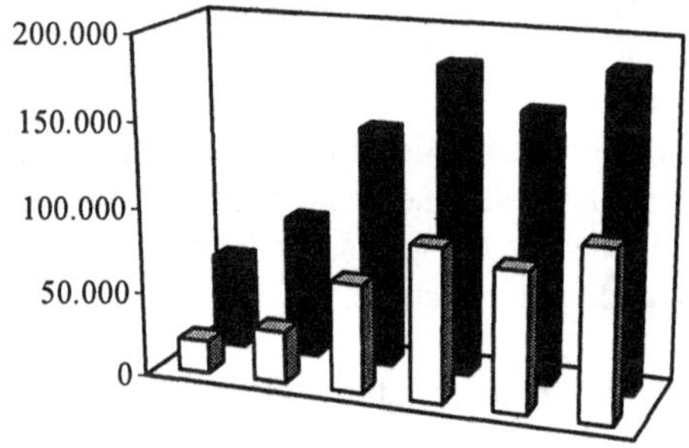

	1950/51	1960/61	1970/71	1980/81	1990/91	2000/01
□ webliche Schüler	19.192	30.488	63.878	90.497	81.977	100.051
■ Gesamtschülerzahl	55.148	83.426	141.260	181.561	158.359	184.713

Die Zahl der Studierenden an den Hochschulen und Universitäten hat exponential zugenommen. Die Gesamtstudierendenzahl hat sich in einem knappen halben Jahrhundert mehr als verzwölffacht, und die Anzahl der Studentinnen ist geradezu explodiert: Sie war zur Jahrtausendwende 32 mal höher (!) als im Studienjahr 1955/56 (vgl. Abb. 11).

Abb. 11: Hochschulbesuch

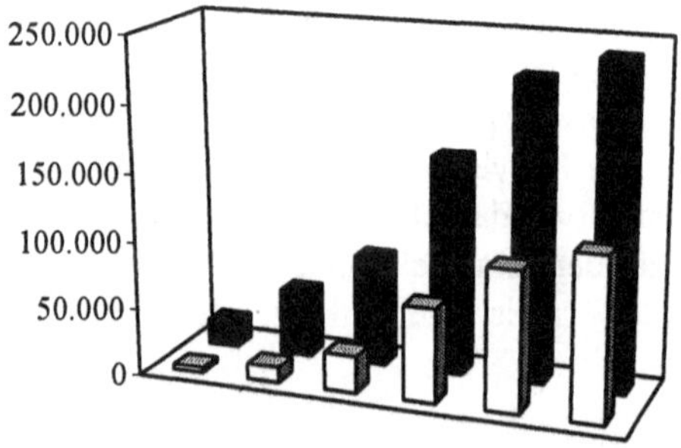

	1955/56	1965/66	1975/76	1985/86	1995/96	2000/01
□ weibliche Studierende	3.763	11.668	27.681	69.509	103.381	120.375
■ Gesamtzahl Studierende	19.124	48.895	81.324	160.904	222.095	239.691

„Das Verblassen traditionaler Konfliktlinien, die Erosion von (teilweise subkulturell verankerten) politischen Bindungen und die Öffnung wie Pluralisierung von politischen Kommunikationsstrukturen können zu einer Abnahme bzw. zu einer Diffusion politischer Mobilisierung führen. Im ersten Fall gehen Ausmaß und/oder Intensität der Mobilisierung überhaupt zurück – auf die Phase der ‚heroischen Konfrontation' folgt sozusagen jene der ‚pragmatischen Normalität'; politische Beteiligung erfolgt schwerpunktmäßig in kontrollierter und institutionalisierter Form. Auf die Primärstufe der Mobilisierung folgt die Sekundärstufe; die Parteien verlieren zunehmend den Charakter politisch organisierter sozialer Bewegungen und wandeln sich zu *catch-all-people-parties*. Im zweiten Fall kommt es zu einer Vielzahl gruppen-, bereichs- und situationsspezifischer Mobilisierungsprozesse, die jedoch nicht den Charakter sozialer Bewegungen annehmen. Beide Entwicklungen können gleichzeitig vor sich gehen und bedingen einander teilweise; in ihrer Kombination nähern sie sich dem Idealtypus eines pluralistischen Systems mit offenem politischen Markt an."[134] Zur Erklärung eines durchaus möglichen neuerlichen Mobilisierungsschubs bietet Ulram an:[135]

- direkte Auswirkungen ökonomischen und sozialen Wandels;
- eine Reaktion der „dritten Generation" (der Kinder der „normalen Politik") auf den Mangel an „expressive commitment" („ausdrücklicher Bindung"; Übersetzung d. Verf.) in der Sekundärphase der Mobilisierung;
- eine „partizipatorische Revolution" als Folge geänderter Werthaltung bzw. „kognitiver Mobilisierung";
- einen „kritischen" politischen Themenwechsel, der nicht ohne weiteres in die bestehenden politischen Strukturen integrierbar ist und zur Ausbildung einer neuen Konfliktachse führen kann;
- ein Ansteigen von Parteienverdrossenheit und genereller Institutionenkritik.

Das Gros der westlichen Gesellschaften sei, so Ulram, derzeit mit einem neuen Mobilisierungsschub konfrontiert. Fraglich sei, ob dieser tatsächlich schon einen fundamentalen Wandel der politischen Konfliktstruktur anzeige.

Thematischer Wandel tritt als Folge gesellschaftlichen Strukturwandels in Erscheinung. Zunächst erscheint die Frage der materiellen Güterversorgung in den entwickelten Gesellschaften der westlichen Welt weitgehend gelöst oder doch aufgrund institutionalisierter und eingespielter Konfliktregelungsmechanismen zumindest entschärft. Überdies verlieren Konflikte aus dem Bereich der Güterproduktion schon aufgrund der zahlenmäßigen Umschichtung der Beschäftigungsstruktur rein quantitativ an Bedeutung.

---

134 Ulram. S 30
135 A. a. O. S 31

Nach Ulram zeichnen sich drei große Themenbereiche postindustrieller Politik ab:[136]

- Wissenschafts- und Bildungspolitik (Finanzierung der Bildungspolitik, Bewertung von Wissen, Bedingungen wissenschaftlicher Kreativität, Umsetzung der Technologie, Schnelligkeit der Wissensentwicklung, globale Anforderungen des Wandels); verschärft durch die zunehmende Bedeutung des Ausbildungssystems im Hinblick auf die Zuteilung von Lebenschancen und Positionen in der sozialen Hierarchie;
- Bürokratie- bzw. Technokratiekritik in Verbindung mit steigendem Bedarf nach politischer Planung und Kooperation dezentraler Einheiten und Gruppen; das Verhältnis zwischen technischen und wirtschaftlichen Entscheidungen;
- die Verteilung öffentlicher Güter angesichts eines fehlenden, dem Markt vergleichbaren Allokationsmechanismus in das gemeinschaftliche Zusammenleben betreffenden Bereichen, wie Gesundheitswesen, Bildung, Umweltschutz, öffentliche Sicherheit etc.

„Aus einer vorwiegend kulturkritischen Perspektive tritt Wertewandel primär als Werteverfall ... in Erscheinung. Traditionelle, ‚bürgerliche Werte' gehen zurück, egalitäre und sozial fordernde Zielsetzungen sowie steigende Unzufriedenheit mit den politischen und sozialen System nehmen zu."[137] Ulram interpretiert den Wertewandel in Anlehnung an Roland Ingleharts Theorie der „Stillen Revolution"[138] als Anpassung des Wertesystems an geänderte wirtschaftliche und soziale Rahmenbedingungen. Zwei Annahmen über das System individueller Bedürfnisse und über die Formierung von Wertorientierungen stehen dabei im Mittelpunkt:[139]

- Die „Mängelhypothese": Ausgehend von Maslows Vorstellung einer hierarchischen Ordnung individueller Bedürfnisse wird eine Teilung des Bedürfnissystems in primäre oder materialistische und in höherrangige oder nicht- bzw. postmaterialistische Präferenzen postuliert. Sind die ersteren befriedigt, können die zweiten zum Tragen kommen. Die Ausbildung des persönlichen Werte- und Zielsystems hängt nun von den jeweiligen gesellschaftlichen Bedingungen bzw. Knappheiten ab: materielle Not und Bedrohungen der physischen Existenz fördern materielle, Überfluss und gesicherte Existenz postmaterielle Werte.
- Die „Sozialisationshypothese": Wertprioritäten reflektieren nicht einfach die jeweils gegebenen Rahmenbedingungen, sondern werden wesentlich in der „formativen Phase", sprich: in der Kindheit, erworben, um dann in den späteren Lebensjahren relativ stabil zu bleiben. Die Grundwerte einer Person werden daher von den Lebensbedingungen der Kindheit bzw. des Jugendalters geprägt.

---

136 Ulram. S 34

137 Ulram. S 42

138 Vgl. dazu: Roland Inglehart: The Silent Revolution: Changing Values And Political Styles Among Western Politics. Princeton N. J. 1977

139 Ulram. S 44

Diese Annahmen würden nun auf das soziale bzw. politische Zielsystem übertragen:

Materialistische Ziele beziehen sich auf persönliche und militärische Sicherheit, Wirtschaftswachstum, Einkommenssicherung bzw. -steigerung etc. Postmaterialistische Ziele sind auf Meinungsfreiheit, politische Partizipation, Lebensqualität, Umweltschutz, eine humane, an individueller Selbstverwirklichung orientierte Gesellschaft, Gleichberechtigung, öffentliche Moral, Ästhetik u. ä. m. gerichtet.

Ein Indikator für gestiegenen Wohlstand ist zweifellos die deutliche Zunahme an zugelassenen PKW (vgl. Abb. 12). Ob nun die Mobilität im Sinne postmaterialistischer Selbstverwirklichung oder als materialistisches Ziel im Sinne der Befriedigung eines Grundbedürfnisses moderner Gesellschaften gesehen wird, ist dabei von nachgeordneter Bedeutung. Mehr Mobilität bedeutet weniger Ortsgebundenheit und damit weniger Abhängigkeit.

Abb. 12: PKW-Zulassungen (incl. Kombis)

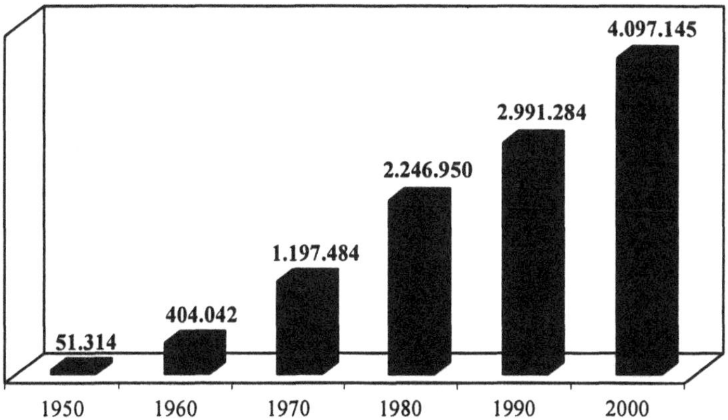

„Aus der Kombination von Mangel- und Sozialisationshypothesen und ihrer gruppenbezogenen Fassung postuliert Inglehart nun einen grundlegenden Wandel des gesellschaftlichen Wertesystems in Richtung auf postmaterialistische Orientierungen. Die Wende von materialistischen zu postmaterialistischen Wertvorstellungen korreliert also mit den strukturellen Veränderungen, die der Wechsel von industrieller zu postindustrieller Gesellschaft mit sich gebracht hat.

Jörg Haiders Freiheitliche profitieren als „Reformkraft neuen Stils“ in besonderem Maße von einer solchen Entwicklung. Sind es doch *bread-and-butter-*

issues, die – quer zur klassischen Links-Rechts-Dichotomie liegend – von der „neuen“ FPÖ erfolgreich thematisiert werden. Die Ideologie verliert an Bedeutung.

Ralf Dahrendorf meint, der innere Kompass sei verloren gegangen: „Zugehörigkeiten zu Familie und Gemeinde, Traditionsgruppe und Kirche. Vielleicht kann man von einer Tiefenkultur sprechen, die Menschen hält und leitet. Alle Erwägungen dieser Art führen zurück zu ‚Bindungen‘, die eine gewisse ‚Verbindlichkeit‘ haben: Religion, Obligation, die lateinische Vokabel *ligare* kehrt wieder, weshalb ich vorgeschlagen habe, hier von *Ligaturen* zu sprechen. Ligaturen sind also tiefe kulturelle Bindungen, die Menschen in die Lage versetzen, ihren Weg durch die Welt der Optionen zu finden.“[140]

Modernität sei so gesehen ein Bruch mit den Ligaturen früherer Zeiten. Dahin sei die „idyllische Vergangenheit mit ihren heiligen Schauern.“[141] Und auf Immanuel Kant und den Deutschen Idealismus anspielend, stellt er fest, dass der Ausgang des Menschen aus seiner selbstverschuldeten Unmündigkeit zugleich den Ausgang aus der Nestwärme stabiler menschlicher Beziehungen in festen ständischen Strukturen bedeute.

Und konkreter werdend, sichtet Dahrendorf im Zusammenhang mit Postindustrialismus und Postmaterialismus ein Phänomen, das für den Aufstieg der Freiheitlichen unter Jörg Haider von grundsätzlicher Relevanz ist: „Während die alte Arbeiterschicht ‚verbürgerlicht‘ ist und sich politisch nach rechts bewegt hat, ist eine neue Linke junger mittelständischer Menschen zu einer sozialen und politischen Kraft für ‚postmaterialistische‘ Werte geworden. Das (...) ist ein Wertmuster, das sich rasch ausbreitet und durchaus in der absehbaren Zukunft vorherrschend werden kann.“

Ein nicht unbeträchtlicher Teil dieser „verbürgerlichten“ Arbeiterschicht, der mit der „alten“ Sozialdemokratie nichts mehr anzufangen weiß, hat in der Haider-FPÖ eine neue politische Heimat gefunden.

4. Die neuen Medien

Die rasante Zunahme der Wirkmächtigkeit moderner elektronischer Medien kommt am deutlichsten in der Zunahme der Radio- und Fernsehbewilligungen sowie der Verbreitung von Kabelanschlüssen innerhalb der letzten fünfzig Jahre zum Ausdruck. Allein im Jahrzehnt von 1960 bis 1970 hat sich die Zahl der Fernsehbewilligungen mehr als versiebenfacht, um dann mit zunehmender Sätti-

140 Dahrendorf. S 41
141 A. a. O. S 43

gung asymptotisch abzuflachen. Seit Beginn der 80er Jahre ist die Versorgung über Kabelnetze hinzugekommen, die einer bis zu diesem Zeitpunkt ungewohnten Internationalisierung des Programmangebots gleichkommt. Auf 100 Haushalte kommen im Jahr 2000 84,2 Fernsehbewilligungen, und fast ein Drittel der österreichischen Haushalte verfügt über Kabelanschlüsse. Die Versorgung mit immer mehr Programmen über Kabel und Satellit schreitet progressiv voran (vgl. Abb. 13). Doch mit der Riesenfülle an Auswahlmöglichkeiten nimmt auch die Reizüberflutung zu. Die Vermutung, durch weltweite elektronische Vernetzung seien die solcherart verbundenen Zuseher potentiell besser informiert, ist insofern ein Trugschluss, als die Quantität an Information kein Maß für deren Qualität darstellt.

Abb. 13: Entwicklung der audiovisuellen Medien

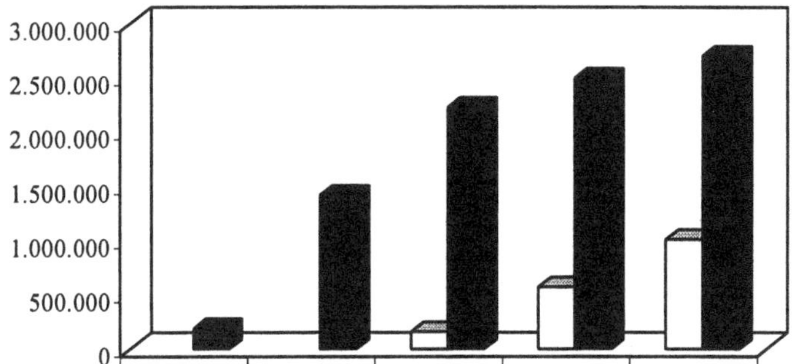

	1960	1970	1980	1990	2000
□ Kabel-TV-Anschlüsse			164.078	574.209	1.013.124
■ Fernsehbewilligungen	193.046	1.425.622	2.232.577	2.499.890	2.712.352

Damit einhergehend hat sich das politische Informationsverhalten in Österreich einschneidend verändert. Informierten sich in den frühen 60er Jahren bloß 11 Prozent über das politische Geschehen in erster Linie via Fernsehen, waren es Anfang der 80er Jahre bereits 62 Prozent. Die Nachrichten wurden in den frühen 60er Jahren von nur 31 Prozent tagtäglich bzw. mehrmals in der Woche gesehen, zu Beginn der 80er Jahre betrug ihr Anteil bereits 80 Prozent (Abb. 14).

Neil Postman, Professor Medienökologie an der Universität New York, stellt in seinem 1985 erschienen Bestseller *Wir amüsieren uns zu Tode* den untergründigen Zusammenhang zwischen Medien und unseren Epistemologien her. Epistemologie bedeutet soviel wie Wissenschaftstheorie. Sie befasst sich mit Definitionen von Wahrheit und den Quellen, denen sie entspringt. Postmans Theorien sind gleichermaßen schlüssig wie faszinierend und insofern für diese Arbeit relevant, als der mediale Auftritt der Freiheitlichen unter Haider wesentlich auf die Wirkmächtigkeit der (neuen) Medien abgestimmt ist.

Abb. 14: Politisches Informationsverhalten

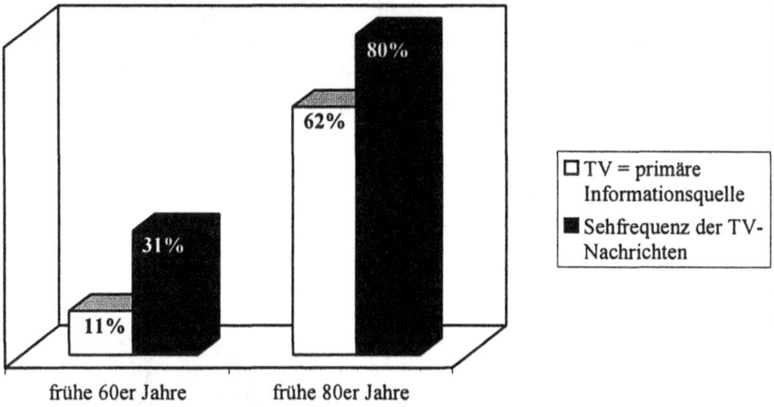

Postman behauptet, dass in Amerika – und ähnliches gilt wohl für Europa – ein tief greifender Medien-Metaphernwandel stattgefunden habe, der den Inhalt weiter Bereiche des öffentlichen Diskurses in gefährlichen Unsinn verkehrt habe. Während der öffentliche Diskurs unter der Vorherrschaft der Druckpresse kohärent, ernsthaft und rational geführt worden sei, habe das Fernsehen zu seiner Verkümmerung geführt. „Vom 17. Jahrhundert bis ins späte 19. Jahrhundert gab es neben dem Gedruckten so gut wie nichts anderes – keine Filme, kein Radio, keine Photoreklame, keine Langspielplatten und kein Fernsehen. Der Buchdruck kanalisierte die öffentlichen Angelegenheiten, in ihm fanden sie Ausdruck, er wurde das Muster, die Metapher und der Maßstab für jeglichen Diskurs. Die Resonanzen der linearen, analytischen Struktur des Gedruckten und insbesondere der erörternden Prosa waren überall wahrnehmbar (...) Toqueville weist in *Über die Demokratie in Amerika* darauf hin. ‚Ein Amerikaner', so schreibt er, ‚versteht keine Unterhaltung zu führen, sondern er ergeht sich in Erörterungen; er spricht nicht über etwas, er handelt es ab.'!"[142]

142 Neil Postman: Wir amüsieren uns zu Tode. Urteilsbildung im Zeitalter der Unterhaltungsindustrie. Frankfurt/Main 1988. S 57

In mündlichen und vom Buchdruck geprägten Kulturen hätten Informationen ihre Wichtigkeit aus den Handlungsmöglichkeiten gewonnen. Mit der Telegraphie und den später aufgekommenen Medien habe sich die Beziehung zwischen Information und Handeln verflüchtigt. Heute sei die ganze Welt zum Kontext für Nachrichten geworden, jeden gehe nunmehr alles an, und es würden Informationen übermittelt, die lauter Antworten auf ungestellte Fragen bereitstellten und kein Recht zur Erwiderung einräumten.

„Alle Medien, die sich Ende des 19. und Anfang des 20. Jahrhunderts am elektronischen Austausch zu beteiligen begannen ... brachten eine neue Welt hervor – eine Guckguck-Welt, in der mal dies, mal das in den Blick gerät und sogleich wieder verschwindet. In dieser Welt gibt es kaum Zusammenhänge; sie fordert uns nicht auf, etwas zu tun, ja, sie lässt es gar nicht zu; wie das Guckguck-Spiel der Kinder ruht sie abgeschlossen in sich. Und zugleich ist sie, wie das Guckguck-Spiel, überaus unterhaltsam.“[143] Gegen das Guckguck-Spiel habe Postman nichts einzuwenden. Und gegen die Unterhaltung ebenso wenig. Luftschlösser bauten wir alle, meint er, problematisch werde es erst dann, wenn wir versuchten, in ihnen zu *wohnen*. Die Kommunikationsmedien des späten 19. und frühen 20. Jahrhunderts hätten die Guckguck-Welt *hervorgebracht*; doch erst mit dem Aufkommen des Fernsehens hätten wir begonnen, diese Welt zu *beziehen* und in ihr zu *wohnen*.

Trotz dieser etwas arrogant anmutenden Kritik am Fernsehen möchte Postman von Anfang an nicht missverstanden werden: „Gegen das ‚dumme Zeug‘, das im Fernsehen gesendet wird, habe ich nichts, es ist das Beste am Fernsehen, und niemand und nichts wird dadurch ernstlich geschädigt. Schließlich messen wir eine Kultur nicht an den unverhüllten Trivialitäten, die sie hervorbringt, sondern an dem, was sie für bedeutsam erklärt. Hier liegt unser Problem, denn am trivialsten und daher am gefährlichsten ist das Fernsehen, wenn es sich anspruchsvoll gibt und sich als Vermittler bedeutsamer kultureller Botschaften präsentiert.“[144]

Scharfsichtig zieht er seine Schlüsse und blickt hinter die Kulissen der vordergründigen und oberflächlichen Unterhaltung: „Die beunruhigendste Konsequenz der elektronischen und optischen Revolution ist diese: dass uns die vom Fernsehen vermittelte Welt natürlich erscheint und nicht bizarr. Dass uns das Gefühl für die Seltsamkeit dieser Veranstaltung abhanden gekommen ist, ist ein Zeichen von Anpassung. Und daran, wie stark wir uns angepasst haben, lässt sich ermessen, wie sehr wir uns verändert haben. Es ist durchaus nicht schwierig, die Anpassung unserer Kultur an die Epistemologie des Fernsehens zu erkennen; wir

143 A. a. O. S 99
144 A. a. O. S 26 f.

haben uns seine Definitionen von Wahrheit, Wissen und Wirklichkeit so gründlich zu eigen gemacht, dass uns die Belanglosigkeit von tiefem Sinn und die Inkohärenz von tiefer Vernunft erfüllt scheinen. Und wenn sich manche Institutionen in die Schablonen der Zeit nicht fügen wollen, nun, dann erscheinen *sie* uns gestört und seltsam, und nicht etwa die Schablonen.“[145]

Über das Wechselspiel von Politik und Medien weiß Neil Postman folgende Anekdote zu berichten: „Der frühere Präsident Nixon, der behauptet hat, er habe einmal eine Wahl deshalb verloren, weil ihn die Make-up-Leute sabotierten, hat ... Senator Edward Kennedy einen Tipp gegeben, wie er es anstellen müsse, wenn er sich ernsthaft um die Präsidentschaft bewerben wolle: 20 Pfund abnehmen. Obwohl in der Verfassung nichts davon steht, ist dicken Leuten der Zugang zu hohen politischen Ämtern heutzutage praktisch versperrt; Leuten mit Glatze wahrscheinlich ebenfalls. Und mit ziemlicher Sicherheit auch all jenen, deren Aussehen durch Kosmetikerkünste nicht beträchtlich geschönt wird. Vielleicht sind wir inzwischen tatsächlich an dem Punkt angelangt, wo nicht mehr die Programmatik, sondern die Kosmetik das Gebiet ist, auf dem sich der Politiker wirklich auskennen muss.“[146]

Der Mannheimer Medienanalytiker Jochen Hörisch lässt aber auch apologetische Stimmen zu Wort kommen, wenn er etwa in einem viel beachteten Aufsatz über neue Medien Joshua Meyrowitz Gehör verschafft, der die viel gescholtene „Fernsehgesellschaft“ nicht nur kritisiert, sondern auch für gut befindet. Natürlich sei es problematisch, so Meyrowitz, wenn Telegenität zum Hauptkriterium des Erfolges von Politikern werde, aber man müsse auch die Gegenrechnung aufmachen: „Gerade durch das Fernsehen hat es einen Demokratisierungsschub gegeben. Politiker sind uns heute so nah, dass wir den Respekt vor dem Arkanum der Macht verloren haben.“[147]

Und zeitlich weit vor Meyrowitz kann auch Siegfried Kracauer, Freund und Lehrer des Medienkritikers Adorno, dem Film, als *dem* AV-Medium seiner Zeit, positive Seiten abgewinnen: „Der Film ist anders als das ‚gute Buch‘ ein Medium, das nicht per se mit dem Bildungsbürgertum liiert ist, sondern auch den ‚Massen‘ zur Verfügung steht. Und es ist ja auch kaum zu bestreiten, dass massenwirksame Filme wie die Chaplins alles andere als verdummend sind. Machen sie doch hellsichtig mit den Abgründen von ‚Modern times‘ vertraut.“[148]

---

145 Postman. S 101 f.

146 A. a. O. S 12 f.

147 Joshua Meyrowitz, zitiert in: Jochen Hörisch: Jenseits der Gutenberg-Galaxis, in: Detlev Schöttker (Hrsg.): Mediengebrauch und Erfahrungswandel, Göttingen 2003, S 135 f

148 Siegfried Kracauer, zitiert in: Hörisch: S 134

„Medienkritische Bücher verdanken ihren Erfolg nicht zuletzt der suggestiven Bestätigung dessen, wovon der Großteil der Leser bereits vor der Lektüre zutiefst überzeugt war: dem Verfall des öffentlichen Lebens, der Pervertierung des politischen Prozesses zu einem elektronischen Kommunikationsdrama, der Transformation der repräsentativen Parteiendemokratie in eine elektronische ‚Zuschauerdemokratie'."[149]

Die Massenmedien, allen voran das Fernsehen, werden für Dekadenz- und Krisenerscheinungen verantwortlich gemacht. Dazu passt auch eine Idealisierung der Vergangenheit: Ein „Goldenes Zeitalter" der Demokratie, in dem charakterlich integre Politiker die Zustimmung von rational urteilenden Wählern finden, wird einer hektischen Imagepolitik gegenübergestellt, in der nur flüchtige Emotionen und vordergründige Appelle zählen. Mit der Verkürzung des politischen Planungshorizonts auf die abendlichen Fernsehnachrichten, mit dem Triumph der „symbolischen Politik"[150], komme es nach Plasser auch zum Überhandnehmen populistischer Führung und populistischer Führerpersönlichkeiten. Die Fernsehgesellschaft begünstige eine neue Spielart des Populismus.

„Die Möglichkeit, durch einen professionell inszenierten und professionell einstudierten Fernsehauftritt Millionen von Wählern „live" anzusprechen, mit gedecktem Timbre, klarem Blick, um Verständnis und Sympathie werbendem Mienenspiel, sparsamer Gestik, Kompetenz verstrahlender Rhetorik und wohlkomponierten Argumenten in das Privatissimum des Bürgers einzudringen und im Kammerton eine auf vierzig Sekunden limitierte Botschaft abzugeben, stellt in der Tat eine neue Form von ‚Leadership' dar."[151]

Der massenmediale Populismus führe zu wachsender Unzufriedenheit der Bürger und Wähler, der von US-amerikanischen Autoren mit dem Begriff „Videomalaise" umschrieben werde. Dies sei die Stunde für neue, unverbrauchte Gesichter – für kühne Gladiatoren –, um mit den verbrauchten und ermatteten „Hoffnungsträgern" der traditionellen Zirkuspolitik abzurechnen.

Mag sein, dass es in Österreich etwas gemütlicher zugeht, sicher aber ist, dass auch bei uns durch die zunehmende Bedeutung elektronischer Medien umwälzende Veränderungen im politischen Kommunikationsprozess stattgefunden haben. In eine solche – von Postman düster gesehene – „Lebenswelt" eingebettet haben politische Parteien auch hierzulande Konsequenzen gezogen und agieren als hochgradig spezialisierte und professionalisierte Marketingunternehmen. In ihren Planungs- und Konzeptionsabteilungen werde, so Fritz Plasser, Politik

---

149 Fritz Plasser: Die populistische Arena: Massenmedien als Verstärker, in: Anton Pelinka (Hrsg.): Populismus in Österreich. Wien 1989 S 84

150 Ulrich Sarcinelli: Wahlkampfkommunikation als symbolische Politik, in: Hans Dieter Klingemann/Max Kaase (Hrsg.): Wahlen und politischer Prozess. Opladen 1986

151 Plasser: Die populistische Arena. S 85

„produziert“, um von Öffentlichkeits- und Werbeabteilungen „verkauft“ zu werden.

Die Parteizentralen verfügen mittlerweile über:[152]

- Stäbe hoch qualifizierter Experten des permanenten Wahlkampfes und der „symbolischen“ Politik,
- Computer-gestützte Informations- und Kommunikationssysteme,
- elektronische Wahl- und Organisationsdatenbanken, und
- ein komplexes Netzwerk von Planungs-, Beratungs- und Forschungsressourcen, das kontinuierlich ausgebaut und optimiert wird.

In den USA werde diese politische Marketingorientierung als *New politics*-Konzeption bezeichnet. Ihr technokratisches Kalkül habe das Selbstverständnis politischer Parteien tief greifend verändert. Während die Basis ein vormodernes Bild biete, geprägt von Lokalismus, Regionalismus und Traditionalismus, hätten sich die Zentralen von der klassischen Parteirealität abgekoppelt. Die Distanz zwischen Peripherie und Zentrum innerhalb der Parteien erscheine zusehends unüberbrückbar. Identität stiftende Gruppenloyalitäten gebe es nur mehr auf Gemeinde- oder Bundeslandebene.

Die Apologeten der „elektronischen“ Demokratie hegten innerlich eine tiefe Abneigung gegenüber den traditionellen Parteien. Was die politische Meinungsforschung perfektioniert betreibe – die Erhebung von repräsentativen Meinungen zu strittigen Themen bzw. Entscheidungen – wollten sie durch die neuen Möglichkeiten der elektronischen Informations- und Kommunikationstechnologien auf den Bereich der praktischen Politik übertragen. Dabei schwebe ihnen eine „elektronische“ Demokratie vor, in der ein ununterbrochener Abstimmungsvorgang stattfindet. In dieser *„instant democracy“* sollten Entscheidungsprozesse synchronisiert werden, wobei die Grenzen zwischen Repräsentanten und Repräsentierten naturgemäß aufgelöst würden.

Die Integrations- und Repräsentationsfunktion politischer Parteien wäre in einer vollelektronischen Kabel-Demokratie obsolet. „Ob konsequente Verwirklichung der *New Politics*-Konzeption oder ‚elektronische‘ Referendumsdemokratie – für politische Parteien im klassischen Sinn ist in diesen Demokratievisionen kein Platz mehr. Technokratisches Sendungsbewusstsein, steril ‚wertfreier‘ Pragmatismus, atemberaubende Naivität und rücksichtslose Profitinteressen ergeben in jedem Fall eine hochexplosive Mischung, die nicht dramatisiert – aber auch nicht gänzlich als *‚political fiction‘* verniedlicht werden sollte.“[153]

152 Plasser: Die populistische Arena. S 72
153 A. a. O. S 76 f.

Eine solche Fernsehdemokratie mit Personalisierung von Wahlkämpfen, Einsatz subtiler Image- und Werbestrategien sowie einer neuen Elite politischer TV-Stars, die an „Runden Tischen“ und auf „Heißen Stühlen“ telegen brillieren – von Silvio Berlusconi in Italien perfekt inszeniert –, führt zu einer schrankenlosen Medienorientierung und gefährdet mittel- und langfristig auch die Integrations- und Funktionsfähigkeit traditionaler politischer Parteien.

Die weltweite Vernetzung beschränkt sich nicht bloß auf die Telekommunikation, sie umfasst auch Computersysteme. „Virtuelle Welten“ eröffnen neue Perspektiven, üben Faszination aus, und erregen gleichermaßen das Interesse von Privatpersonen wie Geschäftsleuten – und Politikern. Das *Internet* ermöglicht Abermillionen Computerbenutzern in aller Welt den Zugang zu einer gigantischen Datenbank, und zwar interaktiv, d. h. sie können Informationen sowohl abrufen als auch eingeben. Dass der Erlebniswert, der einem solchen High-Tech-Computernetz innewohnt, größer zu sein scheint als sein praktischer Nutzen, erkennen nur wenige.

Schon Henry David Thoreau war sich solcher Entwicklungen bewusst, und schrieb im Zusammenhang mit der Erfindung des Telegraphen, dessen Verbreitung und der vorauszuahnenden Folgen des Gebrauchs im 19. Jahrhundert folgendes: „Wir beeilen uns sehr, einen magnetischen Telegraphen zwischen Maine und Texas zu konstruieren, aber Maine und Texas haben möglicherweise gar nichts Wichtiges miteinander zu besprechen. (...) Wir beeilen uns, den Atlantischen Ozean zu durchkabeln, um die Alte Welt der Neuen ein paar Wochen näher zu rücken; vielleicht lautet aber die erste Nachricht, die in das große amerikanische Schlappohr hinein rinnt: Prinzessin Adelheid hat den Keuchhusten.“[154]

Der Telegraph wird als Angriff auf die aus dem Buchdruck erwachsene Definition von Urteilsbildung verstanden: „Er verschaffte der Belanglosigkeit, der Handlungsunfähigkeit und der Zusammenhanglosigkeit Eingang in den Diskurs. Entfesselt wurden diese bösen Geister des Diskurses dadurch, dass die Telegraphie der Idee der kontextlosen Information Legitimität verlieh, also der Vorstellung, dass sich der Wert einer Information nicht unbedingt an ihrer etwaigen Funktion für das soziale und politische Entscheiden und Handeln bemisst, sondern einfach daher rühren kann, dass sie neu, interessant und merkwürdig ist.“[155]

Was für den Telegraphen des vorigen Jahrhunderts gegolten hat, gilt erst recht für das Internet von heute. Es drängen sich neue Fragen auf:

➢ *Sind mit der exponentiell zunehmenden Datenfülle die solcherart Informierten auch tatsächlich politisch mündiger geworden?*

154 Henry David Thoreau: Walden oder Leben in den Wäldern. Zürich 1971. S 61 f.
155 Postman. S 85

- *Werden nicht Informationen so zum Selbstzweck, sodass der Vollzug des sich Informierens und sein Erlebniswert wichtiger scheinen als der Wert der Informationen selbst?*

Diese Frage leitet über zum nächsten soziologischen Phänomen, das sich hinter der „Erlebnisgesellschaft" verbirgt.

5. Die Erlebnisgesellschaft

Nicht nur Säkularisierung, postmaterialistische Einstellungsmuster und eine veränderte Mediensituation, auch unsere Beziehung zu Gütern und Dienstleistungen im allgemeinen hat sich innerhalb der letzten Jahrzehnte grundlegend verändert. Ich möchte daher als vierte Ursache für „die Erosion der Lager" die „Erlebnisgesellschaft" herausgreifen, wie sie Gerhard Schulze in einer umfassenden kultursoziologischen Analyse behandelt.

An die Stelle der Frage „Wie erreiche ich dies oder das?" trete, so Schulze, die Frage „Was will ich eigentlich?". Die Ästhetisierung des Alltagslebens sei keineswegs auf den Markt der Güter und Dienstleistungen beschränkt. Das Leben sei schlechthin zum Erlebnisprojekt geworden, ungeachtet aller Unterschiede der sozialen Lage. Während es noch scheine, als ob sich alles auflöse, hätten sich bereits neue Deutungsmuster und eine vielgestaltige Ordnung sozialer Milieus herausgebildet. Sie grenzten sich voneinander durch verschiedene Lebensphilosophien, Geschmackskulturen und Lebensstile ab. Die gesamtgesellschaftliche Milieukonstellation erweise sich als eine „Sozialstruktur der Subjektivität". In dieser Landschaft habe sich ein dynamischer Erlebnismarkt etabliert, auf dem sich Produzenten und Konsumenten gegenseitig zur ständigen Erweiterung der Erlebnismöglichkeiten stimulierten. Sowohl Milieustruktur als auch persönliche Strukturen stünden längst unter dem Einfluss des Erlebnismarktes.

Für Grundnahrungsmittel muss heute prozentuell immer weniger aufgewendet werden, die Kosten für Wohnungsanschaffung und -erhaltung steigen im gleichen Verhältnis an. Die Aufwendungen für Mobilität sind geringfügig höher geworden, und abgesehen von einer gestiegenen Vorliebe für Auslandsreisen bleibt das Verhältnis der restlichen Aufwendungen zueinander erstaunlich stabil.

Eine existentielle Bedrohung kann es also nicht sein, die den Weg in die „Erlebnisgesellschaft" wiese. Auch Schulze meint: „Wir interpretieren die Gesellschaft nicht mehr unter dem Gesichtspunkt der Knappheit, sondern des Überflusses. (...) Es geht uns nicht primär ums Überleben, um Sicherheit, um Abwehr von Bedrohungen und Kampf gegen Restriktionen, sondern um die Lebensgestaltung jenseits situativ bedingter Probleme, unabhängig vom objektiven Vorhandensein solcher Probleme. Reale Knappheit in unserer eigenen Gesellschaft oder gar außerhalb davon kommt im typischen Entwurf der Existenz nicht als primärer Bezugspunkt vor, reale Bedrohung wird nicht in ein defensives oder offensives Lebensprogramm umgesetzt. An die Stelle der alten situativ definierten Lebensprobleme treten subjektive Lebensprobleme."[156]

Schulze sieht im Wandel der Werbung seit der Nachkriegszeit einen Grund für geändertes Konsumverhalten. Tatsächlich werden Produkte nicht mehr als Mittel zu einem bestimmten Zweck offeriert, sondern als Selbstzweck. Ihre Haltbarkeit, Zweckmäßigkeit und technische Perfektion sind nicht mehr gefragt, was zählt ist ihr Erlebniswert: „Design und Produktimage werden zur Hauptsache, Nützlichkeit und Funktionalität zum Accessoire. Gerade in der Vermarktung von Brauchbarkeit, Derbheit und technischer Perfektion wird die Nebensächlichkeit von Zwecken, die jenseits der unmittelbaren Erlebnisfunktion von Waren liegen, besonders deutlich. Ästhetisierung wird ironisch als Zweckmäßigkeit verschleiert. Geländeautos beispielsweise sind vordergründig zweckmäßig, nur besitzt Geländegängigkeit in unserem asphaltierten und betonierten Ambiente kaum Gebrauchswert, sodass sich diese Eigenschaft als ästhetisches Attribut entpuppt. Pragmatik als Ästhetik, Nüchternheit als Berauschung, Sachbezogenheit als Koketterie: Man tut ein wenig so, als ginge die Ästhetisierung des Alltagslebens in Entästhetisierung über, lässt aber keinen Zweifel daran, was eigentlich gespielt wird. Das Geländeauto ist mit verchromten Stoßstangen armiert, das derbe Schuhwerk mit empfindlichem verschiedenfarbigem Wildleder verarbeitet, der wichtige Hebel an der trickreichen Kamera ist derjenige, mit dem man das Wunderding auf Vollautomatik stellen kann."[157] All diese Ästhetisierung und Pseudo-Entästhetisierung von Produkten sei, so Schulze, Teil eines umfassenden Wandels, der nicht auf den Markt der Güter und Dienstleistungen beschränkt bleibe. Im zum Erlebnisprojekt gewordenen Leben sei das alltägliche Wählen zwischen Möglichkeiten durch den bloßen Erlebniswert der gewählten Alternative motiviert: Konsumartikel, Essgewohnheiten, Berufe, Partner oder Wohnsituationen. Erlebnisorientierung sei so die unmittelbarste Form der Suche nach Glück.

Wenn Schulzes These stimmt, dann ist es nur logisch, dass sich auch politische Einstellungsmuster verändern. Wenn nämlich die unmittelbare Erlebnisorientierung zum Selbstzweck wird, gewissermaßen zum „Hedonismus pur", dann müssen auch Werthaltungen, die die Glückshoffnung in eine ferne Zukunft projizieren, in den Hintergrund treten. Denn „die Erlebnisorientierung ist die unmittelbarste Form der Suche nach Glück. Als Handlungstypus entgegengesetzt ist

156 Gerhard Schulze. Die Erlebnisgesellschaft. Kultursoziologie der Gegenwart. Frankfurt/Main; New York 1992. S22

157 A. a. O. S 13

das Handlungsmuster der aufgeschobenen Befriedigung, kennzeichnend etwa für das Sparen, das langfristige Liebeswerben, den zähen politischen Kampf, für vorbeugendes Verhalten aller Art, für hartes Training, für ein arbeitsreiches Leben, für Entsagung und Askese."[158]

Jenseits der Arbeitsgesellschaft verschwinden traditionelle Großgruppen, proletarische Milieus werden aufgelöst, Lebensläufe entstandardisiert, soziale Hierarchien verlieren an Bedeutung, und Individualisierung und Zerfaserung altgewohnter Sozialtypen sind die Folge. Die Frage, was nun an die Stelle der alten Strukturen trete, beantwortet Schulze lapidar: nichts. Das Neue sei das Nichts, die Unstrukturiertheit, die soziale Beliebigkeit.

„Der Aufbau von Existenzformen hat sich grundlegend verändert. Noch im 19. Jahrhundert waren arbeitsbedingte Einschränkungen der Handlungsfähigkeiten unverzichtbar zur Erklärung typischer subjektiver Unterschiede, etwa zwischen Großbürgern, Kleinbürgern, Arbeitern, Kleinhandwerkern, Heimarbeitern, landbesitzenden Bauern, Tagelöhnern (...) Im dimensionalen Raum alltagsästhetischer Schemata kann sich jeder die Position suchen, die ihm zusagt, weitgehend unabhängig von Beruf, Einkommensverhältnissen, Herkunftsfamilie. Für die Sozialkontakte eines Menschen spielt es eine immer geringere Rolle, was er beruflich macht und wo er wohnt. Soziale Milieus entstehen durch Beziehungswahl. Eltern, Bildungssystem, Wohnsituation, Religion, Lebenspartner, Beruf, Massenmedien, Angebote des Erlebnismarktes, großstädtische Szenen – alle mit diesen Stichworten angedeuteten potentiellen Aspekte der Situation haben ihre Unausweichlichkeiten verloren."[159]

Der kleinste gemeinsame Nenner von Lebensauffassungen in unserer Gesellschaft ist so gesehen die Gestaltungsidee eines schönen, interessanten, subjektiv als lohnend empfundenen Lebens. Dieses Projekt des schönen Lebens impliziert einen bestimmten Selbstbezug des Menschen Er achtet darauf, wie er erlebt, und er versucht, die Umstände so zu arrangieren, dass er es schön findet. Vormalige Selbstverständlichkeiten – Leben als Überleben; Leben als Dienen, Pflicht, Selbstaufopferung; Leben als Existenz mit metaphysischem Bezug – gelten in der „Erlebnisgesellschaft" von heute als antiquiert.

158 Schulze. S 14
159 A. a. O. S 207

D. Populismus – Ein Totschlagargument?

1. Definitionsversuche

„Folgende Phänomene gelten in der politikwissenschaftlichen Diskussion als Symptome des Populismus[160]:

- Eine Art mystische, heilige, religiöse Vereinigung mit der Masse, dem „Volk"
- Die Sehnsucht, zu einem bestimmten „Volk", zu einer bestimmten „Kultur", aber auch zu einem „Stück Erde" zu gehören
  Industrielle Technik, fortgesetzte Kriminalisierung in allen Lebensbereichen und die in der Folge entstandene Mobilität haben Gefühle von „Entwurzelung" (Erosion „alter Werte") und „Heimatlosigkeit" hervorgebracht, die mit einer „alternativen" Empfindungswelt beantwortet werden.
- Die Mobilisierung von Gegen-Gefühlen, die auch zu Intoleranz, Argwohn gegenüber Mitmenschen, Angst vor Verrat (Verschwörungstheorie!), Antisemitismus und Fremdenhass führen kann
- Lose Organisiertheit der Bewegung
  Die Größe der Bewegung wird mehr Bedeutung beigemessen als der Parteidisziplin.
- Personalismus und physiokratische Ökonomie
  Was die ökonomische Organisationsform anlangt, so sollen kleine, überschaubare Kooperativen den marktwirtschaftlichen Wettbewerb bilden. Das Eigentum soll nicht kommunalisiert werden, die privaten Leute müssten weiterhin Eigentümer bleiben.
- Freiheitsbewegungen nicht im Sinne libertärer Bestrebungen – sie werden als Identitätsverlust und Wertverfall bekämpft –, sondern im Sinne der Überwindung von Entfremdung und Fremdbestimmung
- Gegnerschaft zum Establishment, dem Komplizenschaft mit allem der Kultur und der Heimat „Fremden" angelastet wird
  Der populistische Anti-Elitarismus richtet sich vor allem gegen die Bürokratie (Dirigismus), Finanzherrschaft (die „großen Banken"), die hauptstädtische Intelligenz, gegen Industrieunternehmungen und gegen den Staat als solchen („Zentralismus").
- Ein ausgeprägter Hang zu Selbstgerechtigkeit und moralischer Tyrannei (die „Guten" und die „Schlechten")
  „Tugend" wird nur bei den „einfachen Leuten", den „Menschen von der Straße" vermutet, die die überwiegende Mehrheit der Bevölkerung bildeten und deren „Traditionen" in Ehren gehalten bleiben müssten.
- Vorrang von Spontaneität und Spiritualität gegenüber Planungslogik und Effizienz
- Erfahrung von Modernisierungstendenzen als apokalyptische Alpträume
- Formen von Wissenschafts- und Technik-Feindschaft.

Historisch gesehen haben immer äußere Entwicklungen, die vor allem von unteren, und damit in der Regel benachteiligten Schichten der sozialen Stufenleiter

160 Vgl. dazu Werner W. Ernst: Zu einer Theorie des Populismus, in: Anton Pelinka (Hrsg.): Populismus in Österreich. Wien 1987. S 11f

negativ empfunden wurden und bei diesen existentielle Ängste auslösten, zu einem Aufkeimen populistischer Politik geführt.

„Die beherrschenden Traditionslinien der neueren Populismen lassen sich – abgesehen von lokalen Institutionen wie der Schweizer Landsgemeinde oder indianischen Genossenschaften in Lateinamerika – im Wesentlichen zu drei Wurzeln zurückverfolgen: zur populistischen Bewegung in den USA in den drei Jahrzehnten vor der Jahrhundertwende, zum etwa gleichzeitig blühenden russischen Volkstümlertum, dem *narodnicestvo*, und zur Propagierung direkter, unvermittelter (Basis-)Demokratie gegenüber der vermittelten repräsentativen parlamentarischen Demokratie seit der französischen Revolution, und vor allem in der Tradition der europäischen sozialistischen Linken während des 19. Jahrhunderts, übrigens der Anarchisten ebenso wie der Marxisten.“[161]

„*Populismus* ist im 19. Jahrhundert als ein parteipolitischer Begriff im Sinne einer Parteinahme für das Volk gegen seine Ausbeuter aufgekommen. Es handelte sich ursprünglich um eine *rousseauistische* Begriffsbildung, um eine nostalgisch-romantische Verherrlichung des einfachen Lebens unter Verwandten und Bekannten im ländlichen Gemeinwesen, hintergründig um eine einseitige, realitätsferne Verklärung der Eidgenössischen Landsgemeinde.“[162]

„Formal ist Populismus der weiteste von mehreren politischen Begriffen bewusster, engagierter Volksgemeinschaft. Quantitativ ist Populismus ein umstrittener Begriff politischer Parteilichkeit für das Volk gegen Volksfeinde. Kausal ist Populismus ein politischer Protest gegen wesentliche Veränderungen, Verschlechterung oder Verunsicherung der Lebensverhältnisse, vor allem aus dem Verlust vertrauter sozialer Beziehungen und Normen in einer überschaubaren ländlichen Gemeinschaft. Final ist Populismus ein meinungspolitischer Begriff zur Mobilisierung breiter Bevölkerungsschichten gegen die bestehende Ordnung zu Gunsten von Politikern, die als „Volksfreunde“ (*populares*) einen politischen Führungsanspruch erheben.“[163]

Die „Attraktivität rechtspopulistischer Rhetorik“ liegt nach Marianne Egger de Campo in der Kombination mehrerer Vorteile[164]:

- Sie fordert vom Anwender keine Selbstverpflichtung und Verbindlichkeit;
- sie bietet durch ihre Vereinfachungen und markigen (unterhaltsamen) Sprüche den politisch Inkompetenten einen Zugang zum Klub der über Politik Debattierenden;
- ihr nationalistisches Element appelliert an einen sehr stabilen und universellen Teil der persönlichen Identität;

161 Hans-Jürgen Puhle: Was ist Populismus? in: Helmut Dubiel (Hrsg.): Populismus und Aufklärung. Frankfurt am Main 1986. S 15

162 Rupert Breitling: Populismus, in: Pelinka: Populismus in Österreich. S 26f

163 A. a. O. S 31

164 Egger de Campo. Wähler ohne Eigenschaften. S 47

- und ihr Anspruch, die Allgemeinheit zu vertreten, schließt – vorderhand – niemanden aus."

„‚Populistisch' genannte Bewegungen und Strömungen appellieren an das ‚Volk' im Gegensatz zu den Eliten, insbesondere an die ‚einfachen Leute' und nicht an bestimmte Schichten, Klassen, Berufsgruppen oder Interessen. Sie sind folglich auch Klassen übergreifende Bewegungen, antielitär, gegen das so genannte Establishment. Selbst ihre intellektuellen Führer geben sich vielfach antiintellektuell und – in missionarischer Fixierung auf das Glück der ‚kleinen Leute' – auch liberal und anti-urban. Ein umfassendes und konkretes politisches Sachprogramm ist oft nicht vorhanden, wohl aber ein starkes moralisches Engagement zugunsten einiger weniger Programmpunkte.

Das (meistens nicht explizit definierte) Wohl der ‚einfachen Leute' sehen die Populisten am stärksten bedroht durch die großen Organisationen und Korporationen in Wirtschaft und Politik, Fabriken, Großbanken, Konzernen und Trusts, staatlichen und privaten Bürokratien, Parteiapparaten, Parlamenten und anderen Vermittlungsagenturen zwischen Volk und Regierung."[165]

„Populistische Kampagnen, gleichviel, ob sie sich gegen Kriminalität, Drogensucht, Alkoholismus oder abweichende Formen von Sexualität, gegen Umweltzerstörung, Korruption oder Kriegsgefahr richten, ähneln sich, unabhängig von ihren Themen, darin, dass sie an das schlechthin Allgemeine appellieren, an die Angst der Menschen, der Bürger um Eigentum, Leib und Leben."[166]

2. Haider und die Neuentdeckung der vox populi

Wenngleich vieles von dem, was hier an populistischen Charakteristika aufgeführt wird, auch auf die Freiheitlichen unter Jörg Haider zutrifft, stellt sich die Frage, ob ein solcher „Populismus" Haiderscher Prägung grundsätzlich negativ sein muss. Jörg Haider selbst bekennt sich 1995 anlässlich einer Fernesehdiskussion dazu, „Rechtspopulist" zu sein, ja er räumt sogar ein, nichts gegen die Bezeichnung „radikaler Rechtspopulist" zu haben, sofern „radikal nicht mit Umsturz verbunden" werde.[167]

„Das häufig benutzte Bild des Modernisierungsverlierers, der sich rechtsextremen und nationalistischen Bewegungen bzw. der FPÖ zuwendet, weil er Deprivation als Folge industrieller Rationalisierung erfahren musste, scheint ange-

165 Puhle, in: Dubiel. S 13

166 Micha Brumlik: Geistesaristokraten und Einpunktegalitaristen – Ein anti-populistisches Pamphlet, in: Dubiel. S 265

167 Jörg Haider im ORF 2 Diskussionsforum „Anders gefragt" am 20.08.1995

sichts der FPÖ-Stimmengewinne von einer Million Wähler zwischen 1986 und 1999 empirisch nicht plausibel zu sein", räumt selbst Egger de Campo ein. Außerdem sei nicht bekannt, „ob die Gruppe der jungen Arbeiter, die in den letzten Jahren von der SPÖ zu Jörg Haider gewandert sind, tatsächlich Einkommensverluste verzeichnen musste, ob diese mit Rationalisierung also Modernisierung zusammenhängen und ob diese Arbeiter selbst ihre Lage genauso sehen, sich also als Modernisierungsverlierer betrachten."[168]

Ausgehend von der Frage, wie sich politische Bindungen verändern können, wie die SPÖ im Laufe der Jahre fast eine Million Wählerinnen und Wähler verlieren und Haiders FPÖ fast ebenso viele Stimmen gewinnen konnte, ergibt Egger de Campos Analyse vielmehr, „dass wir uns diesen Wandel *nicht* als einen Wandel der Überzeugungen der politischen Akteure vorzustellen haben." Vielmehr sei das Verhalten einer großen Zahl der Wählerinnen und Wähler politisch amorph zu nennen. „Amorphe handeln häufig widersprüchlich und logisch inkonsistent. Sie entsprechen nicht den gängigen theoretischen Modellen der Sozialwissenschafter, die das politische Verhalten auf meist sozioökonomische Interessenslagen zurückführen. Demnach wenden sich Wähler und Sympathisanten von ihrer Partei ab, wenn sie feststellen, dass diese nicht mehr ihre Interessen vertritt."[169]

Heute – fast zehn Jahre nach dem Ende des Untersuchungszeitraumes – mehren sich jene kritischen Stimmen, die vor einer „kalten" Wirtschaftspolitik warnen, die – sich euphemistisch als „Globalisierung" tarnend – in Wahrheit nur auf Aktienkurse schiele und der das Wohl einzelner Arbeitnehmer ziemlich gleichgültig sei. Nicht nur Wirtschaftsexperten und Soziologen sondern auch namhafte Schriftsteller und Dramatiker warnen mittlerweile eindringlich und wortgewaltig vor dem Abbau sozialer Errungenschaften durch eine ausschließlich gewinnorientierte Wirtschaftslobby. Und sie dokumentieren ihre diesbezüglichen Bedenken durch anschauliche Beispiele:

> „Bankvorstände, die zweistellige Millionengehälter einstreichen, Milliardengewinne erzielen und Tausende auf die Straße setzen, täglich liest man es in der Zeitung: In der Wirtschaft vollzieht sich ein Erosionsprozess größten Ausmaßes. Die Kapitalvermehrung als oberstes Gebot eines globalisierten Unternehmertums lässt die Welt der Wirtschaft als menschliche in Stücke gehen."[170]
>
> „Zusammen mit den Weltmärkten entsteht eine neue, globalisierte Herrenschicht, die über den Rest der Menschen Macht besitzt wie früher ein Gutsbesitzer über seine Hintersassen. Was im Feudalzeitalter die Erbteilungen und die dynastischen Hochzeiten waren,

---

168 Egger de Campo. S 99

169 A. a. O. S 187

170 Auszug aus dem Umschlagtext zu: Rolf Hochhuth: McKinsey kommt. Schauspiel in fünf Akten mit fünf Epilogen. München 2003.

das sind in der Epoche der globalisierten Märkte die Firmenfusionen und -verkäufe: Sie wechseln über Nacht die Herrschaft aus. Als die Arbeiter von Boehringer Mannheim nach einem ahnungslos verbrachten Wochenende am Montag früh ins Werk zurückkehrten, wurden sie am Tor von der neuesten Ausgabe der Betriebszeitschrift mit der Botschaft empfangen: ‚Willkommen bei Roche'. So hieß der neue Eigentümer, der die Firma kurz zuvor erworben hatte. Deutlicher kann man den Menschen kaum mitteilen, dass sie im Spiel der Großen keine Stimme haben."[171]

Die pejorative Punzierung der Haiderschen Politik als „populistisch" erfährt so gesehen nachträglich eine gewisse Rehabilitierung. Es stellt sich nämlich die Frage, ob eine Politik, die sich an Gefühl, Stimmung und unmittelbare Befindlichkeiten ihrer Adressaten wendet und soziale Ungerechtigkeiten beim Namen nennt, a priori schlecht sein muss. Zumal, wenn diese scheinbar jeden, unabhängig von Einkommen und Bildung, Arbeitsplatz und Wohnsituation berühren.

Aber auch für den Fall, dass einmal übers Ziel geschossen wird, plädiert Norbert Leser, ein profunder Kenner der österreichischen Innenpolitik, dafür, nicht den sprichwörtlichen ersten Stein zu werfen: „Wenn man Haider Populismus vorwirft, sollte man bedenken, dass im Wahlkampf gegen Waldheim auch populistisch verfahren wurde. Was kann die Rechte dafür, wenn ihr Populismus bei den Massen besser ankommt als der linke? (...) Der Nachhall und die Fernwirkung der Anti-Waldheim-Kampagne bereiteten Haider und der FPÖ den Boden und bestätigten die Wahrheit des Bibelverses ‚Wer andern eine Grube gräbt, fällt selbst hinein' und der biblischen Warnung ‚Wer Wind sät, wird Sturm ernten.'"[172]

3. Alles nur Spiel? Rhetorisches Scheingefecht?

Zu dieser Ansicht könnte man kommen, wenn man im Zusammenhang mit den wechselseitig erhobenen Populismusvorwürfen der Politiker die 180-Grad-Kehrtwendungen analysiert, die allzu leicht der Vergesslichkeit der Wähler anheim fallen.

Anlässlich Jörg Haiders programmatischer Abwendung von der „Deutschtümelei" 1995 betont der damalige ÖVP-Klubobmann Andreas Khol, dass er diese Abkehr nicht glauben könne. „Die Putzaktion am rechten Rand ist mir bei den Freiheitlichen noch nicht aufgefallen." Haider stehe weiterhin „außerhalb des

171 Konrad Adam in der Franfurter Allgemeinen Zeitung vom 18.09.1999
172 Norbert Leser: Die Sozialdemokratie und das Ende der großen Koalition, in: Republik im Wandel. S 48

Verfassungsbogens". Seine, Khols, Meinung zu den Freiheitlichen habe sich nicht geändert: „Wer auf sie traut, hat auf Sand gebaut."[173]

Wahrscheinlich jenen Sand der Wüste Gobi, bliebe zu ergänzen, durch die der lange Marsch der Reformen führt, den – so derselbe Andreas Khol einige Jahre später – die blau-schwarze Koalition des Kabinetts Schüssel/Riess-Passer angetreten habe, um längst überfällige Reformen für Österreich in Angriff zu nehmen.[174]

Vergessen der „Verfassungsbogen"? Alles eitle Wonne, Sonnenschein? Ja, die Halbwertszeit politischer Aussagen ist eben kürzer als man denkt.

Mit dem Populismus scheint es sich wie mit einem Vexierbild zu verhalten: Es kommt immer auf den geistigen Betrachtungswinkel an. Was einmal als vordergründige Anbiederung an den „Kleinen Mann" empfunden wird, kann im anderen Fall eine mutige Maßnahme im Sinne hoher Sozialkompetenz sein – getragen von Verantwortung und Gemeinsinn.

173 Die Presse vom 22.08.1995. S 6

174 Vgl. dazu: Andreas Khol: Die Wende ist geglückt. Der schwarz-blaue Marsch durch die Wüste Gobi. Wien 2001

IV. Empirisch-analytischer Hauptteil

A. Die Sozialstruktur der FP Nationalratsabgeordneten

Nicht unerheblich für diese Untersuchung, die letztlich ein Erklärungsmuster für die freiheitliche Oppositionspolitik liefern soll, ist die Sozialstruktur der Akteure, also der Nationalratsabgeordneten, im Untersuchungszeitraum. Schließlich wird eine „Honoratiorenpartei“ andere Interessen und Ziele verfolgen als eine „Reformkraft neuen Stils“, die – ein breiteres Wählerspektrum repräsentierend – mehr Berufs- und Bildungsschichten anzusprechen imstande ist.

In nachfolgender Darstellung fällt auf, dass namhafte FP-Abgeordnete wie etwa der Großindustrielle und nachmalige II. und später III. Nationalratspräsident Thomas Prinzhorn oder der aus dem EU-Parlament in Brüssel zurückgekehrte Bundesheer-Brigadier Wolfgang Jung ebenso wenig aufscheinen wie etwa die oberösterreichische Radiologin Brigitte Povysil. Dies hängt damit zusammen, dass ausschließlich jene Abgeordneten Berücksichtigung gefunden haben, die in konstituierenden Sitzungen jeweils zu Beginn einer Gesetzgebungsperiode dem Nationalrat angehörten. Die statistische Korrektheit gebietet aber diese Einschränkung auf ein Stichdatum, welche die Zusammensetzung des Parlaments nur punktuell beleuchtet und dazu führt, dass namhafte Politikerpersönlichkeiten in der Darstellung bloß deswegen „verloren gehen“, weil sie zu einem späteren Zeitpunkt die Parlamentsbühne betreten haben.

Dieses Manko scheinbar übertriebener formaler Strenge wird aber m. E. durch die Tatsache wettgemacht, dass die Mandatsverteilung in der konstituierenden Sitzung am ehesten der Reihung der Kandidaten in der jeweils vorangegangenen Wahl entspricht. Mit anderen Worten: die Partei hat mit einem bestimmten Programm geworben, das in der Wahl entsprechend Anklang gefunden hat, und es darf angenommen werden, dass sich die Abgeordneten der „ersten Stunde“ am unmittelbarsten mit diesem Programm identifizieren.

Abgeordneter	**Beruf**	**Region**	**XVII. GP**	**XVIII. GP**	**XIX. GP**	**XX. GP**
Apfelbeck Ute	Med.-techn. Assistentin	Stmk		x	x	x
Aumayr Anna Elisabeth	Landwirtin	OÖ		x	x	x
Barmüller Thomas, Mag. iur.	Rechtsanwaltsanwärter	Stmk		x		
Bauer Holger	VB	Wien	x	x	x	x

Abgeordneter	**Beruf**	**Region**	**XVII. GP**	**XVIII. GP**	**XIX. GP**	**XX. GP**
Blünegger Anton	Bohrwerksdreher	Tirol				x
Böhacker Hermann	Steuerberater	Sbg		x		x
Brauneder Willi, Dr. iur.	O. Univ.-Prof.	NÖ			x	x
Dillersberger Siegfried, Dr. iur.	Rechtsanwalt	Tirol	x			
Dolinschek Sigisbert	techn. Angestellter	Kärnten		x	x	x
Eigruber Hermann	Gewerbetreibender	OÖ	x			
Fischl Harald	Kaufmann	Stmk		x		
Frischenschlager Friedhelm, Dr. iur.	Universitätslektor	Sbg	x	x		
Graf Martin, Dr. iur.	Rechtsanwaltsanwärter	Wien				x
Gratzer Bernhard	Berufsoffizier	NÖ		x		
Grollitsch Udo, Dr. phil.	Hochschullehrer	Stmk				x
Gugerbauer Norbert, Dr. iur.	Rechtsanwalt	OÖ	x	x		
Haider Jörg, Dr. iur.	Forstunternehmer	Kärnten	x		x	x
Haigermoser Helmut	Kaufmann	Sbg	x	x		x
Haller Edith	Buchhalterin	Tirol		x	x	x
Haupt Herbert, Mag.	Tierarzt	Kärnten	x	x	x	x
Hintermayer Josef	Landwirt	NÖ	x			
Höbinger-Lehrer Liane, Dr. iur.	Staatsanwältin i. R.	Wien			x	
Hofmann Max, DI	Unternehmer	OÖ			x	x
Huber Alois	Altbauer	Kärnten	x	x		
Koller Franz	Landwirt	Stmk				x
Krüger Michael, Dr.	Rechtsanwalt	OÖ			x	x
Krünes Helmut, DI Dr.	Chemiker	NÖ	x			
Lafer Franz	Gendarmeriebeamter	Stmk			x	x
Lukas Klaus, Dr. iur.	Konsulent	Kärnten				x
Madl Elfriede	ltd. Angestellte	OÖ			x	x
Mautner-Markhof Georg, Dkfm.	Industrieller	Wien		x		
Meischberger Walter, Ing.	Kaufmann	Tirol		x	x	x
Meisinger Josef	Sachbearbeiter	OÖ		x	x	x
Mentil Hermann	Installateur	NÖ			x	x
Mitterer Peter	Gastwirt	Kärnten		x		
Moser Hans Helmut	Offizier	NÖ		x		
Motter Klara	Zahnmed. Assistentin	Vlbg	x	x		
Murer Gerulf, Ing.	Landwirt	Stmk	x	x	x	
Nußbaumer Wolfgang, Ing.	Unternehmer	Vlbg			x	x
Ofner Harald, Dr. iur.	Rechtsanwalt	NÖ	x	x	x	x
Partik-Pable Helene, Dr.	Richterin	Wien	x	x	x	x
Pawkowicz Rainer, DI Dr.	Beamter	Wien		x		
Peter Helmut, Mag.	Hotelier	OÖ		x		
Praxmarer Karin, Mag. phil.	AHS-Lehrerin	OÖ	x	x	x	
Preisinger Susanne, Dr. iur.	Angestellte	Wien			x	x

Abgeordneter	**Beruf**	**Region**	**XVII. GP**	**XVIII. GP**	**XIX. GP**	**XX. GP**
Pretterebner Hans	Publizist	Wien			x	
Probst Fritz	Pharmareferent	Stmk	x			
Pumberger Alois, Dr. med.	Prakt. Arzt	OÖ			x	x
Reichhold Mathias, Ing.	Landwirt	Kärnten		x	x	x
Rosenstingl Peter	Geschäftsführer	NÖ		x	x	x
Rossmann Mares	Gastronomin	Stmk			x	x
Ruthofer Kurt, Dkfm.	Gewerbetreibender	Kärnten			x	x
Salzl Stefan, Dr. med. vet.	Tierarzt	Bgld			x	x
Scheibner Herbert	Versicherungsmakler	Wien		x	x	x
Schmid Michael, DI	Architekt	Stmk		x		
Schmidt Heide, Dr. iur.	Rechtskonsulentin	Wien		x		
Schöggl Leopold, DI	Techn. Angestellter	Stmk			x	x
Schöll Hans	Kaufmann	Wien			x	
Schreiner Erich, Mag.	Unternehmensberater	NÖ		x	x	x
Schweitzer Karl, Mag.	AHS-Lehrer	Bgld		x	x	x
Stadler Johann Ewald, Mag. iur.	VB	Vlbg			x	x
Stix Gerulf, Dr.	Wirtschaftsberater	Tirol	x			
Trattner Gilbert	Geschäftsführer	Tirol			x	x
Wenitsch Robert	Landwirt	NÖ			x	x

Abb. 15: Sozialstruktur d. FPÖ-Abg. über alle 4 Gesetzgebungsperioden

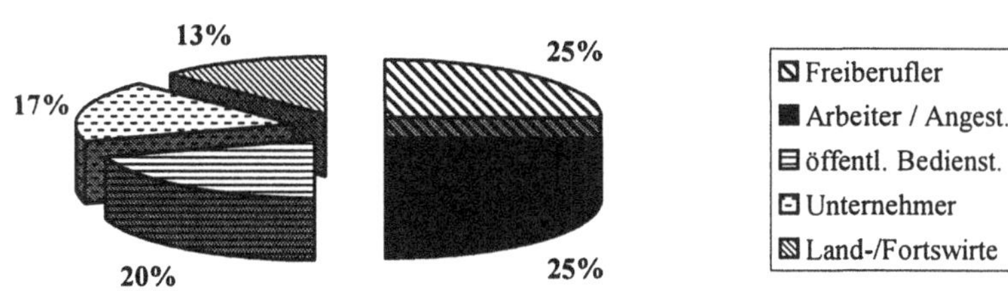

Abb. 16: Akademikeranteil bei den FPÖ-Abgeordneten über alle 4 Gesetzgebungsperioden

B. Möglichkeiten und Grenzen parlamentarischer Opposition

Offensiv zu agieren, mitunter sogar aggressiv, und die jeweils Regierenden in die Defensive zu drängen, ist das tägliche Brot einer Oppositionspartei. Der gerade im Zusammenhang mit den Freiheitlichen viel gescholtene Populismus, also das Eingehen auf die *vox populi* – die mehr oder weniger laut artikulierten Ängste und Sorgen der Bevölkerung – erweist sich so gesehen als durchaus legitime Vorgangsweise. Das Erreichen der Themenführerschaft in Zeitungen, Magazinen, Funk und Fernsehen ist die eine – auf Öffentlichkeitswirksamkeit und mediale Präsenz gerichtete – Seite der Medaille, die andere ist die auf Kontrolle abzielende Tätigkeit in der Volksvertretung, dem Parlament.

Dabei sind es in erster Linie die Aktivitäten der Abgeordneten zum Nationalrat, die politikwissenschaftlich interessieren, zumal der Bundesrat, die von den Landtagen beschickte Länderkammer, im Hinblick auf seine Effizienz ein ziemlich zahnloses und daher zu vernachlässigendes Gebilde innerhalb des politischen Systems darstellt. Diese Arbeit befasst sich daher ausschließlich mit der Rolle der freiheitlichen Opposition im Parlament, genauer gesagt, mit der Kontrolltätigkeit der FPÖ in den Gremien des Nationalrats, wo sie sich in den Jahren 1987 bis 1999 als größte Oppositionspartei – sowohl in quantitativer wie in qualitativer Hinsicht – am wirkungsvollsten entfaltet hat. Um aber eine gewisse Abgeschlossenheit der Darstellung zu wahren, wird die letzte Phase der freiheitlichen Opposition innerhalb der XX. Gesetzgebungsperiode (15.1.1996 bis 28.10.1999), also jener Zeitraum zwischen der Neukonstituierung des Nationalrates nach den Oktoberwahlen 1999 und dem Eintritt als Koalitionspartner in das Kabinett Schüssel I, sinnvollerweise nicht mehr in diese Untersuchung mit einbezogen.

1. Das „Hohe Haus" als Tribüne[175] – Plenum und Ausschüsse

Wenn verärgerte Leserbriefschreiber in Zeitungen immer wieder die vermeintlich schlechte Arbeitsmoral der Nationalratsabgeordneten geißeln, die Zeitung lesend und offensichtlich desinteressiert die Sitzungen des Nationalrates verfolgen – oder besser: ignorieren –, unterliegen sie einem durchaus verständlichen Irrtum über Funktion und Stellenwert der Plenarsitzungen. Tatsache ist, dass die eigentliche Arbeit in den Ausschüssen und Unterausschüssen des Nationalrats sowie inoffiziell im Rahmen fraktionsinterner Zusammenkünfte geleistet wird. In diesen in aller Regel unter Ausschluss der Öffentlichkeit tagenden Gremien werden Gesetzesvorschläge – entweder als Regierungsvorlagen oder als von einzelnen Abgeordneten eingebrachte Initiativanträge – umfassend vorbehandelt und debattiert. Dann wird über die Materie abgestimmt und ein Bericht verfasst, der zur endgültigen Abstimmung an das Plenum weitergeleitet wird. In den im Vorfeld jeder Plenarsitzung stattfindenden Klubsitzungen der einzelnen Fraktionen wird die Abstimmungslinie der Abgeordneten zu den vorgesehenen Tagesordnungspunkten festgelegt. Das „freie Mandat" der Volksvertreter, ein theoretisch garantierter „Grundpfeiler" der Demokratie, erweist sich angesichts dieser Vorgangsweise in der politischen Praxis zumeist als Farce.

Während es in den Ausschüssen durchaus üblich ist, in Form von Abänderungsanträgen sowohl stilistisch als auch inhaltlich auf Änderungswünsche einzelner Abgeordneter einzugehen, also konstruktive Arbeit zu leisten, sind die Positionen im Plenum meist festgefahren. Es ist von vornherein klar, wer welche Positionen vertreten und wer sie bekämpfen würde. Daher ist es auch möglich, die Abfolge der Debattenbeiträge so festzulegen, dass einander in der Regel Pro- und Contra-Redner abwechseln, um so die rhetorische Spannung aufrechtzuerhalten. Da man weiß, wie abgestimmt wird, dienen die leidenschaftlich geschwungenen Reden im Plenum eher der medienwirksamen Profilierung der Abgeordneten und ihrer Parteien denn der konstruktiven Abwägung von Argumenten. Für die in Minderheit befindliche Opposition bedeutet diese bloße „Tribünenfunkti-

175 Vgl. dazu die Ausführungen zur Tribünenfunktion des Parlaments in: Heinz Fischer: Das Parlament, in: Dachs et al. (Hrsg.): Handbuch des politischen Systems Österreichs. Die Zweite Republik. Wien 1997, S 115f

on“ des Plenums mitunter ein frustrierendes Eingeständnis der Machtlosigkeit – spätestens dann, wenn vom Präsidentenpult der apodiktische Ruf ertönt: „Dies ist die Minderheit, der Antrag ist daher abgelehnt ...“

Auch in den Ausschüssen müssen Oppositionsabgeordnete nicht selten die Erfahrung machen, dass sogar konstruktive Abänderungsanträge, deren Plausibilität nicht einmal von den politischen Gegnern angezweifelt wird, nur deshalb abgelehnt werden, weil sie eben von der Opposition kommen. „Weil nicht sein kann, was nicht sein darf“, könnte man sagen, werden mitunter in fast kindischer Weise gute Ideen unterdrückt oder aber – fast noch infantiler – sprachlich spitzfindig umformulierte Gegenanträge beinahe gleichen Inhalts eingebracht, die dann – stimmenmehrheitlich beschlossen – den Ausschuss passieren und so ins Plenum gelangen.

Einen gewissen Einfluss auf die Arbeit im jeweiligen Ausschuss hat der Obmann/ die Obfrau. Durch das Recht, auf den Sitzungsverlauf und die Tagesordnung Einfluss zu nehmen, kann der/die Vorsitzende aktiv den Verlauf der Ausschussarbeit – wenn auch nur mit aufschiebender Wirkung – beeinflussen.

Die Freiheitlichen stellten in ihrer Oppositionsperiode beispielsweise mit Herbert Scheibner (heute BZÖ) lange Zeit den Obmann im Landesverteidigungsausschuss und konnten so wesentliche inhaltliche Akzente setzen. Umgekehrt kann wohl gesagt werden, dass die Erfahrungen, die Scheibner als Ausschussvorsitzender gemacht hat, ihm als Minister zugute kamen. Ebenso nahmen der vormalige Dritte Präsident des Nationalrates, Willi Brauneder, als Fraktionsführer der Freiheitlichen im Wissenschaftsausschuss, sowie Martin Graf, als dessen Obmann, wesentlich Einfluss auf universitätspolitische Entscheidungen.

Als Sternstunde echten Parlamentarismus können die letzten Sitzungen der XIX. Gesetzgebungsperiode im Jahr 1995 bezeichnet werden. Nachdem das Arbeitsklima innerhalb der Großen Koalition einen vorläufigen Tiefpunkt erreicht hatte, sah ÖVP-Obmann und Vizekanzler Wolfgang Schüssel die Zeit gekommen, ein Hoch in den Meinungsumfragen zu nutzen und Neuwahlen zu beantragen. Da man glaubte, auf niemanden mehr Rücksicht nehmen zu müssen, kam es innerhalb dieses Zeitraumes zur weit gehenden Aufhebung des jeweiligen Klubzwanges und zu wirklich freien Abstimmungen. Die ideologisch motivierte Scheindebatte wich der sachlichen Argumentation, und es ergaben sich die ungewöhnlichsten Bereichskoalitionen, die zu wechselnden Mehrheiten im Plenum führten. Auch die Opposition profitierte von dieser Situation, zumal ihre Vorschläge nicht von vornherein aus taktisch-politischem Kalkül niedergeschmettert, sondern nach Maßgabe ihrer sachlichen Vertretbarkeit diskutiert wurden.

Diese Abstimmungspraxis führte etwa am 16. November 1995, also einen Monat vor den vorverlegten Nationalratswahlen, mit den Stimmen von ÖVP, Freiheitlichen und Grünen zu einer Novellierung des Bundesfinanzgesetzes 1995, mit dem nicht unerhebliche Budgetüberschreitungen bewilligt wurden. Insgesamt wurden drei Gesetze mit wechselnden Mehrheiten gegen den jeweiligen Koalitionspartner beschlossen – ein Novum im Hohen Haus, das sich in der folgenden Gesetzgebungsperiode nicht mehr wiederholen sollte.

2. „Macht braucht Kontrolle" – Die rechtlichen Instrumente

Um erfolgreich Oppositionspolitik betreiben zu können, müssen entsprechend wirksame Instrumente zur Verfügung stehen. Tatsächlich sieht die österreichische Bundesverfassung Kontrollfunktionen des Nationalrats vor, die sich auf den Bereich der Verwaltung des Bundes erstrecken. Die Kontrolle der Verwaltung durch das Parlament basiert dabei auf dem Prinzip der Trennung der Staatsfunktionen, das neben dem demokratischen, republikanischen, bundesstaatlichen und rechtsstaatlichen Prinzip zu jenen fünf Baugesetzen der Verfassung gehört, die gleichsam die Fundamente des staatlichen Handelns bilden, auf denen alle anderen Rechtsnormen aufbauen, und deren Abänderung oder Aufhebung einer Totaländerung der Verfassung gleichkäme. Hier die Bundesregierung an der Spitze der Verwaltung, dort das Parlament, welches die Verwaltung begleitend überwacht.

Da hier nur die vom Nationalrat selbst ausgeübte Kontrolle interessiert – und hier vornehmlich die der FPÖ –, werden die Aufsichtsfunktionen, welche der Bundesrat oder andere dem Parlament zugeordnete Einrichtungen wie der Rechnungshof oder die Volksanwaltschaft wahrnehmen, nicht weiter behandelt. Wenn im Folgenden auf die Kontrolltätigkeit inhaltlich und umfangmäßig eingegangen wird, darf auch eine kurze Erläuterung der verfassungsrechtlichen Grundlagen der in Anspruch genommenen Rechtsmittel nicht fehlen.

a) Das Interpellationsrecht

Ein ausgezeichnetes Mittel, Regierung und Bürokratie begleitend zu kontrollieren, ist für jede Opposition das Frage- oder Interpellationsrecht. Der Nationalrat ist befugt, die Geschäftsführung der Bundesregierung zu überprüfen, deren Mitglieder über alle Gegenstände der Vollziehung zu befragen und alle einschlägigen Auskünfte zu verlangen. Diesem Fragerecht unterliegen insbesondere Regierungsakte sowie Angelegenheiten der behördlichen Verwaltung oder der Verwaltung des Bundes als Träger von Privatrechten.[176] Kontrollrechte bestehen gegenüber der Bundesregierung und ihren Mitgliedern auch in Bezug auf Unternehmungen, an denen der Bund mit mindestens 50 Prozent des Stamm-, Grund- oder Eigenkapitals beteiligt ist und die der Kontrolle des Rechnungshofes unterliegen. Einer solchen finanziellen Beteiligung ist die Beherrschung von Unternehmungen durch andere finanzielle oder sonstige wirtschaftliche und organisatorische Maßnahmen gleich zu halten.[177]

Letzteres ist besonders deshalb von Bedeutung, weil im Zuge von Privatisierungen und Ausgliederungen von Dienstleistungen aus der Bundesverwaltung – so sehr sie wirtschaftlich gerechtfertigt sein mögen – eine demokratiepolitisch bedenkliche Entwicklung Platz greift, die man als „Flucht aus dem Parlament“ bezeichnen könnte. Sinken die Bundesanteile an einem Unternehmen nämlich unter die 50-Prozent-Marke, ist eine Gebarungskontrolle durch den Rechnungshof nicht mehr möglich, und auch die anderen parlamentarischen Kontrollmechanismen versagen.

(1) Die schriftliche Anfrage

Anfragen, die ein Abgeordneter innerhalb einer Tagung an die Bundesregierung oder eines ihrer Mitglieder richten will, sind dem Präsidenten schriftlich mit mindestens vier Abschriften zu übergeben. Sie müssen mit den eigenhändig beigesetzten Unterschriften von wenigstens fünf Abgeordneten, den Fragesteller eingeschlossen, versehen sein und sind dem Befragten durch die Parlamentsdirektion mitzuteilen. Fragesteller können ihre Anfragen schriftlich bis zum Einlangen der Beantwortung beim Präsidenten zurückziehen. Der Befragte hat innerhalb von zwei Monaten nach Übergabe der Anfrage an den Präsidenten mündlich oder schriftlich zu antworten. Ist dem Befragten eine Erteilung der gewünschten Auskunft nicht möglich, so hat er dies in der Beantwortung zu begründen.[178] Fragen, die vornehmlich die Haushaltsführung des Bundes betreffen, können auch an den Präsidenten des Rechnungshofes gestellt werden.[179]

Die Problematik der oben erwähnten „Flucht aus dem Parlament“ tritt bei der schriftlichen Anfrage besonders augenscheinlich zu Tage, wenn etwa Auskünfte über die Gebarung eines aus der Bundesverwaltung ausgegliederten Unternehmens verlangt werden, bei dem zu Recht Ungereimtheiten und – wenn auch mit-

176 Vgl. Bundes-Verfassungsgesetz (B-VG), BGBl. 1930/1 idgF Art 52 sowie Bundesgesetz vom 4. Juli 1975 über die Geschäftsordnung des Nationalrates (GOG 1975), BGBl. 1975/410 idgF § 90

177 Vgl. B-VG Art 52 Abs 2

178 Vgl. GOG § 91

179 Vgl. GOG § 91a

telbar – Verschwendung von Steuergeldern vermutet werden. Eine klare und befriedigende Anfragebeantwortung ist nicht mehr möglich, zumal sich der jeweilige Minister auf seine nunmehrige Unzuständigkeit berufen kann. Die geflügelte Wendung lautet dann: „Dies betrifft nicht den Bereich meiner Vollziehung.“ War – um ein Beispiel zu geben – die begleitende öffentliche Kontrolle des Bundesstraßenbaus früher üblich und im Sinne der Korruptionsabwendung sinnvoll, so ist sie seit der Ausgliederung vieler Straßenbau-Agenden in die Verantwortlichkeit privater Gesellschaften wie etwa der ASFINAG nicht mehr möglich.

(2) Die dringliche Anfrage

Es kann auch auf die dringliche Beantwortung einer schriftlichen Anfrage bestanden werden. Dazu müssen fünf Abgeordnete vor Eingang in die Tagesordnung verlangen, dass eine zum selben Zeitpunkt einzubringende schriftliche Anfrage an ein Mitglied der Bundesregierung vom Fragesteller nach Erledigung der Tagesordnung, spätestens jedoch 15 Uhr, frühestens aber drei Stunden nach Eingang in die Tagesordnung mündlich begründet wird und hierauf eine Debatte über den Gegenstand stattfindet. Pro Jahr und Abgeordneten darf aber nur ein solches Verlangen gestellt werden.[180]

(3) Die mündliche Anfrage

Jeder Abgeordnete kann in den Sitzungen des Nationalrates kurze mündliche Anfragen an die Mitglieder der Bundesregierung richten, wobei das befragte Mitglied verpflichtet ist, die Anfragen mündlich in derselben Sitzung, in der sie aufgerufen werden, zu beantworten. Eine etwaige Nichtbeantwortung ist jedenfalls zu begründen.[181] Die befragten Regierungsmitglieder sind selbstverständlich zur wahrheitsgetreuen Beantwortung der an sie gerichteten Anfragen verpflichtet.

Die Themen freiheitlicher Anfragetätigkeit sind inhaltlich vielfältig und in ihrer politischen Grundtendenz vielfach mit den Schwerpunkten der Antragsaktivität vergleichbar, die in einem eigenen Abschnitt ausführlich analysiert werden soll. Mehr als die Entschließungen und Gesetzesvorschläge aber sind vor allem die schriftlichen Anfragen regional bzw. lokal ausgerichtet. Der Bezug zum Wahlkreis des Frage stellenden Abgeordneten ist unmittelbarer und die Tagesaktualität höher. Als Beispiele seien etwa jene Anfragen genannt, die sich auf den Bau von örtlichen Umfahrungsstraßen beziehen oder mehr Licht in aktuell disku-

180 Vgl. GOG § 93
181 Vgl. GOG § 94

tierte Skandale und Skandälchen innerhalb der staatlichen Verwaltung bringen sollen.

Abb. 17: Schriftliche Anfragen

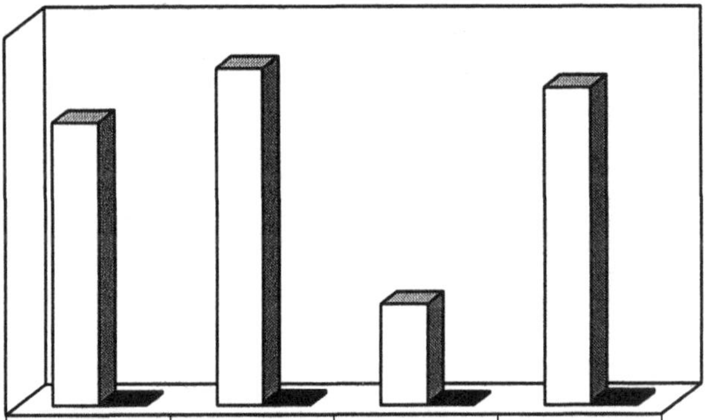

	XVII. GP	XVIII. GP	XIX. GP	XX. GP
Schriftl. Anfragen	6006	7145	2146	6738
davon dringl. Behandelt	31	58	32	69

Abb. 18: Mündliche Anfragen

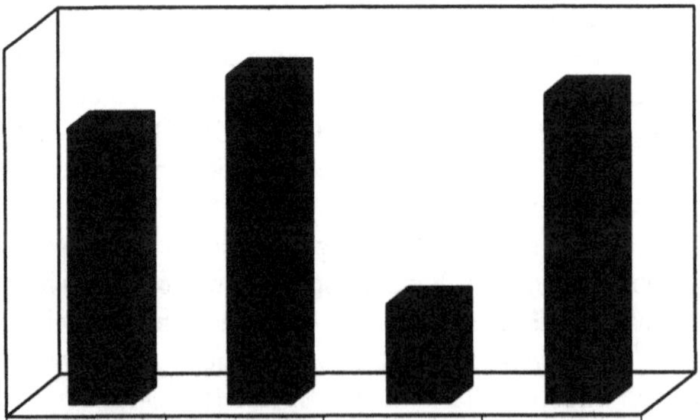

	XVII. GP	XVIII. GP	XIX. GP	XX. GP
Mündliche Anfragen	6006	7145	2146	6738

(4) Die Fragestunde

Sofern keine Aktuelle Stunde stattfindet, beginnt in der Regel jede Sitzung des Nationalrates mit einer Fragestunde. Sie soll 60 Minuten nicht überschreiten, kann aber vom Präsidenten verlängert werden. Häufen sich die Anfragen, so kann zu deren Behandlung eine eigene Sitzung des Nationalrates angesetzt werden.[182]

Abb. 19: Fragestunden

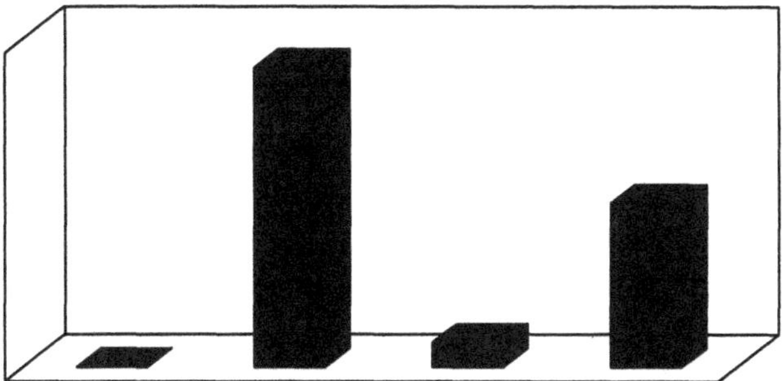

	XVII. GP	XVIII. GP	XIX. GP	XX. GP
Fragestunden	0	73	6	40

Zusammenfassend kann festgestellt werden: Wenngleich die Interpellation als Recht der parlamentarischen Minderheit konzipiert ist, wird sie auch von Vertretern der Regierungsmehrheit als Instrument in Anspruch genommen. Während sie aber der oppositionellen Minderheit vornehmlich dazu dient, den Regierungsmitgliedern Eingeständnisse über Defizite oder Missstände in der Vollziehung zu entlocken, dient sie den Abgeordneten der Regierung entweder der bloßen Informationsbeschaffung oder aber der zumeist fraktionsintern abgesprochenen Demonstration bestimmter positiver Facetten der Vollziehung – und damit einer wirkungsvollen Selbstdarstellung.

b) Die Aktuelle Stunde

Die Plenarberatungen einer Sitzungswoche werden mit einer Aktuellen Stunde eingeleitet, wenn dies von fünf Abgeordneten schriftlich bis spätestens 48 Stunden vorher – Samstage, Sonntage und gesetzliche Feiertage nicht eingerechnet –

182 Vgl. GOG § 94 Abs 4-6

unter gleichzeitiger Bekanntgabe des Themas verlangt wird.[183] In der Aktuellen Stunde, die einer Aussprache über Themen von allgemeinem aktuellem Interesse aus dem Bereich der Vollziehung dienen, können weder Anträge gestellt noch Beschlüsse gefasst werden. In Sitzungen, die mit einer Aktuellen Stunde beginnen, findet auch keine Fragestunde statt. Als erster Redner gelangt in der Regel der Erstunterzeichner des Vorschlages mit einer Redezeit von zehn Minuten zu Wort. Das zuständige Mitglied der Bundesregierung oder der zu Wort gemeldete Staatssekretär muss jedenfalls eine einleitende Stellungnahme abgeben. Die Redezeit aller weiteren Teilnehmer darf nicht länger als fünf Minuten betragen, wobei in der Regel von jedem Klub zwei Redner zu Wort gelangen sollen.

Die Festlegung der Themen erfolgt zumeist in der Präsidialkonferenz, auch „Präsidiale" genannt, in der die Präsidenten und die Obleute der Klubs regelmäßig zusammentreffen, um Vorschläge zur Durchführung der Arbeitspläne, zur Festlegung der Tagesordnungen, der Sitzungszeiten des Nationalrates u. a. m. zu erstatten[184]. Einvernehmen besteht auch darin, dass bei Verlangen auf Abhaltung einer Aktuellen Stunde in der Reihenfolge der parlamentarischen Klubs abgewechselt wird.

c) Schweres Geschütz – Die Sondersitzung

Ein besonders scharfes Instrument, um auf Missstände in der Vollziehung oder auf vermeintliche Fehlentwicklungen im Bereich politischer Grundsatzentscheidungen hinzuweisen, ist die Sondersitzung, die in der Diktion der Parlamentsdirektion etwas holprig als „eine auf Verlangen einer Minderheit von Abgeordneten einberufene Sitzung des Nationalrates" bezeichnet wird. Sie bietet eine ausgezeichnete Möglichkeit, die Regierung unter Ausnutzung aller rhetorischen Kniffe an den medialen Pranger zu stellen. Ob gerechtfertigt oder übertrieben, das Fernsehen ist dabei, und die Zeitungen schlagzeilen – und das zählt.

Sondersitzungen finden außerhalb des normalen Parlamentsalltags statt – „außer Konkurrenz" sozusagen – und unterliegen einer strengen Kontingentierung. Der Präsident des Nationalrates ist verpflichtet, unter Einhaltung von Fristen eine Sondersitzung einzuberufen, wenn dies unter Angabe eines Themas 20 Abgeordnete verlangen, wobei jeder Abgeordneter ein solches Verlangen nur einmal im Jahr unterstützen darf. Gehören einem Klub weniger als 20 Abgeordnete an – was etwa bei den Grünen oder beim Liberalen Forum im Untersuchungszeitraum der Fall war –, so kann ein solches Verlangen einmal pro Jahr dennoch gültig gestellt werden, wenn dieses von allen Abgeordneten, die einem

---

183 Vgl. GOG § 97a
184 Vgl. GOG § 8

solchen Klub angehören, unterstützt wird. Auch in diesem Fall darf aber kein Abgeordneter mehr als ein solches Verlangen unterstützen.[185] Wie bei der Aktuellen Stunde spielt auch bei der Sondersitzung die Präsidialkonferenz eine wichtige Rolle. Der Präsident des Nationalrates legt dort Termin und Tagesordnung der Sitzung fest, wobei er das verlangte Thema zu berücksichtigen hat.

In den letzten Jahren ist ein exponentielles Ansteigen der Zahl von Sondersitzungen zu verzeichnen. Ob die inflationäre Inanspruchnahme der Sondersitzung – mitunter durch besonders geschickte Auslegung der Nationalratsgeschäftsordnung – demokratiepolitisch bedenklich ist, weil sie möglicherweise zu einer Abstumpfung und Entwertung dieses Instruments führt, bleibe dahingestellt. Im „Wettbewerb“ mit den konkurrierenden Oppositionsparteien liegt die FPÖ vorne. In der XIX. Gesetzgebungsperiode wurden alle sieben Sondersitzungen von den Freiheitlichen beantragt.

Abb. 20: Sondersitzungen

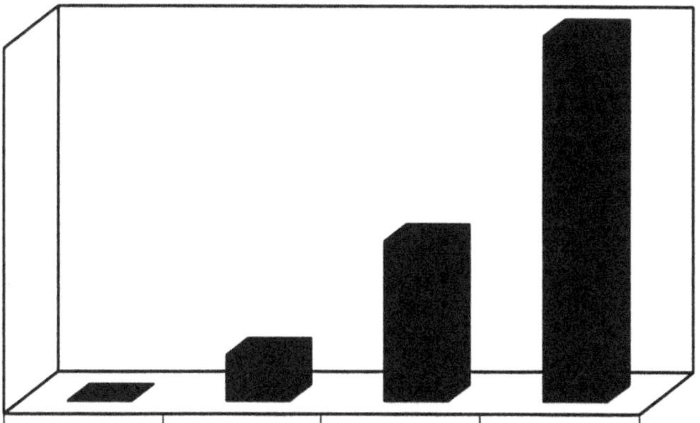

	XVII. GP	XVIII. GP	XIX. GP	XX. GP
Sondersitzungen	0	2	7	16

XVII. GP

Keine Sondersitzungen !!!

185 Vgl. GOG § 46

XVIII. GP

G+F+L	Wirtschaftskrise und Arbeitsplatzverluste	31.03.93
G+F+L	Nationalbank-Anteile der SPÖ an AK	13.05.93

XIX. GP

FPÖ	Missstände im Sozial- und Gesundheitswesen	15.11.94
FPÖ	Österr. Landwirtschaft nach EU-Beitritt	12.01.95
FPÖ	Steuerlüge und Korruption in Bundesreg.	26.01.95
FPÖ	Konsum-Pleite	16.03.95
FPÖ	Gefährdung d. Rechtsstaates durch Bundesreg.	28.04.95
FPÖ	Wie sicher ist Österreich?	30.06.95
FPÖ	Ausverkauf der österr. Wirtschaft	25.09.95

XX. GP

FPÖ	Kampf um Arbeitsplätze	22.01.96
FPÖ	Privilegienabbau und Belastungspaket	19.02.96
FPÖ	Arbeit für Österreich	19.04.96
FPÖ	Arbeitsplätze und Ausländerpolitik	14.06.96
FPÖ	Umfassender Privilegienabbau	01.07.96
ÖVP	Privatisierung von Bank Austria und CA	31.12.96
FPÖ	Stopp dem Ausverkauf der österr. Wirtschaft	07.02.97
Grüne	Regierung zu Gentechnik- und Frauenvolksbegehren	01.04.97
LiF	Politische Verantwortung für Kurdenmorde 1989	25.04.97
FPÖ	Roter und schwarzer Postenschacher	26.05.97
FPÖ	Arbeitsplätze und Pensionen	23.09.97
Grüne	Grenznahe Atomanlagen, EU-Atompolitik	06.03.98
FPÖ	Stopp den Einkommenskürzungen	06.02.99
Grüne	Tod des Flüchtlings Marcus Omofuma	04.05.99
FPÖ	Umsetzung des Frauenvolksbegehrens	29.06.99

d) Das Entschließungsrecht

Der Nationalrat kann seinen Wünschen über die Ausübung der Vollziehung gegenüber der Bundesregierung und ihren Mitgliedern durch Entschließungen, auch Resolutionen genannt, Ausdruck geben.[186] Inhalt einer solchen Entschließung ist zumeist der Wunsch des Nationalrates an die Bundesregierung, sie möge ein bestimmtes Gesetzesvorhaben vorbereiten und dem Nationalrat als Regierungsvorlage zuleiten. Entschließungsanträge sind, wenn sie von mindestens fünf Abgeordneten einschließlich des Antragstellers unterstützt werden, in die Verhandlung einzubeziehen. Die Unterstützung erfolgt, wenn die Anträge nicht von fünf Ab-

186 Vgl. B-VG Art 52 Abs 1 sowie GOG § 55

geordneten unterfertigt sind, auf die Unterstützungsfrage des Präsidenten durch Erheben von den Sitzen. Die Verabschiedung von Entschließungen erfolgt in Form eines Beschlusses des Nationalrates. Für diesen Beschluss – der keinen Gesetzesbeschluss darstellt! – ist in der Regel die Anwesenheit von mindestens einem Drittel der Mitglieder und die unbedingte Mehrheit der abgegebenen Stimmen erforderlich.[187] Es handelt sich also um einen Mehrheitsbeschluss.

Während die Bundesregierung und die Bundesministerien über eigene legistische Abteilungen verfügen, die ausschließlich damit beschäftigt sind, komplexe Gesetzestexte zu formulieren und die Gesetzeskonformität der an sie heran getragenen Ministerwünsche zu überprüfen, sind die Möglichkeiten der (oppositionellen) Abgeordneten, selbständige Gesetzesanträge zu stellen, beschränkt. Neben der mühsamen Formulierung komplizierter Gesetzestexte in korrektem Juristendeutsch in einem so genannten *Initiativantrag* bleibt ihnen nur der als Wunsch formulierte *Entschließungsantrag*. Die Abgeordneten der Oppositionsparteien können auf keinen Beamtenapparat zurückgreifen, ihre Ressourcen sind beschränkt. Sie werden gewöhnlich bloß von den jeweiligen Fachreferenten ihrer parlamentarischen Klubs sowie von ihren persönlichen Mitarbeitern unterstützt. Zudem bleiben den Abgeordneten der Opposition auch die informellen Kanäle in jene Ministerien versperrt, die etwa Abgeordnete der Regierungsparteien aus nahe liegenden Gründen in Anspruch nehmen können.

Die Bundesverfassung und die Geschäftsordnung des Nationalrates sehen vor, dass die in den Ministerien formulierten Gesetzesvorhaben als Ministerialentwürfe bzw. – nach dem vorgesehenen Begutachtungsverfahren – als Regierungsvorlagen dem Parlament zugeleitet werden. Während die Abgeordneten der Regierungsparteien zumeist bestens informiert sind, ist die Opposition auch hier im Nachteil. So hat man nicht nur die freiheitliche Opposition des öfteren mangelhaft, viel zu spät oder gar nicht in das Begutachtungsverfahren eingebunden.

Eine weitere Schwäche von oppositionellen Entschließungsanträgen gegenüber den Regierungsvorlagen, die mit großem verwaltungstechnischen Aufwand erstellt werden, zeigt sich darin, dass sie keine rechtsverbindliche Kraft besitzen. Sie haben bloß Wunsch- und Empfehlungscharakter des Parlaments an die Regierung, was die Ausübung der Vollziehung, der Regierungs- und Verwaltungstätigkeit betrifft. Wird ein solcher Wunsch nicht befolgt, so besteht für die Opposition die Möglichkeit, eine Anfrage (siehe oben) über die Gründe der Nichtbeachtung nachzureichen, eine neuerliche Entschließung einzubringen oder sogar ein Misstrauensvotum (siehe später) anzudrohen.

Da die XX. Gesetzgebungsperiode am besten dokumentiert ist und – sieht man von vernachlässigbaren Veränderungen in der Schwerpunktsetzung ab – für

187 Vgl. B-VG Art 31

den gesamten Zeitraum von 1987 bis 1999 repräsentativ ist, soll sie hier pars pro toto näher beleuchtet werden.

Es ergibt sich – quantitativ wie qualitativ – ein vielschichtiges Bild. Um es einigermaßen adäquat wiederzugeben, ist eine Eingrenzung der parlamentarischen Tätigkeit in wenige Politikbereiche sinnvoll. Die nahe liegende Orientierung an den Ausschüssen, denen die Anträge zur Vorbehandlung zuwiesen werden, erweist sich vielfach als irreführend. Wer vermutete etwa, dass Sportagenden bis Ende 1999 in einem Unterausschuss des Verfassungsausschusses verhandelt wurden? Daher erfolgt die hier vorgenommene Zusammenfassung der freiheitlichen Antragsaktivität in zehn Politikbereiche subjektiv und willkürlich. Um Unschärfen in der statistischen Erfassung zu begegnen, ist von möglichen, ja sogar nahe liegenden Mehrfachzuordnungen abgesehen worden.

Selbständige Anträge von Abgeordneten der FPÖ in der XX. Gesetzgebungsperiode	Entschließungsanträge	Initiativanträge
Wirtschaft (Privatisierung, Privilegien, Steuern)	65	14
Soziales (Gesundheit, Konsumentenschutz, ASVG, Beamte)	48	20
Infrastruktur (Verkehr, ÖBB, Wohnbau)	35	6
Landwirtschaft (Forst-, Bergwesen, Umwelt, Tierschutz)	27	16
Bildung (Wissenschaft, Forschung, Schule, Kultur)	27	8
Verfassung (Justiz, innere & äußere Sicherheit)	25	22
Familie (inkl. Frauenthemen)	13	4
Sport	8	2
Europa (EU, Außenpolitik, Entschädigungsfragen)	6	3
Randthemen (Migration, Minderheiten, Sekten)	6	5
Gesamtsumme	260	100

- *Wirtschaft*

Zahlreiche FP-Entschließungsanträge fordern steuerliche Erleichterungen, etwa den Wegfall der Besteuerung von Überstunden, oder die steuerliche Begünstigung nicht entnommener Gewinne, andere richten sich gegen Privilegien und das von der rotschwarzen Koalition geschnürte „Belastungspaket“. Initiativanträge zur Reform der Gewerbeordnung zielen auf Entlastung von Wirtschaftstreibenden ab. Die auf umfassende Privatisierung und Entbürokratisierung gerichteten Anträge verfolgen das Ziel, Leistung wieder besser zu belohnen. Die Anträge gegen „Postenschacher und Freunderlwirtschaft“ sowie gegen „Schutzgeldzahlungen“ im Bereich der Wirtschaftskammer Österreich sind ebenso wie die auf Kontrolle der politischen Parteien und parlamentarischen Klubs abzielenden Entschließungen der Versuch, parteipolitische Verfilzungen und Korruption zu beenden.

- *Soziales*

Im Sozial- und Gesundheitsbereich werden neben konkreten medizinischen Lösungen vor allem Umstrukturierungen im Spitalswesen oder Reformen im Pensions- und Sozialversicherungssystem gefordert. Verbesserungen im Konsumentenschutz gehören ebenso hierher wie Anträge zur Reform des Beamtendienstrechts.

- *Infrastruktur*

Die verkehrspolitischen Forderungen reichen vom „Schutz Gesamtösterreichs vor dem Transitverkehr“ über die Schaffung strengerer Abgasvorschriften bis zur Auflösung der beiden noch bestehenden Straßenbausondergesellschaften. Zahlreiche Anträge befassen sich mit punktuellen Verbesserungen der Infrastruktur, andere etwa mit der kompletten Neuorganisation der österreichischen Elektrizitätswirtschaft.

- *Landwirtschaft*

Hier geht es unter anderem um die Reduzierung von Umweltbelastungen, um die Gewährung von Umweltförderungen für Altlastensanierung sowie um die Förderung erneuerbarer Energien. Ferner wird die Bundesregierung aufgefordert, auf die EU einzuwirken, keine Kredite für den Ausbau der Kernenergie zu vergeben. Der Tierschutz wird als Bundeskompetenz formuliert. Auch das Mineralrohstoffgesetz ist Gegenstand von Gesetzesvorschlägen.

- *Bildung*

Anträge im Schulbereich zielen auf eine gesetzliche Verankerung der Hochbegabtenförderung ab, im Wissenschaftsbereich werden eine Novellierung des Universitäts-Studiengesetzes sowie des Studienförderungsgesetzes und organisationsrechtliche Änderungen im Universitätsbereich gefordert. Auf dem Forschungssektor tritt man für die Intensivierung der internationalen Forschungs- und Technologiekooperation ein. Auch das Aussetzen der Rechtschreibreform wird thematisiert.

- *Verfassung*

Anträge auf diesem Sektor betreffen „Ausbesserungen“ am Bundes-Verfassungsgesetz, eine Änderung der Strafprozessordnung sowie eine Novellierung des Mediengesetzes. In den Bereich Justiz fällt das Verlangen nach mehr „Schutz unserer Kinder vor Kindesmissbrauch und Kinderpornographie“, in den Bereich innere Sicherheit fallen strukturelle Änderungen in Polizei und Gendarmerie. Auf dem Sektor der Landesverteidigung werden im Wesentlichen die Erhöhung des Landesverteidigungsbudgets, der Beitritt Österreichs zur NATO sowie die Verbesserung der Vorsorge für den Katastrophen- und Zivilschutz beantragt.

- *Familienpolitik*

Hier konzentriert sich die Entschließungstätigkeit darauf, die Freiheitlichen als Familien-Partei zu positionieren: Im Bereich der Entschließungsanträge werden beispielsweise die Ausdehnung des Karenzgeldanspruches auf alle Eltern unabhängig von der Erwerbstätigkeit, die Einführung des Kinderbetreuungsschecks und die Erhöhung des „Mutter-Kind-Pass-Bonus“ gefordert. Gegenstand von Initiativanträgen, also von ausformulierten Gesetzesvorschlägen, ist zum Beispiel eine einschneidende Reform des Familienlastenausgleichsgesetzes.

- *Europa*

Die Anträge konzentrieren sich auf die Umsetzung des EU-Rechts, auf die vertragliche Ausgestaltung des Subsidiaritätsprinzips sowie auf die Senkung der Beitragszahlungen. Auch die Entschädigung von Opfern des Nationalsozialismus, eine Allparteienforderung, wird wegen ihrer internationalen Relevanz diesem Politikbereich zugewiesen.

- *Sport*

Entschließungen zur Bewerbung Klagenfurts als Austragungsort der Olympischen Spiele 2006 gehören ebenso hierher wie zwei Gesetzesanträge zur Objektivierung des Bundes-Sportförderungsgesetzes, welche der parteipolitischen Verfilzung, vor allem in den Sportdachverbänden, ein Ende bereiten soll.

- *Randthemen*

Anträge betreffen hier einen strengeren Vollzug des Fremden- und Asylgesetzes, die Beseitigung von „Fehlentwicklungen in der Fremdenpolitik", Maßnahmen gegen Sekten und „destruktive Kulte", die Arbeit der Historikerkommission zur Sichtung österreichischer Archive oder „die Landesverweisung und die Übernahme des Vermögens des Hauses Habsburg-Lothringen".

Die inhaltliche Auswertung der freiheitlichen Entschließungs- und Initiativanträge widerlegt eindrucksvoll den von den Linksparteien allenthalben erhobenen Vorwurf, die FPÖ sei eine fremdenfeindliche Partei, deren Politik vornehmlich darauf gerichtet sei, Zuwanderung und Integration von Ausländern auf demagogische Weise zu verhindern. Der Anteil jener Resolutionen, die sich diesem Thema – etwa im Justiz- oder Innenressort – annehmen, ist gemessen an der Gesamtausrichtung der Anträge marginal. Und wenn, so zielen die entsprechenden Anträge auf eine geordnete Migrationspolitik zur Wahrung des sozialen Friedens ab, keinesfalls aber auf das Schüren von Vorurteilen oder die polemische Ausnutzung vorhandener Ängste innerhalb der Bevölkerung.

Das Hauptaugenmerk der freiheitlichen Antragsaktivitäten liegt auf wirtschafts-, steuer- und sozialpolitischen Themen. Ganz im Sinne der Vorgabe Jörg Haiders sind sie mehrheitlich auf Privatisierung, Entbürokratisierung und Abbau von Privilegien gerichtet, wozu in einem weiteren Sinne auch die angepeilten Reformen im Sozial- und Pensionsversicherungssystem sowie im Beamtendienstrecht gezählt werden müssen.

Abb. 21: Inhalte freiheitl. Initiativanträge d. XX. GP

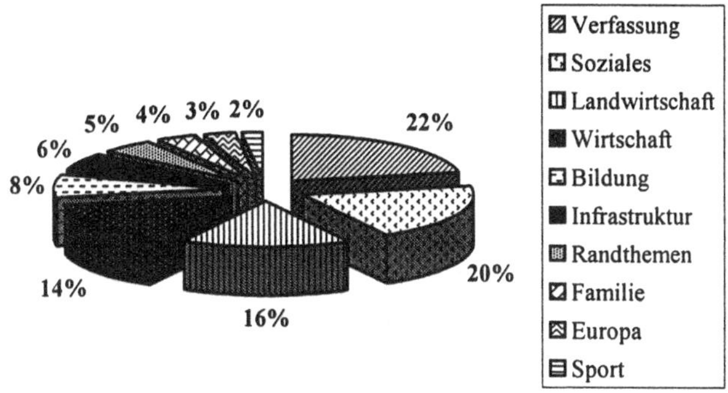

Abb. 22: Inhalte freiheitl. Entschließungsanträge der XX. GP

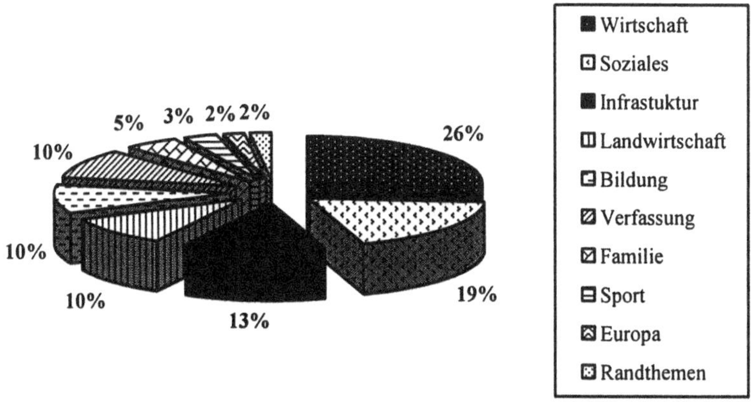

e) Der Untersuchungsausschuss

Der Nationalrat kann durch Beschluss Untersuchungsausschüsse einsetzen. Den Rahmen legt das Bundes-Verfassungsgesetz fest, die nähere Regelung hinsichtlich der Einsetzung und des Verfahrens wird durch das Geschäftsordnungsgesetz getroffen. Aufgabe solcher Ausschüsse ist die Erforschung und Aufklärung von Vorgängen im Bereich der Bundesverwaltung.[188] Der Untersuchungsausschuss kann bei seinen Ermittlungen unter anderem Personen als Zeugen vorladen und einvernehmen sowie Akten von Behörden anfordern. Die Gerichte und alle anderen Behörden sind verpflichtet, dem Ersuchen dieser Ausschüsse um Beweiserhebungen Folge zu leisten; alle öffentlichen Ämter haben auf Verlangen ihre Akten vorzulegen. Die Ergebnisse der Untersuchung werden in einem Bericht des Ausschusses an das Plenum des Nationalrats zusammengefasst. Sanktionen, z.B. in Form der Verhängung von Strafen, der Verpflichtung zum Schadenersatz oder der Amtsenthebung, kann der Untersuchungsausschuss nicht verhängen. Seine Tätigkeit besteht vielmehr in der Durchführung von Ermittlungen zum Zweck der Information des Nationalrates. Die Einsetzung von Untersuchungsausschüssen erfolgt zumeist aus Anlass des Verdachts von Unregelmäßigkeiten oder rechtswidrigen Vorgängen im Bereich der Bundesverwaltung. Aus verfassungsrechtlicher Sicht ist jedoch ein Anlass dieser oder ähnlicher Art nicht erforderlich, um vom Untersuchungsrecht Gebrauch zu machen. Der Beschluss des Plenums des Nationalrates über die Einsetzung eines Untersuchungsausschusses und über dessen korrekte Aufgabenstellung ist ein Mehrheitsbeschluss. Die parlamentarische Minderheit – mit anderen Worten wieder die Opposition – kann über den Einsatz dieses Kontrollinstruments nicht bestimmen. Wohl aber ist sie im Verhältnis ihrer Mandatsstärke im Untersuchungsausschuss repräsentiert und damit an der Untersuchung beteiligt.

Die einzigen Untersuchungsausschüsse innerhalb der freiheitlichen Oppositionsphase tagten in der XVII. Gesetzgebungsperiode:

- Der „Lucona"-Ausschuss sollte die politischen Verantwortlichkeiten im Zusammenhang mit dem gerichtlichen Strafverfahren in der Causa Lucona sowie die angebliche Überlassung von Sprengmittel an Udo Proksch klären. Er trat vom 21. August 1988 bis zum 27. Juni 1989 in insgesamt 38 Sitzungen zusammen. Helene Partik-Pablé fungierte als Obmann-Stellvertreterin und einzige Freiheitliche.
- Ein weiterer Untersuchungsausschuss wurde im Zusammenhang mit Exporten von Kriegsmaterial in den Irak und Iran als Krieg führende Staaten eingesetzt. Er sollte klären, wie es zur Umgehung der im Kriegsmaterialgesetz vorgesehen Kontrollen gekommen war und welche politischen Verantwortlichkeiten gegeben waren. Dieser Untersuchungsausschuss trat vom 13. Oktober 1989 bis zum 2. April 1990 zusammen.

188 Vgl. B-VG Art 53 sowie GOG § 33

Der einzige Freiheitliche im Ausschuss war Herbert Haupt, er fungierte als Obmann-Stellvertreter.

- Der letzte Ausschuss im Untersuchungszeitraum befasste sich mit allfälligen Unzukömmlichkeiten im Bereich des Milchwirtschaftsfonds und insbesondere mit der Frage, ob und in welchem Ausmaß Bauern und Konsumenten geschädigt wurden. Der Untersuchungsausschuss trat in der Zeit vom 12. Oktober 1989 bis 2. April 1990 zusammen. Norbert Gugerbauer fungierte damals als Obmannstellvertreter für die FPÖ.

f) Die Parlamentarische Enquete

Das parlamentarische Untersuchungsrecht ist vom Enqueterecht zu unterscheiden. Der Hauptausschuss des Nationalrates kann auf Antrag eines seiner Mitglieder die Abhaltung einer parlamentarischen Enquete zwecks Einholung schriftlicher Äußerungen sowie Anhörung von Sachverständigen und anderen Auskunftspersonen über Angelegenheiten, in denen die Gesetzgebung Bundessache ist, beschließen.[189] Es handelt sich dabei um reine Informationsveranstaltungen, die mit der Tätigkeit von Untersuchungsausschüssen nichts zu tun haben.

Parlamentarische Enqueten finden laufend zu den verschiedensten Themen statt. Sie werden meist konsensual zwischen den einzelnen Fraktionen vereinbart. Sie dienen sowohl der Informationsbeschaffung wie der wissenschaftlichen Untermauerung des je eigenen politischen Willens, zumal ein Teil der eingeladenen Experten von den Parteien nominiert wird. In Abwandlung von Vorspanntexten bei Kriminalfilmen könnte man sagen: Eine etwaige Übereinstimmung zwischen politischem Standort der jeweiligen Fraktion und der Fachmeinung der von ihr nominierten Auskunftsperson ist nicht zufällig.

g) Vertrauensentzug als Taktik – das Misstrauensvotum

Der Nationalrat kann der gesamten Bundesregierung oder einzelnen ihrer Mitglieder durch Misstrauensvotum das Vertrauen versagen.[190] In diesem Fall ist die Bundesregierung bzw. das betreffende Regierungsmitglied durch den Bundespräsidenten ihres bzw. seines Amtes zu entheben. Zu einem Beschluss des Nationalrates, mit dem das Vertrauen versagt wird, ist ein Mehrheitsbeschluss erforderlich.

Das Misstrauensvotum gilt als *ultima ratio* parlamentarischer Demokratie und wird entsprechend selten in Anspruch genommen. Innerhalb der vier untersuchten Gesetzgebungsperioden wurden alle eingebrachten Misstrauensanträge abgelehnt. Zu den „Scharfmachern" der freiheitlichen Riege in Sachen Vertrauensent-

---

189 Vgl. GOG § 98
190 Vgl. B-VG Art 74

zug gehörten neben Jörg Haider die damaligen Klubobmänner Norbert Gugerbauer und Ewald Stadler sowie die Abgeordneten Herbert Scheibner, Karl Schweitzer und Gilbert Trattner. Bei den Grünen waren besonders aktiv die Abgeordneten Rudolf Anschober, Walter Geyer, Monika Langthaler, Madeleine Petrovic, Peter Pilz, Severin Renoldner, Alexander Van der Bellen und Johannes Voggenhuber. Der einzige Misstrauensantrag des Liberalen Forums wurde von Thomas Barmüller beantragt.

Eine Ausnahme besonderer Art bildete der ÖVP-Abgeordnete Paul Burgstaller, welcher am 30. September 1987 gegen seinen eigenen Parteikollegen, den damaligen Verteidigungsminister Herbert Lichal, im Zusammenhang mit der Affäre um den Ankauf von Draken-Abfangjägern einen Misstrauensantrag einbrachte.

Das einzige Misstrauensvotum der II. Republik, das tatsächlich zu einer Amtsenthebung führte, stammte übrigens von einem Abgeordneten des Dritten Lagers. Ein Misstrauensantrag des VdU-Abgeordneten Fritz Stüber führte am 12. Oktober 1950 zur Amtsenthebung des damaligen Finanzministers Peter Krauland, später sogar zu dessen Ausschluss aus der ÖVP.

Abb. 23: Anzahl der Misstrauensanträge

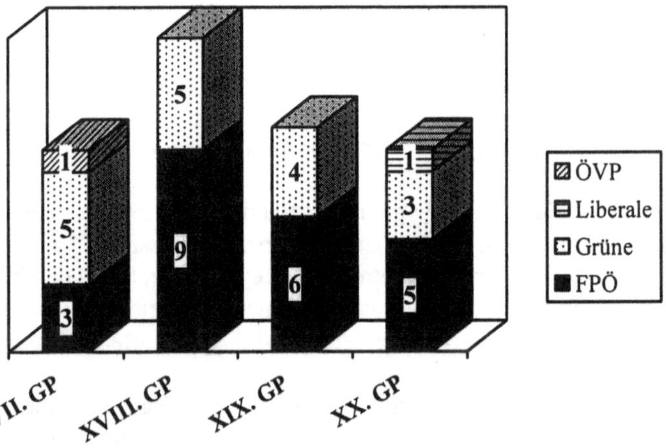

h) Am Puls des Volkes – Die Direkte Demokratie

Die österreichische Bundesverfassung sieht neben den Mitteln der repräsentativen Demokratie, also der Vertretung des Volkes durch frei gewählte Abgeordnete, die durch Mehrheitsentscheidung im Parlament Gesetzesbeschlüsse fassen, auch noch Instrumente der direkten Demokratie vor, also der unmittelbaren Mitwirkung des Staatsvolkes. Diese werden gerade von der Opposition immer wieder ins Spiel gebracht, um ihren fehlenden unmittelbaren Einfluss auf die Regierungsgeschäfte, und damit auf die unmittelbare Gestaltung des politischen Lebens, zumindest zeitweilig auszugleichen.

Zu wenig direkte Demokratie? Ein Zurückdrängen der repräsentativen Demokratie galt für Jörg Haider während seiner langjährigen Obmannschaft jedenfalls ebenso unumgänglich wie der Ersatz des (Groß)Parteieneinflusses durch mehr direkte Demokratie nach Schweizer Muster. Nicht zuletzt deshalb, um das Parlament nicht zu einer Abstimmungsmaschinerie verkommen zu lassen, oder mit Haiders Worten, „zu einem verlängerten Arm einer im luftleeren Raum agierenden Funktionärstruppe, die sich Sozialpartnerschaft nennt."[191] Ganz in diesem Sinne nutzten die Freiheitlichen jene direktdemokratischen Instrumente, die abgestuft von der Bundesverfassung bereitgestellt werden, besonders häufig.

(1) Die Volksbefragung

Eine Volksbefragung über eine Angelegenheit von grundsätzlicher und gesamtösterreichischer Bedeutung, für deren Regelung der Bundesgesetzgeber zuständig ist, hat stattzufinden, sofern der Nationalrat dies auf Grund eines Antrages seiner Mitglieder oder der Bundesregierung nach Vorberatung im Hauptausschuss beschließt.[192] Der Hauptausschuss des Nationalrates ist jenes hier nicht näher zu behandelnde Gremium, in dem Abgeordnete aller Fraktionen proportional vertreten sind, die Grundzüge der parlamentarischen Arbeit festlegen und sich auch mit Angelegenheiten der Europäischen Union befassen. Wahlen sowie Angelegenheiten, über die ein Gericht oder eine Verwaltungsbehörde zu entscheiden hat, können nicht Gegenstand einer Volksbefragung sein.

Die der Volksbefragung zugrunde liegende Fragestellung hat entweder aus einer mit „ja" oder „nein" zu beantwortenden Frage oder aus zwei alternativen Lösungsvorschlägen zu bestehen. Stimmberechtigt bei Volksbefragungen ist, wer am Stichtag das Wahlrecht zum Nationalrat besitzt und in einer Gemeinde des Bundesgebietes den Hauptwohnsitz hat. Die Bundeswahlbehörde hat das Ergeb-

---

191 Haider: Die Freiheit, die ich meine. S 230 f

192 Vgl. B-VG Art 49 b

nis einer Volksbefragung dem Nationalrat sowie der Bundesregierung vorzulegen.

Im Untersuchungszeitraum fanden keine bundesweiten Volksbefragungen statt.

(2) Das Volksbegehren

Jeder von 100.000 Stimmberechtigten oder von je einem Sechstel der Stimmberechtigten dreier Länder gestellte Antrag ist als Volksbegehren von der Bundeswahlbehörde dem Nationalrat zur Behandlung vorzulegen. Auch hier ist stimmberechtigt, wer am Stichtag das Wahlrecht zum Nationalrat besitzt und in einer Gemeinde des Bundesgebietes den Hauptwohnsitz hat. Das Volksbegehren muss eine durch Bundesgesetz zu regelnde Angelegenheit betreffen und kann in Form eines Gesetzesantrages gestellt werden.[193]

Was Volksbegehren betrifft, wurde die freiheitliche Opposition zwischen 1987 und 1997 besonders initiativ:

So beantragten zu Beginn der XVII. Gesetzgebungsperiode, im Juni 1987, sämtliche damals 18 freiheitlichen Abgeordneten ein „Volksbegehren betreffend ein Bundesverfassungsgesetz für Leistung und Gerechtigkeit – gegen Parteibuchwirtschaft und Privilegien“[194], in das sich eine Viertelmillion Österreicher eintrug und das als „Anti-Privilegien-Volksbegehren“ für Schlagzeilen sorgte. Die Absicht war deutlich, und die kantige Oppositionslinie des neuen Oppositionschefs Jörg Haider fand erstmals beachtliche Bestätigung im und durch das Volk.

In dieselbe Kerbe schlug das „Volksbegehren zur Sicherung der Rundfunkfreiheit in Österreich“[195], das ebenfalls ausschließlich von der FPÖ initiiert worden war und immerhin mit über 100.000 Eintragungen unterstützt wurde.

In der XVIII. Gesetzgebungsperiode, im Jänner und Februar 1993, kam es zum mittlerweile berühmt-berüchtigten Volksbegehren „Österreich Zuerst“ zwecks „Schaffung gesetzlicher Maßnahmen, die das Recht auf Heimat für alle österreichischen Staatsbürger dauerhaft sichern und unter diesem Gesichtspunkt eine zurückhaltende Einwanderungspolitik nach Österreich gewährleisten“ sollte.[196] Dieses von den Freiheitlichen getragene Plebiszit wurde von linker Seite als „Ausländer-Volksbegehren“ diffamiert, und man versuchte medial – teilweise erfolgreich – die Bedeutung der 416.531 Eintragungen herunterzuspielen.

193 Vgl. B-VG Art 41
194 Nr. 238 der Beilagen zu den Stenographischen Protokollen des Nationalrates, XVII. Gesetzgebungsperiode
195 1190 d. B., XVII. GP
196 1015 d. B., XVIII. GP

Innerhalb der nur etwas länger als ein Jahr dauernden XIX. Gesetzgebungsperiode wurden keine direktdemokratischen Initiativen gesetzt.

In der XX. Gesetzgebungsperiode beantragten Freiheitliche und Grüne gemeinsam ein „Volksbegehren zur Schaffung eines Bundes-Tierschutzgesetzes“[197], welches die Zustimmung durch fast eine halbe Million Österreicher erfuhr. Dieses Begehren dokumentierte eindrucksvoll das vehemente Eintreten der Freiheitlichen für substantielle Verbesserungen im Tierschutz.

Die beiden letzten Volksbegehren, die auf einen Antrag der FPÖ zurückgingen, waren das „Schilling-Volksbegehren“[198] 1997 zur Erhaltung der eigenen Währung und das Volksbegehren „Atomfreies Österreich“[199], mit denen sich die Freiheitlichen – einmal im ökonomischen und einmal im ökologischen Bereich – ein weiteres Mal als patriotische und EU-kritische Österreicher zu positionieren versuchten.

Abb. 24: Behandelte Volksbegehren

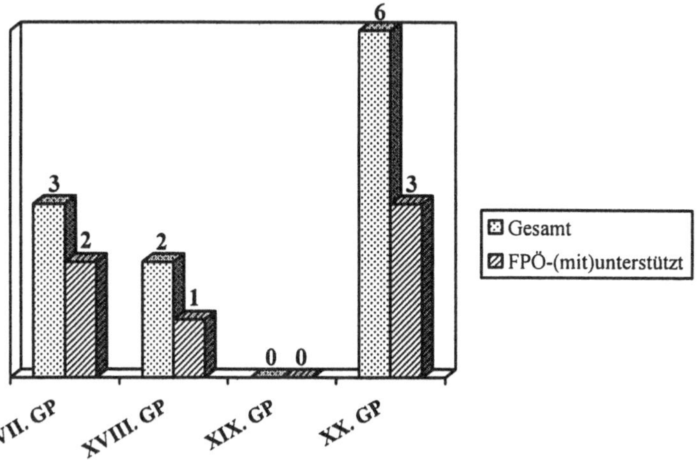

197 171 d. B., XX. GP
198 1065 d. B., XX. GP
199 1066 d. B., XX. GP

(3) Die Volksabstimmung

Die schärfste direktdemokratische Waffe ist die Volksabstimmung. Einer Volksabstimmung ist jeder vom Bundesrat nicht beeinspruchte Gesetzesbeschluss des Nationalrates zu unterziehen, wenn der Nationalrat es beschließt oder die Mehrheit der Mitglieder des Nationalrates es verlangt.[200] Eine Gesamtänderung der Bundesverfasssung ist auf jeden Fall einer Volksabstimmung zu unterziehen.[201]

Vor dem Beitritt Österreichs zur Europäischen Union war eine Volksabstimmung deswegen obligatorisch, weil die bevorstehende Abgabe von Souveränitätsrechten an Brüssel insofern einer Teiländerung der Bundesverfassung gleichgekommen ist, als das bereits erwähnte demokratische Prinzip unserer Verfassung – „Österreich ist eine demokratische Republik. Ihr Recht geht vom Volk aus“[202] – durch die EU-Gesetzgebung massiv beeinträchtigt wird.

Die „Volksabstimmung über ein Bundesverfassungsgesetz über den Beitritt Österreichs zur Europäischen Union“ am 12. Juli 1994 ist die einzige im hier untersuchten Zeitraum, der immerhin vier Gesetzgebungsperioden umfasst, geblieben.

C. Von der Konkordanz zur Konkurrenz – Das Abstimmungsverhalten

In der Politikwissenschaft wird der Begriff der politischen Kultur verwendet, um sich mit den spezifischen Formen des politischen Handelns innerhalb eines politischen Systems auseinanderzusetzen. „Unter politischer Kultur sind Einstellungen zu verstehen, die für bestimmte Systeme oder Subsysteme charakteristisch sind, die in den Prozessen der politischen Sozialisation individuell erworben werden und in der politischen Realität kollektiv umgesetzt werden können. Solche Einstellungen können insbesondere für die Bevölkerung im allgemeinen mittels der Methode repräsentativer Meinungsumfragen quantitativ erhoben, hinsichtlich der politisch wesentlichen Funktionärsgruppen oder Institutionen aber auch qualitativ beschrieben werden.“[203]

Für das politische System Österreichs, und damit auch für den Umgang der politischen Parteien miteinander und der Parlamentarier untereinander, war in den ersten Jahrzehnten der II. Republik der Konsens charakteristisch. Diese Offenheit für breite konsensuale Lösungen wird auch als Konkordanz bezeichnet.

---

200 Vgl. B-VG Art 43 sowie GOG § 84

201 Vgl. B-VG Art 44 Abs 3

202 B-VG Art 1

203 Vgl.: Peter Gerlich: Politische Kultur der Subsysteme, in: Dachs et al. (Hrsg.): Handbuch des politischen Systems Österreichs. Wien 1991, S 458

„Konkordanz findet ihren Ausdruck in der Zusammenarbeit der großen Parteien innerhalb der Regierungsform der Großen Koalition, in der Tendenz zur Akkordierung und Einstimmigkeit in den Regierungs-, Beratungs- und Vertretungsgremien auf verschiedenen staatlichen Ebenen (etwa besonders auch auf Landes- und Gemeindeebene) und nicht zuletzt auch im Rahmen und in den zahlreichen Gremien der Sozialpartnerschaft. Konkordanz impliziert, dass Entscheidungen nur getroffen werden, wenn die wesentlichen Gruppen in ausführlichen Verhandlungen Gelegenheit hatten, ihren Standpunkt nachhaltig zu vertreten. Solche Entscheidungen stellen daher in der Regel Kompromisse dar. Eine Vorbedingung und stillschweigende Voraussetzung in der österreichischen Politik besteht darin, dass niemand ernst gemeinte Initiativen setzt, ohne vorher alle wesentlichen Partner in den anderen Parteien oder Verbänden zu kontaktieren, was wiederum voraussetzt, dass jeder dieser Partner jederzeit für solche Diskussionen offen sein muss.

Effektive Konkordanz bedarf darüber hinaus der Loyalität der nachgeordneten Organisationen und Betroffenen. Ihre Repräsentanten verhandeln miteinander in der Gewissheit, dass diese Resultate der Verhandlung akzeptieren werden. Konkordanz impliziert die Vermeidung offener Auseinandersetzungen und Konflikte. In Österreich, so lautet ein oft wiederholtes Wort, kennt man den Kompromiss schon, bevor noch der Konflikt bewusst geworden ist.“[204]

Diese für Österreich bezeichnende Konkordanz hat mit der kleinen rot-blauen Koalition des Kabinetts Sinowatz-Steger eine deutliche Schwächung erfahren. „Was zur Zeit der ersten Großen Koalition möglich war, was die Sozialpartnerschaft prägte – die stabilisierende Fähigkeit der großen Partner zur verbindlichen Vereinbarung, das konnte innerhalb der Kleinen Koalition eben nicht erfolgreich sein. Die Konkordanzdemokratie zwischen SPÖ und ÖVP, zwischen Arbeitgeber- und Arbeitnehmerverbänden war auf der Basis intakter Lager errichtet. Die Konkordanzdemokratie, wie sie sich die Architekten der Kleinen Koalition gewünscht hatten, musste scheitern – eben weil es kein liberales Lager gab; eben weil das deutschnationale Lager durch den forcierten Liberalismus Peters und Stegers vor den Kopf gestoßen wurde.“[205]

Im Untersuchungszeitraum hat die Konkordanzdemokratie infolge der unter Haider zunehmend schärfer werdenden freiheitlichen Opposition eine weitere deutliche Schwächung erfahren. Die Konflikte wurden schärfer und offener ausgetragen, was sich auch im Nationalrat auf die Gesetzesproduktion auswirkte. Das Prinzip der Einstimmigkeit von Gesetzesbeschlüssen wich – empirisch nachweisbar – zunehmend dem der Mehrstimmigkeit.

---

204 A. a. O. 1991. S 458
205 Pelinka: Die Kleine Koalition. S 81

Abb. 25: Die Gesetzesproduktion

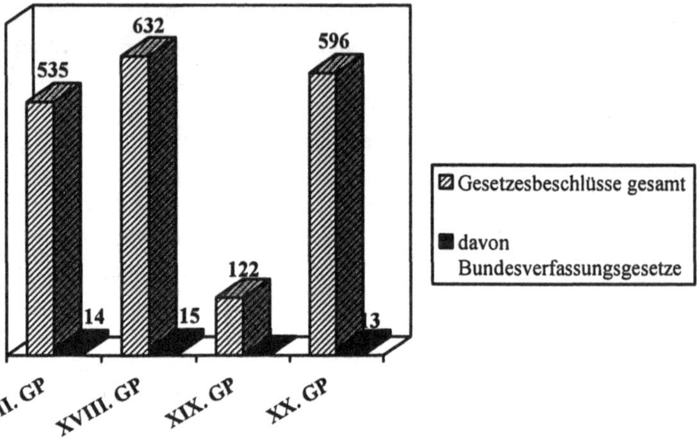

Abb. 26: Abstimmungsverhalten bei Gesetzesbeschlüssen

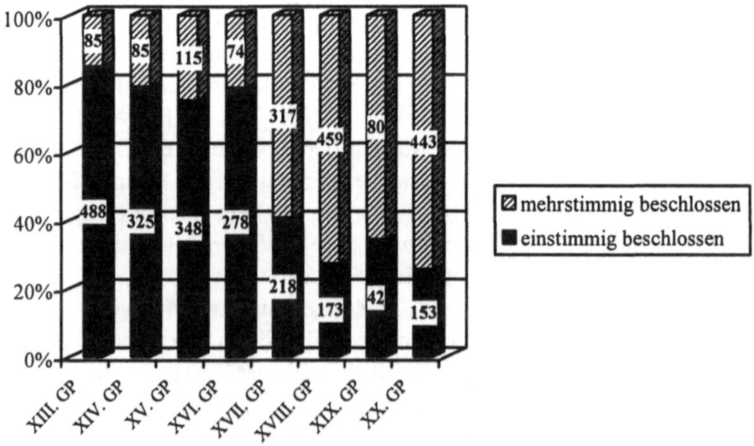

D. Freiheitliche Themenführerschaft und messbarer „Erfolg“

Im Falle der Politik sind es in erster Linie Wahlergebnisse, die als Kursbestätigung oder als Wunsch nach Kurskorrektur zu verstehen sind. Der „Erfolg“ lässt sich hier quantifizieren, also in Zahlen ausdrücken. Schwierig wird es, wenn man versucht, Politik einer *qualitativen* Analyse zu unterziehen. Noch schwieriger, wenn es sich um Oppositionspolitik handelt. Themenführerschaft als alleiniges Erfolgskriterium ist hier zu wenig. Es ist für jede Opposition bekanntlich leicht, Kritik am Bestehenden zu üben und mit Forderungen zu punkten, wenn und solange sie keine Regierungsverantwortung tragen muss.

Eine qualitative Bewertung ist nur dann möglich, wenn die politische Themenführerschaft an konkreten Umsetzungserfolgen gemessen wird. Bei der Operationalisierung von „Erfolg“ – näherhin der freiheitlichen Oppositionspolitik im Nationalrat von 1986 bis 1999 – leistet die Evaluationsforschung gute Dienste.

1. Das Evaluationsmodell nach Vedung

Evaluierungsforscher werden gebeten, Rat darüber zu erteilen, wie die Implementation, die Leistung und die Ergebnisse politisch-administrativen Handelns im Nachhinein zu bewerten sind, um Selbstreflexion, tieferes Verständnis und gut begründete Entscheidungen seitens der verantwortlichen Behörden zu bewirken.

Der schwedische Politikwissenschafter und Evaluationsforscher Evert Vedung versteht unter Evaluation „die sorgfältige retrospektive Bewertung des Verdienstes, der Güte und des Wertes der Implementation, der Leistung und der Ergebnisse staatlicher Interventionen mit dem Zweck, in zukünftigen praktischen Handlungssituationen eine Rolle zu spielen“[206]. Diese klare Festlegung sei notwendig, so Vedung, zumal der Begriff der Evaluation mittlerweile so viele verschiedene Bedeutungen angenommen habe, dass er in der Evaluationsforschung bereits als „semantischer Magnet“ bezeichnet werde, der inzwischen fast jeden Ansatz zu systematischem Denken im öffentlichen Sektor bezeichne.

Vedung bedient sich für seine Untersuchungen des öffentlichen Sektors eines Systemmodells. Dabei wird auf dem Gebiet der öffentlichen Verwaltung der allgemeine Systembegriff auf den öffentlichen Dienst angewandt, der als ein System betrachtet wird. Ein System ist ein Ganzes, dessen Bestandteile voneinander abhängig sind. In seiner rudimentärsten Form besteht ein System aus Input, Umwandlung und Output.

---

206 Evert Vedung: Evaluation im öffentlichen Sektor. Wien; Köln; Graz 1999. S 2

Ich habe Vedungs Modell für diese Arbeit modifiziert und dabei den öffentlichen Dienst durch das politische System Österreichs ersetzt:

- Den „Input“ in meinem Modell bilden die parlamentarischen Initiativen, die von der freiheitlichen Opposition gesetzt wurden, um ihren deklarierten Zielen Nachdruck zu verleihen. Dabei kann es sich um kritische Presseaussendungen, Stellungnahmen in den Medien, schriftliche oder mündliche Anfragen, Entschließungsanträge oder Debattenbeiträge in Nationalratssitzungen handeln.
- Der parlamentarische Raum fungiert als „Black Box“, als Umwandlungsinstanz. Was sich in dieser abspielt, mag zwar politisch höchst kontroversiell verlaufen sein, hier interessiert es aber nicht.
- Als „Output“ gelten die für die österreichische Bevölkerung spürbar werdende Resultate. Dabei spielt es nur eine untergeordnete Rolle, ob die politischen Ziele unmittelbar oder mittelbar, sprich: sofort oder mit zeitlicher Verzögerung umgesetzt werden. Entscheidend ist vielmehr, dass die Implementierung der Vorhaben funktioniert, sprich: die Ergebnisse den ursprünglich anvisierten Zielen weitgehend entsprechen.

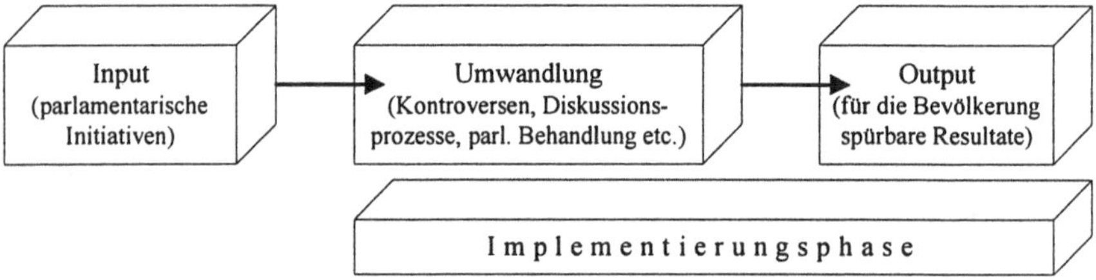

2. Freiheitliche „Lieblingsthemen“

Im Folgenden werden einige wenige inhaltliche Schwerpunkte, die allerdings für die freiheitliche Oppositionspolitik im Untersuchungszeitraum typisch sind – gleichsam freiheitliche „Lieblingsthemen“ – herausgegriffen und einer Erfolgsmessung im Sinne des modifizierten Evaluationsmodells unterzogen.

a) Privilegienabbau

- *Input: 22. - 29. Juni 1987 – Anti-Privilegienvolksbegehren der FPÖ*

Das Volksbegehren der FPÖ gegen Privilegien, exakt: das „Volksbegehren betreffend ein Bundesverfassungsgesetz für Leistung und Gerechtigkeit – gegen Parteibuchwirtschaft und Privilegien“[207] liegt vom 22. bis 29. Juni 1987 zur Unterzeichnung auf und

207 238 der Beilagen zu den Stenographischen Protokollen des Nationalrates, XVII. Gesetzgebungsperiode

erhält 250.697 gültige Eintragungen[208]. Jörg Haider gibt sich zufrieden, zumal das Ergebnis nahe am „Traumziel von 300.000 Unterschriften" liege.

➢ *Output: 10. Mai 1988 – Entfall doppelter Abfertigungen*

Mit den Novellen zum Unvereinbarkeitsgesetz[209] und zum Bezügegesetz[210] beschließt der Nationalrat, wohl auch in Reaktion auf das Ergebnis des Privilegienvolksbegehrens, den weiteren Abbau von Politikerprivilegien: Das Höchstgehalt für Multifunktionäre darf künftig nicht höher als ein Ministergehalt, also 154.000 Schilling, sein. Abgeordnete, die ein Regierungsamt antreten, werden durch einen „Ersatzmann" vertreten. Doppelte Abfertigungen sollen künftig entfallen: Ein Abgeordneter, der ein Regierungsamt antritt, erhält keine Abfertigung mehr.

In einem fast 40minütigen Debattenbeitrag verteidigt Jörg Haider diese Maßnahmen als Signal, auf das viele Bürger gewartet hätten:[211]

„Daher wiegt es besonders, „dass es uns heute möglich ist, gemeinsam einen weiteren Schritt zu setzen, etwa die Ämtermultis zu beschneiden, diejenigen, die in den Parteien letztlich ins Gerede gekommen sind, weil sie, so wie ein anderer Marken oder Schwammerln sammelt, die Posten gesammelt haben, um sich an sich ganz günstig einzurichten. (...)

Es ist auch gut, dass wir klargestellt haben, dass es keine Steuerlücken mehr für jene gibt, die politische Bezüge haben, dass es möglich ist, die automatische Verdoppelung der Abfertigung beim Ausscheiden aus einem politischen Mandat zu beseitigen, denn es hat niemand verstanden, dass ein Politiker, der nicht gleich ein Jahr später in Pension gehen kann, aus seinem Amt scheidet, automatisch die Verdoppelung seiner Abfertigung bekommt, während sich jeder normal Sterbliche seinen Abfertigungsanspruch nach den Jahresringen ansparen und erarbeiten muss.

Es ist auch ein weiterer Fortschritt, dass es gelungen ist, Aufsichtsratsfunktionen, die durch öffentliche Mandatare eingenommen werden, in Zukunft bezahlungsfrei oder entschädigungslos zu stellen."

b) Abfertigungen

➢ *Input: 12. Juni 1990 – Fall Rechberger: Kritik an Abfertigungen*[212]

Der in den Ruhestand getretene steirische Arbeiterkammerpräsident Alois Rechberger (SPÖ) erhält neben seiner Pension von mehr als 150.000 Schilling eine Abfertigung von 700.000 Schilling. Der freiheitliche Klubobmann Norbert Gugerbauer fordert

208 Daten aus offizieller Statistik des Bundesministeriums für Inneres

209 Entwurf eines Bundesgesetzes, mit dem das Unvereinbarkeitsgesetz 1983 geändert wird (557 d. Beilagen, XVII. GP)

210 Entwurf eines Bundesgesetzes, mit dem das Bezügegesetz geändert wird (558 d. Beilagen, XVII. GP)

211 Stenographisches Protokoll der 60. Sitzung des Nationalrates vom 10.05.1988 (XVII. GP)

212 Kurt Piringer: Chronologie. S 370

Konsequenzen, denn: In der SPÖ sei nicht die Qualität des Denkens sondern die des Nehmens vorherrschend.

➢ *Output: 07. Juni 2000 – Abschaffung von AK-Privilegien*

Aufgrund eines Initiativantrages der mittlerweile blau-schwarzen Koalition kommt es zur Novellierung des Arbeiterkammergesetzes im Nationalrat. Mit dieser Gesetzesänderung soll, so die Begründung des zugrundeliegenden Initiativantrages, „der Privilegienabbau im Bereich der Arbeiterkammern fortgeführt und abgesichert werden. In Hinkunft wird es keine pauschalierten Aufwandsentschädigungen mehr für Arbeiterkammerfunktionäre geben. Ebenso wird sichergestellt, dass keinerlei Pensionszusagen mehr möglich sind. Die Höhe der Funktionsgebühren bedarf darüber hinaus der Genehmigung der Aufsichtsbehörde.“[213]

Die Novelle bestimmt weiter, dass „für die Ausübung gewählter Funktionen“ keine Pensionen und Abfertigungen mehr vorgesehen sind. Funktionsgebühren müssen künftig in einer eigenen Funktionsgebührenverordnung von der Vollversammlung der AK festgelegt werden.

FPÖ-Klubobmann Peter Westenthaler wertet die AK-Novelle als „einen Meilenstein im Privilegienabbau.“[214] Er kündigt an, dass die FPÖ auch weiterhin auf eine rasche Senkung der AK-Umlage von 0,5 auf 0,3 Prozent dringen werde.

Die Arbeiterkammer sieht dies gemäß der üblichen politischen Rhetorik natürlich anders und wertet die Novelle als „Bluff, mit dem die Arbeiterkammer ins Gerede gebracht werden soll“[215].

c) Nationalbankprivilegien

➢ *Input: 12. März 1992 – Nationalbank im Visier der Freiheitlichen*[216]

Mit einer Dringlichen Anfrage an Bundeskanzler Vranitzky und Finanzminister Lacina rollt die FPÖ die Privilegienwirtschaft in der Nationalbank auf. Unmittelbarer Anlass ist die geplante Kapitalerhöhung der Nationalbank durch Aufstockung des Grundkapitals von 150 auf 450 Millionen Schilling:

Haider appelliert in der Begründung der Anfrage an Bundeskanzler Franz Vranitzky und Finanzminister Ferdinand: „Hände weg von der Österreichischen Nationalbank! Lassen Sie davon ab, dieses Institut für Ihre persönlichen Parteizwecke zu missbrauchen.“ Er warnt SPÖ und ÖVP davor, die Nationalbank „für Parteizwecke zu plündern“. Die Abgeordneten der Regierungsfraktionen reagierten auf Haider während dessen Rede mit demonstrativem Desinteresse.

---

213 Initiativantrag 165/A (XXI. GP) der Abgeordneten Dr. Andreas Khol, Ing. Peter Westenthaler, Kolleginnen und Kollegen, mit dem das Arbeiterkammergesetz 1992 geändert wird, eingebracht am 17.05.2000

214 Stenographisches Protokoll der 30. Sitzung des Nationalrates vom 07.06.2000 (XXI. GP)

215 Kurier vom 09.05.2000. S 2

216 Die Presse vom 13.03.1992

Bundeskanzler Franz Vranitzky ruft in seiner sehr kurz gehaltenen Anfragebeantwortung dazu auf, die Nationalbank nicht in den tagespolitischen Streit hineinzuziehen. Vranitzky und SP-Finanzminister Lacina äußern sich zur Erhöhung des Grundkapitals der Nationalbank positiv: Seit 1955 habe es noch nie eine Anhebung gegeben. Lacina bemerkt, im internationalen Vergleich sei das Grundkapital im Verhältnis zu den Reserven außergewöhnlich niedrig. Im Laufe der Debatte wirft FP-Abgeordneter Erich Schreiner Vranitzky vor, die Unwahrheit gesagt zu haben, da er die Beteiligung der SPÖ an der Nationalbank verschwiegen habe. Haider verlangt daraufhin eine Sitzungsunterbrechung, der jedoch nicht stattgegeben wird.

Die grünalternative Klubchefin Madeleine Petrovic schließt sich der von der FPÖ vorgetragenen Kritik an. Vranitzkys Verschweigen des Treuhandvertrages bezeichnet sie als „politisch ungeheuerlich". SP-Finanzsprecher Ewald Nowotny und Wirtschaftskammerchef Leopold Maderthaner verteidigen hingegen die Sozialpartnerschaft – ÖGB und Bundeswirtschaftskammer sind an der Nationalbank beteiligt.

Die FPÖ wirft den Koalitionsparteien in der Dringlichen Anfrage indirekt Parteienfinanzierung vor. Von der geplanten Erhöhung des Grundkapitals würden Gesellschaften im „rot-schwarzen Proporzbereich" profitieren. Mehr noch: Haider hält der SPÖ in der ersten „Dringlichen" nach seinem Wiedereinzug in das Parlament vor, direkt an der Nationalbank beteiligt zu sein und bezichtigt Bundeskanzler Vranitzky des Rechtsbruchs. Als „Beweis" für seine Anschuldigung führt Haider einen Brief des seinerzeitigen Geschäftsführers der „Sozialistischen Verlagsgesellschaft", Albrecht Konecny, aus dem Jahre 1984 sowie einen Notariatsakt ins Treffen. Demzufolge hält der Verlag seine Nationalbank-Anteile treuhändig für die SPÖ. Dies widerspreche aber dem strengen Nationalbankgesetz. Haider: „Es ist ungeheuerlich, wie Sie mit Institutionen der Republik umgehen!"

Für die Sozialdemokraten meint in der Debatte Abgeordnete Brigitte Ederer: Selbst wenn es den von Haider zitierten Treuhandvertrag gäbe, sei die Übertragung von Aktien nicht genehmigungspflichtig.

Das Thema „Privilegien in der Nationalbank und ihr Missbrauch zur Parteienfinanzierung" bleibt in der Folge monatelang Thema der österreichischen Innenpolitik. Aufgrund der Initiative der FPÖ unterbleiben die Kapitalaufstockung und die Parteienfinanzierung, die damit verbunden gewesen wäre.

➢ *Output: 9. April 1992 – FP-Kritik erzwingt Reform*

Die Präsidentin der Nationalbank, Maria Schaumayer, gibt eine Reihe von Reformmaßnahmen bekannt, die der „Presse" Schlagzeilen wie „Notenbank auf Sparkurs"[217] bzw. „Notenbank will nur noch marktgerechte Gagen zahlen" wert sind:[218]

Präsidium und Direktorium seien grundsätzlich zum Abschluss neuer Verträge mit niedrigen Einkommen bereit. Zwei Universitätsprofessoren für Arbeitsrecht (Rudolf Strasser und Theodor Tomandl) würden bis Juni entsprechende Entwürfe ausarbeiten. Die Vizepräsidenten sollten, einem Vorschlag des Generalrates folgend, künftig nebenberuflich agieren; derzeit bezögen sie vier Millionen Schilling pro Jahr. Die Zahl der Mitglieder des Direktoriums soll von zwölf auf sechs reduziert werden.

217 Die Presse vom 09.04.1992
218 Die Presse vom 10.04.1992

Schaumayer selbst verzichtet freiwillig auf ein Fünftel ihres gegenwärtigen Jahresbezuges von acht Millionen Schilling. Die Direktoren-Stellvertreter müssten künftig „echte Aufgaben“ als Bereichsleiter wahrnehmen.

Die bereits seit längerem diskutierte Organisationsform der Notenbank, die derzeit rund 1.300 Mitarbeiter beschäftigt und „abspecken“ soll, werde beschleunigt. Künftig solle es „keinen Wildwuchs an Sozialleistungen“ mehr geben.

Bundeskanzler Vranitzky kritisiert, dass sich die Nationalbank mit den Reformen zu lang Zeit gelassen habe. FP-Generalsekretär Meischberger wertet die Reform als „großen Erfolg für die FPÖ und für die Republik“.

d) Das Rundfunkmonopol

- *Input: 27.11. - 04.12.1989 – Volksbegehren gegen ORF-Monopol*

Mit 109.197 gültigen Eintragungen und 1,95 % Stimmbeteiligung überschreitet das von der FPÖ initiierte „Volksbegehren zur Sicherung der Rundfunkfreiheit in Österreich“ nur knapp die vorgesehene Mindestzahl von 100.000 Unterschriften.[219] Haider erklärt, das Ziel, das ORF-Monopol zur Diskussion zu stellen, sei erreicht worden.

- *Output: 24. November 1993 – EuGH verurteilt ORF-Monopol*

Der Europäische Gerichtshof für Menschenrechte in Straßburg gibt der von Jörg Haider und weiteren vier Beschwerdeführern erhobenen Beschwerdepunkte Recht und verurteilt Österreich wegen des ORF-Monopols.

„Nun haben wir es offiziell“, kommentiert Michael Maier in der „Presse“:[220] „Das ORF-Monopol verstößt gegen das Recht auf Informations- und Meinungsfreiheit.“ Der Monopolgedanke sei in einer Zeit der mündigen Medien-Konsumenten überholt, wenngleich man darüber streiten könne, ob die Begriffe „mündig“ und „Konsument“ miteinander vereinbar seien. Es ergebe jedoch wenig Sinn, so Maier weiter, „der staatlichen Alleinherrschaft über den Äther mit dem ängstlichen Verweis auf mögliche Manipulationen das Wort zu reden.“

Jörg Haider wertet das Urteil als großen Erfolg: Das Ende des ORF-Monopols sei besiegelt, die FPÖ habe einen Durchbruch in der österreichischen Medienlandschaft hin zu einer Meinungsfreiheit erzielt, die einer westlichen Demokratie entspreche.

Als erste konkrete Folge des Urteils muss Österreich den Beschwerdeführern die Verfahrenskosten ersetzen: Haider und Weber erhalten jeweils 100.000 Schilling, die drei anderen Beschwerdeführer, die außer in Straßburg auch in Österreich Verfahren durchgefochten haben, je 165.000 Schilling.

Diese wenigen, willkürlich gesetzten Beispiele zeigen, dass – wenn auch nicht unmittelbar und nur gegen hartnäckige Widerstände der beharrenden Kräfte – die freiheitlichen Forderungen, vor allem in jenen Bereichen, wo die FPÖ die politi-

---

219 Daten aus offizieller Statistik des Bundesministeriums für Inneres

220 Die Presse vom 25.11.1993

sche Themenführerschaft beansprucht hat, auch tatsächlich umgesetzt werden konnten.

E. Zustimmung durch Wahlen

Wahlen sind wohl der zuverlässigste Gradmesser für die politische Stimmung im Land. Wahlen lassen Einstellungen – Zustimmung und Ablehnung gleichermaßen – quantifizieren, und das Instrument der Wählerstromanalyse ermöglicht sogar eine qualitative Bewertung. Für die Bundespolitik sind die Nationalratswahlen entscheidend. In unserem Untersuchungszeitraum fanden die maßgeblichen Urnengänge 1986, 1990, 1994, 1995 und 1999 statt.

Wahlen sind untrüglich. Es ist der Souverän in einer funktionierenden Demokratie, das Volk, das im Nachhinein über den „Erfolg" politischer Arbeit befindet. Ein Systemmodell, das – wie im vorigen Abschnitt – versucht, die mittelbaren und sich mit zeitlicher Verzögerung einstellenden Auswirkungen politischer Aktivitäten herauszuarbeiten, ist hier nicht erforderlich.

Ein Blick in die Statistik zeigt für die ersten vier Jahrzehnte der II. Republik nicht nur eine weitgehende Konstanz in der Verteilung von Wählerstimmen auf die drei den klassischen Lagern nach Wandruszka zuordenbaren Parteien SPÖ, ÖVP und FPÖ sondern auch die unangefochtene Dominanz der beiden Proporzparteien SPÖ und ÖVP (vgl. Abb. 27).

Erst Mitte der 80er Jahre des vorigen Jahrhunderts, mit Beginn der XVI. Gesetzgebungsperiode, also der Kleinen Koalition von SPÖ und FPÖ, kommt Bewegung in die österreichische Parteienlandschaft. Seit der XVII. Legislaturperiode gewinnen die Grünen an gesellschaftlicher Relevanz, während Aufstieg und Wandel der FPÖ unter Jörg Haider zu einer deutlichen Annäherung der drei klassischen Lagerparteien führen (vgl. Abb. 28).

Im Untersuchungszeitraum gibt es – spätestens seit der Wahl 1994 – keine zwei Großparteien mehr, sondern bloß drei Mittelparteien, denen mit Liberalem Forum und Grünen zwei – quer zu den klassischen Lagern liegende – Kleinparteien gegenüberstehen.

Nach dem Ausscheiden des Liberalen Forums in der XXI. Gesetzgebungsperiode infolge der Wahlen 1999 verbleiben als einzige Kleinpartei die Grünen im Nationalrat.

Abb. 27: Stimmenanteile von 1956-1983

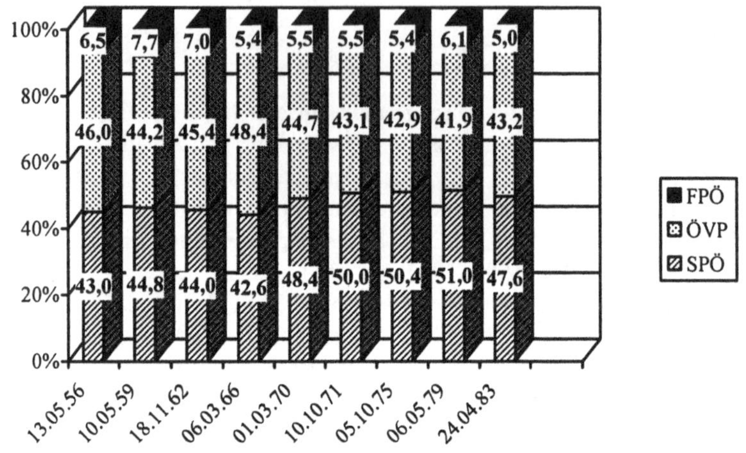

Abb. 28: Der Aufstieg der FPÖ zur Mittelpartei

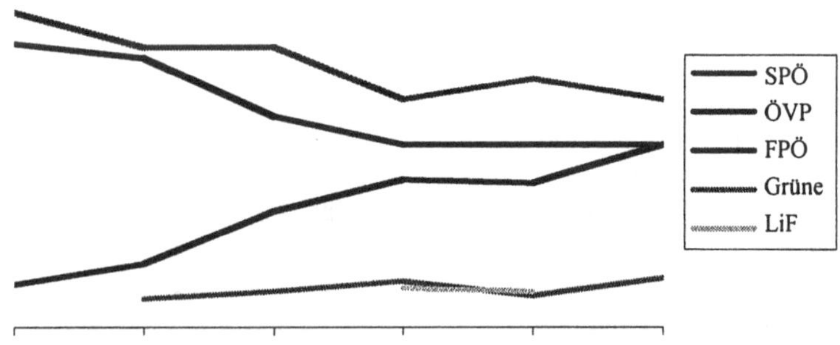

Die Nationalratswahl vom 23. November 1986 bedeutet eine Zäsur für die österreichische Innenpolitik. Das Wahlergebnis hat insofern das politische System der Zweiten Republik nachhaltig verändert, als es den Aufstieg der Haider-FPÖ zu einer mächtigen parlamentarischen Opposition erst ermöglicht und so dazu beigetragen hat, dass sich Österreich immer weiter von der gewohnten Konkordanz-, hin zu einer zusehends schärfer werdenden Konkurrenz- oder Konfliktdemokratie bewegt.

Aus der Wahl geht die SPÖ zwar weiter als stärkste Partei hervor, büßt aber gegenüber der vorangegangenen Nationalratswahl vom 24. April 1983 mehr als 200.000 Stimmen ein. Der eigentliche Sieger heißt Jörg Haider. Sein unerwartet hoher Zuwachs verhindert die relative Mehrheit der ÖVP, die auch gegenüber den letzten Wahlen Stimmen und Mandate verloren hat. Mit den Grünalternativen der Liste Meissner-Blau schafft erstmals eine Grünpartei den Einzug in den Nationalrat.

Abb. 29: Mandatsentwicklung 1983 - 1986

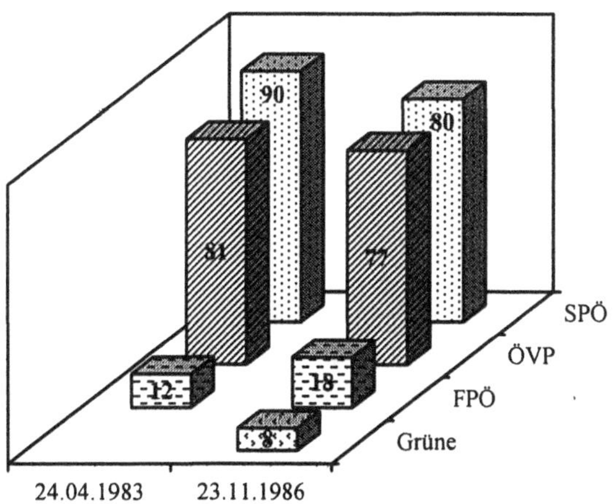

Thomas Chorherr, 1986 Chefredakteur der „Presse“, schreibt in seiner Nachlese zur geschlagenen Wahl[221], eine sozialistische Wendung aufgreifend, die rot-

221 Thomas Chorherr: Und jetzt nachdenken, in: Die Presse vom 24.11.1986. S 1

schwarze Zusammenarbeit entspreche der „Logik des Resultats". Es sei freilich eine billige Logik, die da strapaziert werde, denn „sie enthebt uns nicht des Nachdenkens darüber, was an diesem neblig-nassen Novembersonntag wirklich geschehen ist. Die Zeichen an der Wand sind allgemein sichtbar geworden. Sie sind geeignet, die Republik in ihrer Ruhe zu stören." Denn, so Chorherr weiter, die Sozialisten hätten zwar „die Nase vorne behalten, gewiss, aber sie haben schwere Einbußen erlitten." Der Volkspartei sei es hingegen nicht gelungen, ihr Wahlziel zu erreichen. Sie habe auch nach 16 Jahren wieder die relative Mehrheit verfehlt. Es habe ihrem Obmann an „Fortune" gefehlt, jenem Glück, das der Politiker brauche wie der Fisch das Wasser. Doch dem großen Sieger dieser Nationalratswahl sei es in reichem Maß zuteil geworden. Jörg Haider habe den Stimmenanteil seiner Partei durchschnittlich verdoppeln können. „Unerwartet kam der Erdrutsch – jawohl, es ist ein solcher gewesen – für die Haiderpartei. Der rührige Demagoge aus Südösterreich, zweifellos ein mit einem beträchtlichen Charisma ausgestatteter Politiker, hat in überraschendem Maß jenes Protestpotential mobilisieren können, von dem man nicht angenommen hatte, dass es so reichlich vorhanden ist."

Chorherr stellt sich die Frage, inwieweit die Wähler für Haider und die FPÖ gestimmt hätten, weil sie eine Neuauflage der Großen Koalition, und mit ihr eine „Neuauflage der Packelei unseligen Andenkens" verhindern wollten, und kommt zum Schluss, dass Haiders so unerwartet hoher Stimmenanteil eine tiefe Unzufriedenheit mit den anderen Parteien signalisiere, die auch die Grünalternativen nicht hätten kanalisieren können. Haider als bedenkenlosen Populisten, als „politischen Rattenfänger" abzutun, wäre unsinnig, so Chorherr. Haider habe letztlich Norbert Steger und dessen vermeintlichen Liberalismus weggewischt. Und abschließend: „Es wird die Große Koalition geben. Die SPÖ hat sich festgelegt, und die ÖVP drängt aus der Opposition. Aber dass es einem Jörg Haider gelingen konnte, alle Prognosen über den Haufen zu werfen – das gibt Anlass zur Sorge. Ist der Parteienstaat Österreich reparaturbedürftig?"

Während sich sowohl SP-Chef Fred Sinowatz als auch Bundeskanzler Franz Vranitzky – letzterer hat den SP-Vorsitz noch nicht übernommen – in Richtung Großer Koalition äußern, schließt ÖVP-Chef Alois Mock auch eine Zusammenarbeit mit der erstarkten Haider-FPÖ nicht aus und gibt an, sich nach wie vor für „eine neue Politik für Österreich."[222] einzusetzen. Der eigentliche Wahlsieger, Jörg Haider, selbst scheint nicht mit einer Regierungsbeteiligung zu rechnen, betont aber, dass seine Partei alles beraten werde, was möglich sei.

222 Die Presse vom 24.11.1986. S 1

a) Pressestimmen aus dem Ausland

Die *Frankfurter Allgemeine Zeitung* ist vom Wahlausgang wenig überrascht:

„Wen der Ausgang der österreichischen Wahl überrascht, der hat vorher nicht gut aufgepasst. Sozialistische Finanz- und Wirtschaftspolitik hat Österreich dahin gebracht, dass im Land seit Jahren überall von notwendigen Sanierungen die Rede ist. Darüber verlor die Sozialistische Partei schon 1983 die absolute Mehrheit. Seither ist die Misere noch fühlbarer geworden." Auch der Rückgang der Volkspartei hätte sich angekündigt. „Gewiss, die Volkspartei verlangte eine Wende. Aber wie sollen, so fragten sich viele Wähler, die Fehler der Sozialistischen Partei von einem Regierungsbündnis beseitigt werden, das zur Hälfte wiederum aus den Sozialisten besteht? Eine bürgerliche Partei, die so wenig wagt, kann niemals die absolute Mehrheit gewinnen und noch nicht einmal den ersten Platz." Nun, da sie aus der Wahl geschwächt hervorgegangen sei, könne die Volkspartei von den Sozialisten nicht einmal einen hohen Bündnispreis verlangen. Denn wer würde schon ihre Drohung ernst nehmen, notfalls könne sie sich auch mit den Freiheitlichen zusammentun, wenngleich ein solches Bündnis durchaus legitim wäre? „Die Freiheitlichen unter Haider sind eine national-liberale Partei mit einem leichten kleinbürgerlich-protestlerischen Zug." Sie mit Worten wie „rechtsextrem" zu kennzeichnen, weise auf gewollte Unkenntnis. Doch die freiheitliche Partei müsse sich erst noch im einzelnen über ihre Politik klar werden. „Mit einem hundertfältigen Nein kann man Wähler an sich ziehen, aber noch nicht regieren".

Die Welt aus Hamburg ortet einen „Denkzettel nach links":

„Die Absage an den Sozialismus und die Sozialdemokratie ist um so eindeutiger und schwerwiegender, als es in Österreich nun – ganz gleich wie man es wenden mag – keine linke Mehrheit mehr unter den Wählern gibt." Zugleich hätten die Österreicher signalisiert, dass sie der oppositionellen österreichischen Volkspartei nicht zutrauten, die „Wende" allein herbeizuführen. „Eigentliche Sieger dieser Wahl – zumal die Grünen nur recht bescheiden abschnitten – sind die Freiheitlichen unter ihrem neuen Vorsitzenden Jörg Haider. Dynamisch, ein wenig populistisch und national-forsch haben sie die Probleme beim Namen genannt, vor denen Österreich steht. Überdies haben sie sich eine Tendenz zunutze gemacht, die überall in Europa spürbar wird: die Abkehr von linken Ideen und von linken Konzeptionen."

Die *Süddeutsche Zeitung* meint, die „braunen Schatten" seien nicht länger geworden, aber man sehe sie jetzt besser:

„Ungerecht sein zu dürfen, ist das Privileg der Wähler im demokratischen Staat. Die Stimmbürger in Österreich haben demonstrativ von diesem Vorrecht Gebrauch gemacht, indem sie die Freiheitliche Partei (FPÖ) haben ernten lassen, was andere gesät haben. Falsch wäre der Argwohn, all die vielen Haider-Wähler wären auch noch ‚national'. Die braunen Schatten über Österreich sind nicht länger geworden, man sieht sie jetzt nur besser. Es dient der politischen Hygiene, dass man die Anfälligkeit im Lande für populistische und nationalistische Grundhaltungen nunmehr quantifizieren kann. Fassen die anderen drei Parteien die Auseinandersetzung klug an, dann werden Haiders Freiheitliche das

Scheidewasser sein, um konzeptionelle Intelligenz in Österreich von markigen Sprüchen klar abzugrenzen."

Die *Stuttgarter Zeitung* spricht von einer Sensation:

„Die Parlamentswahlen in Österreich endeten mit einer Sensation. Sie besteht nicht darin, dass es der seit 16 Jahren regierenden Sozialisten-Partei trotz etlicher Skandale und eines gerade erst unter Mühen vollzogenen Führungswechsels zu dem neuen Parteichef und Bundeskanzler Franz Vranitzky gelungen ist, so eben noch stärkste Partei zu bleiben. Sensationell ist die Verdoppelung der Stimmen für die Freiheitliche Partei (FPÖ), die im Herbst den Schwenk von einer liberalen zu einer nationalistischen Partei vollzogen und im Windschatten der Wahl Kurt Waldheims zum umstrittenen Staatsoberhaupt den lautstarken Jörg Haider zum Parteiobmann gewählt hatte. Die Debatte um Waldheims Vergangenheit während des Dritten Reiches und um seine Erinnerungslücken haben der Rechten in Österreich etliche Wählerstimmen eingebracht. Sie fehlen jetzt der traditionellen konservativen Partei ÖVP, die bis vor kurzem noch auf die Übernahme des höchsten Regierungsamts in einer Großen Koalition hoffen durfte. Zu einem solchen Mammutbündnis wird es auch jetzt kommen, denn weder die neue FPÖ unter Haider noch die Grünen gelten als koalitionsfähig. Aber die Regierung wird unter SPÖ-Führung stehen. Die unselige Debatte um Waldheim hat das zuwege gebracht."

Der *Südkurier* kürt Jörg Haider zum Star des Abends:

„Die einzigen Gewinner dieser Wahl sind zwei kleine Parteien, die alle Unzufriedenen, sei es von links oder von rechts, an sich ziehen konnten. Star des Abends war Jörg Haider mit seiner FPÖ, dem es gelang, jene nationalkonservative Welle auf seine Mühlen zu leiten, die seit der Affäre um Kurt Waldheim in Österreich wogte und – wie sich gestern zeigte auch noch wogt. Ebenfalls erfolgreich waren die Grünen. Welche Schlüsse sind aus diesem komplizierten Wahlergebnis für die Regierungsbildung nun zu ziehen? Erfolge für die kleinen, Verluste für die großen Parteien, das kann nur heißen, dass viele Österreicher SPÖ und ÖVP gleichermaßen als zu schwerfällig, zu verkrustet empfinden. Ob in dieser Situation ausgerechnet eine Große Koalition, wie sie sich jetzt aufgrund parteilicher Zu- und Abneigungen abzeichnet, dem Wählerwillen entspricht, ist fraglich. In diesem Fall könnten sich FPÖ und Grüne für die Zukunft noch ein weiteres Ansteigen ihrer Erfolgskurve erhoffen."

Der *Münchner Merkur* hält eine Elefantenhochzeit für wahrscheinlich:

„Die Wahl von nebenan ist völlig anders gelaufen als von Demoskopen prognostiziert. Abgesehen von der speziellen Gewohnheit, Probleme vorwiegend im Cafehaus zu lösen, zeigte sich in Österreich wieder einmal das, was Verhaltensforscher die ‚Neigung der Massen zum Wegschauen' nennen." Skandale in Serie, Explosion der Staatsverschuldung und Millionenpleiten seien von vielen großzügig ignoriert worden. Die Folge: Die Sozialisten blieben stärkste Partei, und die ÖVP habe ihr Wahlziel nicht erreicht, da ein gewisses Wählerpotential zur FPÖ abgewandert sei und einen international Aufsehen erregenden Rechtsruck bewirkt habe. „Die Freiheitliche Partei ist zwar keine einzige Ansammlung Ewiggestriger, schwimmt aber auf einer deutlichen nationalistischen Welle. Für die FPÖ ist ‚Große Koalition' ein schmutziges Wort, das die Großparteien ungeniert in den

Mund nehmen. Eine Elefantenhochzeit zwischen SPÖ und ÖVP ist wahrscheinlich, obwohl Österreich üble Erfahrungen mit einer Großen Koalition hat, die in der Alpenrepublik früher ein Monstrum aus Protektion und Proporz, Filz und Fäulnis, Vettern- und Freunderlwirtschaft war."

Die Münchner *TZ* schreibt:

„Ein Neonazi ist er sicher nicht, der Jörg Haider, auch wenn der alleinige Triumphator der Österreich-Wahl seine letzte Kundgebung in Braunau abhielt. Aber man nennt ihn ‚national', was immer das in unserem Nachbarland bedeuten mag. Großdeutsch mit Anschlussgedanken kaum. Austrofaschistisch-klerikal wie ehedem Dollfuss auch nicht. und das alte Österreich-Ungarn ist bestimmt nicht wiederzuerwecken." Für das nichtdeutsche Ausland werde die Republik Österreich durch den von Haider ausgelösten „Rechtsruck" nach der Waldheim-Affäre dennoch erneut in schiefes Licht geraten. Denn wie solle man in Den Haag, in Rom oder gar in Jerusalem Entwicklungen durchschauen und verstehen, die man noch nicht einmal in Wien durchschaue? „Nein, nein, die Leute, die der Freiheitlichen Partei meist direkt von den Sozialisten her zuliefen, denken nicht ‚braun'. Sie wählten den smarten, demagogisch begabten 36jährigen, weil er halt ‚sagt, wia's is'. Sie wählten aus Protest, weil ihnen offenbar das ewige Rot und Schwarz nicht mehr behagt. Das soll neuerdings auch anderswo vorkommen."

Die *Augsburger Allgemeine* sieht im Wahlergebnis eine deutliche Warnung:

„Die Bürger (und keineswegs nur in Österreich) werden zunehmend jener Parteien müde, die satt und selbstzufrieden ihre Aufgabe im Verteilen von Ämtern erblicken und die vom Volk verliehene politische Macht vor allem zum eigenen Nutzen betreiben. Sollten sich die Verantwortlichen bei den Sozialisten und in der Volkspartei der Pflicht zur Erneuerung entziehen, dann dürfte der Marsch in eine andere Republik immer schwerer zu stoppen sein. Die braunen Schatten sind bereits länger geworden."

Die Düsseldorfer *Westdeutsche Zeitung* meint:

Eine Ironie des Schicksals wolle es, dass der Wählerprotest sein Ziel nicht nur verfehle, sondern die Situation verschlimmere. „Denn wenn kein Wunder geschieht, kehren in Wien die Zeiten jener großen Koalition aus Sozialisten und Konservativen wieder, in denen nach dem Krieg 25 Jahre lang die Grundlagen für den Parteiproporz mit seinen ständigen Mauscheleien gelegt wurden. Die Hoffnungen der Volkspartei, wenigstens wieder den Kanzler einer solchen Regierung stellen zu können, verdarb ihnen der eigene Kandidat: Parteichef Alois Mock ließ sich an Blässe von niemandem übertreffen. Da behielt der telegene und redegewandte SPÖ-Kanzler Franz Vranitzky den Prognosen zum Trotz die Nase gerade noch vorn."

Der französische *Le Monde*:

„Haider, der die Nostalgiker des Nationalsozialismus mobilisiert hat und der es nicht schafft, in die liberale Internationale aufgenommen zu werden, trägt in keiner Weise zu neuem Glanz für das schwer getrübte Bild von Österreich nach der Waldheim-Affäre bei. Es gibt keinen Zweifel, dass in diesem Klima politisch Verantwortliche mehr und mehr wünschen, dass Waldheim mindestens eine der Hypotheken, die auf dem Land lasten, aufhebt. Entweder es gelingt ihm, das Bild zu korrigieren, oder er zieht für sich selbst die Konsequenzen."

Das Konkurrenzblatt *Le Matin*:

„Den größten Nutzen aus dem allgemeinen Stimmenrückgang der beiden großen Parteien zieht FPÖ-Chef Jörg Haider. Damit zeigt sich jedenfalls, dass die Waldheim-Affäre Österreich keinesfalls zur Besinnung gebracht hat, sondern die am meisten rechts stehenden Bevölkerungsschichte nur noch radikaler werden ließ, indem sie es ihnen ermöglichte, ihrer Ideologie freien Lauf zu lassen." Unter diesen Umständen bleibe Österreich nichts anderes übrig, heißt es weiter, „als wieder den Weg der ÖVP-SPÖ-Koalition zu beschreiten. Die Bildung einer Großen Koalition aus Sozialisten und Konservativen bedeutet die Rückkehr zu den alten Dämonen der österreichischen Politik: Korruption, Veruntreuung und Vetternwirtschaft auf allen Ebenen ... Die Österreicher sind dieses Systems angeblich überdrüssig, aber sie haben nichts getan, um es abzuschaffen. Weder auf der rechten noch auf der linken haben die Parteispitzen ihre Führungsmannschaft erneuert. Daher ist es nicht erstaunlich, dass die extremistischen Randgruppen einen beachtlichen Erfolg verbuchen können."

Der konservative *Le Figaro* sieht die Große Opposition jetzt in Frage gestellt:

„Während der Kampf um die Kanzlerschaft nur zwischen dem scheidenden Regierungschef, dem Sozialisten Vranitzky, und der konservativen Opposition der Volkspartei ausgetragen wurde, kam die einzige Überraschung dieses Wahlganges von der FPÖ. Der alten sozialistischen Partei von Ex-Kanzler Bruno Kreisky und der ÖVP von Alois Mock, die für die Privatisierung der verstaatlichten Industrie eintritt, wurde gleichermaßen die Zuneigung entzogen. Ob diese Abwendung mit den 450.000 Jungwählern zusammenhängt, die das Wahlalter von 19 erreicht haben? Das ist die große Frage, die man sich gestern abend in Wien stellte. Die Pläne der SPÖ und der ÖVP für die Bildung einer Großen Koalition, die das Land in den kommenden vier Jahren aus der miesen wirtschaftlichen Lage befreien sollte, sind jetzt in Frage gestellt. Die diskreten Verhandlungen, mit denen der maßlose Ehrgeiz der Regierungsmannschaft Vranitzkys gezügelt werden sollte, sind eingestellt. Die große Allianz der Wirtschaftsexperten beider Ufer ist ausgesetzt."

Die Pariser Wirtschaftszeitung *Les Echos* schreibt:

Eine wesentliche Lehre sei aus diesen Wahlen zu ziehen. Nämlich, dass mehrere hunderttausend Österreicher nicht gezögert hätten, ihre Stimme einem Mann zu geben, der sich nicht über die Anwesenheit von Anhängern des Hitlertums in seiner Partei schäme. Die Stärkung dieser „antiparlamentarischen Strömung" beweise wieder einmal, dass „viele Österreicher im Gegensatz zu den Westdeutschen noch immer nicht Lehren aus der Vergangenheit ziehen wollen".

Die linksgerichtete *Liberation* sieht die FPÖ zu ihren Ursprüngen zurückkehren:

„Die rechten und chauvinistischen Akzente des Waldheim-Sieges im Juni finden sich ... bei dem großen Sieger vom Sonntag: Jörg Haider, dem Chef der FPÖ. (...) Haider, den seine Gegner ‚Hitlers Enkel' getauft haben, ist am Sonntag ‚der Erbe Kurt Waldheims' geworden. Haiders Vorgänger Norbert Steger, Vizekanzler von Bruno Kreisky und Franz Vranitzky, hatte versucht, aus ihr (der FPÖ) eine echte liberale Formation zu machen. Aber Steger, eine blasse Figur und ohne Charisma, scheiterte, so dass bei dem letzten FPÖ-Kongress in Innsbruck Jörg Haider einen Putsch gegen Steger machen und sich an die Spitze der Partei wählen lassen konnte, indem er sie zu ihren Anfang zurückführte. Für die FPÖ ist diese Rechtsdrift in den pangermanischen Nationalismus in Wirklichkeit nur eine Rückkehr zu den Ursprüngen."

Der rechtsgerichtete *Le Quotidien de Paris* meint hingegen:

„FPÖ-Chef Jörg Haider erscheint als der hauptsächliche Gewinner der Wahl, die er indirekt ausgelöst hatte, als er im September nach einer wahren Palastrevolution den Parteivorsitz einnahm. (...) Ein persönlicher Erfolg. Er verdankt ihn zweifelsohne seinen unbestreitbaren Qualitäten eines Tribunen, der während der ganzen Wahlkampagne geschickt die ‚rot-schwarze' Vorherrschaft anprangerte." Seine häufigen Bezugnahmen auf die sprachlichen und kulturellen Verbindungen mit dem benachbarten Deutschland hätten mehrere Medien veranlasst, ihn der Ermutigung zum Neo-Nazismus anzuklagen. „Diese Anschuldigung wird durch die Tatsache gestärkt, dass seit Ende des Krieges Ex-Aktivisten der Nationalsozialistischen Partei der FPÖ beigetreten waren. Jörg Haider stützte sich auf den nationalistischsten und äußersten rechten Flügel, um an die Parteispitze zu gelangen. Man ist in Österreich bereits beunruhigt über die Folgen dieses nachhaltigen Erfolges der liberalen Partei, insbesondere für das ‚Image' des Landes im Ausland".

Die *Neue Zürcher Zeitung* meint zu den „Protestwahlen in Österreich":

„Der Ausgang der Parlamentswahlen hat jenes diffuse Bild bestätigt, das seit einiger Zeit die politische Landschaft der Alpenrepublik kennzeichnet. Die Szene wird von Protestwählern beherrscht, die ihren Unmut über die politischen, wirtschaftlichen und sozialen Verhältnisse zum Ausdruck gebracht haben, ohne dass zu erkennen ist, welcher Partei oder welchen Persönlichkeiten sie die Kompetenz und den Willen für eine durchgreifende Kursänderung zutrauen. Verlierer dieser Wahl sind die großen Parteien, die Sozialisten und die Volkspartei." Es bleibe die Frage, wie eine Regierung aussehen solle, die in der Lage ist, die bisher ungelösten Aufgaben anzupacken, vor allem Strukturanpassung in der Wirtschaft, eine Sanierung der Finanzen und die von vielen für notwendig erachtete Demokratiereform. „Ohne Zweifel wird eine möglichst breite parlamentarische Mehrheit die Abstützung von tief greifenden Entscheidungen erleichtern. Doch nach Bildung einer Großen Koalition besteht die Gefahr, dass noch mehr Wähler zu den Protestparteien überlaufen".

Le Journal de Geneve schreibt unter dem Titel „Die Koalition der Verlierer":

„Die am Sonntag in Österreich aus den Urnen hervorgegangene politische Landschaft birgt die echte Gefahr, eine der schlimmsten zu sein, die unsere Nachbarn erben konnten. Denn zur allgemeinen Überraschung hat der Kampf Seite an Seite der beiden großen Parteien nur zu ihrer Zersplitterung geführt zugunsten einer kleinen grünen Partei und der liberalen Formation von Jörg Haider." Ein gefährlicher Opportunist sei er, der junge Jörg Haider, der „die Unzufriedenen jeder Couleur und die Nostalgiker des Reichs" zugleich mobilisiert habe und die Repräsentation seiner Partei praktisch verdoppelt habe. „Am beunruhigendsten ist, dass ein Wechsel unmöglich ist. Obgleich erneuert, hat die konservative Partei weder eine Leitfigur noch ein geeignetes Programm, um die Österreicher zu entflammen. Ihr Chef Mock lehnt es bereits ab, in einer Koalitionsregierung mit den Sozialisten mitzuarbeiten." Einzige Ersatzlösung: die Allianz mit den Liberalen. „Genau das ist die Gefahr: an der Regierung beteiligt, wird die Partei von Jörg Haider im Ausland das unheilvolle Bild verbreiten, das durch die Wahl von Präsident Kurt Waldheim entworfen wurde." Von einer Regierung ferngehalten, die nur eine große Koalition sein könne, werde die liberale Partei mit einem Schlag der einzige ernst zu nehmende Gegner. „Ebenso poujadistisch wie nostalgisch, birgt diese rechtsextreme Formation die große Gefahr, in den kommenden Jahren viele neue Zuläufer seitens eines träumenden Publikums zu erhalten. Träumend aus Trauer um die verlorene Vergangenheit und weil die sich ankündigende Austerity Zukunftsträume verbietet."

Die *Basler Zeitung* ortet einen markanten Rechtsruck:

„Die österreichischen Wahlen haben am Sonntag mit dem Erdrutsch der FPÖ von Jörg Haider einen markanten Rechtsruck gebracht. Beide Großparteien erlitten eine arge Schlappe und werden als ‚Große Koalition der Verlierer' zu regieren versuchen" Und weiter: „Die braunen Schatten im Land scheinen länger geworden zu sein. Der Schaden an Österreichs Image, das bereits im Sommer nach der Wahl des wegen seiner Kriegsvergangenheit umstrittenen Kurt Waldheim zum Staatsoberhaupt gelitten hat, wird auch durch den Umstand nicht kleiner, dass dem Demagogen Haider auch viele Protestwähler auf den Leim gegangen sind." Dramatisch sei der Wahltag auch für die Volkspartei gewesen, die sich als stärkste politische Kraft etablieren habe wollen. „In Wahrheit haben die ÖVP und ihr Kanzlerkandidat Alois Mock – dem jetzt wohl die Stunde schlägt – eine arge Schlappe einstecken müssen. Dass auch die SPÖ nahezu zehn Prozent ihrer Wähler verlor, kann die ÖVP wenig trösten; den von ihr erhobenen ‚Führungsanspruch' hat ihr der Wähler jedenfalls deutlich verwehrt."

Der *Tages-Anzeiger* in Zürich warnt: „Hütet euch vor Haider!"

„Es bleibt nach diesem Sonntag nur die Hoffnung, dass sich die Großparteien bei ihren Verhandlungen der Verantwortung bewusst bleiben, die auf ihnen lastet. An den Sozialisten wird es sein, der ÖVP die Latte nicht zu hoch zu legen; die ÖVP wiederum wird in den sauren Apfel des Juniorpartners beißen müssen." Eine Bürgerblockkoalition von ÖVP und FPÖ hätte nämlich für Österreichs Ansehen im Ausland, nach allem, was schon passiert sei, verheerende Auswirkungen. Sie würde bedeuten, dass neben einem durch seine verleugnete Vergangenheit international isolierten Bundespräsidenten Waldheim mit Haider möglicherweise noch ein Vizekanzler in der Regierung sitzen würde, der die Geschmacklosigkeit besessen habe, „seine Schlusswahlkundgebung am Samstag demonstrativ in Hitlers Geburtsort Braunau abzuhalten."

Die *Berner Zeitung* warnt vor einer schwarz-blauen Koalition:

„Wenn nicht alles täuscht, kommt es in Österreich zu einer rot-schwarzen Koalition: zu einem Regierungsbündnis zwischen SPÖ und ÖVP. Ein großes Wagnis wäre es für die österreichische Volkspartei, Hand für eine schwarz-blaue Koalition mit der Freiheitlichen

Partei zu bieten. Riskiert die ÖVP diesen Schritt, so könnte es ihr passieren, bei der nächsten Wahl zu einer 35-Prozent-Partei zusammenzuschmelzen."

Die *Tageszeitungen, die in der Ostschweiz, also im Grenzgebiet zu Österreich erscheinen*, kommentieren sehr ähnlich wie die großen Schweizer Tageszeitungen.

Auf die Besonderheiten des Vorarlberger Wahlresultates zum Beispiel gehen sie gar nicht ein. Dass beide großen Parteien verloren haben, ist für das „St. Galler Tagblatt", die größte Tageszeitung in der grenznahen Region, darauf zurückzuführen, dass beiden „klare Konzepte und deutlicher Reformwille" gefehlt habe, Haiders Erfolg sei weniger auf dessen deutschnationale Töne zurückzuführen, als vielmehr auf das, was mit der Waldheim-Kampagne an Zusammenhalt der Bürger gegen von außen kommende Angriffe entstanden sei. Dennoch warnt auch das „St. Galler Tagblatt" vor einer ÖVP-FPÖ-Koalition. Das wäre dann „eine rabenschwarze Wende, die vorerst keine Wende zum Besseren verspräche". Für „Die Ostschweiz" schließlich ist Mock an der Wahlniederlage nicht unschuldig: „Wer jahrelang zur Schlacht um den Regierungswechsel aufruft und das Parteifußvolk auf die Wende vorbereitet, der kann nicht im entscheidenden Augenblick Einladungen zu einem Bankett mit dem politischen Gegner verteilen, ohne dass sich der eine oder andere Parteikämpfer für dumm verkauft vorkommt und abwendet." Der „Ostschweiz"-Kommentator nimmt zwar an, dass Vranitzky die neue Regierung wird bilden können, aber "österreichische Politik ist stets für Überraschungen gut".

Das in Amsterdam erscheinende Blatt *de Volkskrant* schreibt:

„Das politische Gesicht Österreichs ist mit diesem Wahlausgang nicht anziehender geworden. Bei dem Sieg Waldheims bei den Präsidentschaftswahlen in diesem Jahr wurden – wenn auch vornehmlich außerhalb von Österreich – beunruhigte Töne laut über einen Rechtsruck im politischen Klima des Landes." Ein Rechtsruck, der eine unklare „völkische" Komponente habe. „Der liberale Listenführer Jörg Haider ist das große, alle Meinungsforscher überraschende Symbol dieses Phänomens. Seine Geburt nach dem Kriege bewahrt ihn vor der Fallgrube des selektiven Gedächtnisses, in die Waldheim mit peinlicher Regelmäßigkeit fällt. Aber er teilt mit Waldheim einen Widerwillen gegen die Einsicht, dass es auch einige österreichische Mitverantwortung für die nationalsozialistische Barbarei gibt. Er ist kein Ex-Obersturmführer der SS wie sein vorletzter Vorgänger Peter, aber er hat es während des ganzen Wahlkampfes nicht fertig gebracht, auch nur einigen Abstand von den Parteigenossen zu wahren, die ihren Jubel für Peter jetzt vertrauensvoll für Haider anstimmen."

Der konservative Londoner *Daily Telegraph* kommentiert die Lage so:

„Die Wahl von Kurt Waldheim zum Präsidenten war der erste Schritt auf dem Weg zur internationalen Isolation. Die Wahl am vergangenen Sonntag, in der der neue Führer der Freiheitlichen Partei, Jörg Haider, den Stimmenanteil seiner Partei auf fast zehn Prozent verdoppelte, war der zweite. Im Hinblick auf Waldheim spielte die Trotzigkeit der Österreicher gegenüber der ausländischen Bestürzung eine Rolle." Ein latenter Nationalismus mit antisemitischen Untertönen sei sichtbar geworden. Jetzt habe Haider sich zum Magneten für einen extremen Nationalismus gemacht. Er kümmere sich weniger um den internationalen Respekt als der Präsident und sei damit noch besorgniserregender. „Haider spielt das Zünglein an der Waage zwischen den beiden großen Parteien. Die Wähler werden somit ständig einen schlagfertigen Sprecher für eine Politik vor sich haben, die nicht nur geschmacklos, sondern bedrohlich ist".

Das Moskauer KP-Organ *Prawda* schreibt:

Die Sozialisten hätten sich über Wasser halten können. „Dass sie nicht untergingen, wurde vor allem dadurch gewährleistet, dass die SPÖ-Regierung unentwegt den vom Status der ständigen Neutralität und dem Staatsvertrag über die Wiederherstellung eines unabhängigen und demokratischen Österreichs bestimmten Kurs verfolgt hat." Allgemein bekannt und anerkannt sei der Beitrag der Alpenrepublik, den sie mit anderen neutralen und blockfreien Ländern zur mühevollen Lösung der Abrüstungsprobleme, zur Erhaltung des Friedens und zur Gesundung der internationalen Beziehungen leiste. „Die Kontinuität bei solchen Bemühungen wird auch der künftigen Regierung den Erfolg bringen".

Und das Prager KP-Organ *Rude Pravo* kommentiert das Wahlergebnis wie folgt:

„Man kann annehmen, dass ein bedeutender Teil der rund 500.000 Jungwähler, die erstmals zur Wahl gingen, ihre Stimme den Grünen gaben, während die Wähler, die mit den beiden großen Parteien unzufrieden sind, die FPÖ gewählt haben – als Ausdruck des Protestes." Trotzdem sei das Wahlergebnis ein Zeichen dafür, dass in der öffentlichen Meinung Österreichs ein Rechtsruck erfolgt sei, der nicht ignoriert werden könne. Das tschechoslowakische Parteiorgan vertritt ferner die Auffassung, „wenn die Wahlen als Mittel zur Stabilisierung der politischen Lage in Österreich gedacht waren, dann ist eher das Gegenteil erreicht worden, denn der wahre Sieger der Wahl war die Freiheitliche Partei." Ihr Führer Jörg Haider könne zwar nicht als „alter Nazi" betrachtet werden, doch stamme er aus einer Nazi-Familie. Der Umstand, dass die FPÖ nun unter seiner Führung und durch nationalistische Agitation zusätzlich sechs Parlamentssitze errungen habe, sei ein Warnsignal. Österreichs Nachbarn würden nun sicher die weitere Entwicklung im Lande mit noch größerer Aufmerksamkeit verfolgen.

2. Die Wahl 1990 – eine Bestätigung des Weges

Obgleich der politische Aufstieg der FPÖ nicht zu bremsen ist, sind die Freiheitlichen nicht überall erfolgreich. Selbst in Jörg Haiders ureigenster Kärntner Zweit-Heimat, im Bärental, schlägt der Bundestrend durch. Die SPÖ kann in der Gemeinde Feistritz im Rosental 0,7 Prozent zulegen, allerdings beträgt der Zuwachs der FPÖ auch in dieser Bärental-Gemeinde 9,5 Prozent – und das auf Kosten der Volkspartei und der Grün-Alternativen. Nun ist die Volkspartei auch bei den Nationalratswahlen in Kärnten nur drittstärkste Kraft.

Die FPÖ verfügt über 30,3 Prozent. Die Volkspartei verliert rund neun Prozent und liegt mit 18,5 Prozent deutlich abgeschlagen am dritten Platz. Die SPÖ verliert ein Prozent, kann aber mit 46,7 Prozent ihren Stimmenanteil im Großen und Ganzen halten. Die Grün-Alternativen sacken von 3,3 auf 2,5 Prozent ab.

Dagegen können die Vereinten Grünen 1,2 Prozent der Stimmen für sich verbuchen.

Abb. 30: Mandatsentwicklung 1986 - 1990

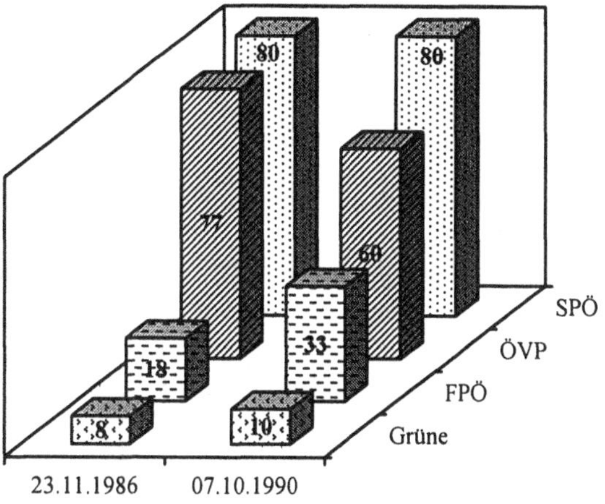

„Ich freu mich eh, aber ich bin ja noch allein." So zitiert „Der Standard" Susanne Riess, die als Pressesprecherin der FPÖ am Wahlnachmittag mit ersten Trendrechnungen in der Hand durch die Büros der FPÖ-Zentrale in der Kärntnerstraße wieselt. Traditionell treffen sich die Freiheitlichen an Wahltagen nur relativ spärlich und spät in ihrem Parteiquartier. FP-Chef Jörg Haider, als Landeshauptmann Leiter der Wahlbehörde in Kärnten, fliegt erst am Abend nach Wien. Norbert Gugerbauer verbringt den Wahltag im heimatlichen Oberösterreich. Der trockene Schlumberger wartet bereits auf einem Tischchen in der frisch renovierten, in gediegener Modernität und blau gestalteten Parteizentrale. „Gibt's wos neues, Spotzl", erkundigen sich lockere Parteijunge bei einer jungen Dame am Wahlcomputer. „Zur allgemeinen Erheiterung" verkündet Riess die erste Mandatshochrechnung – minus 16 für die ÖVP, plus 13 für die FPÖ. Mit Befriedigung wird zur Kenntnis genommen, dass die Grün-Alternativen kaum Gewinne machen. Der hinzugekommene Wahlkampfleiter Meischberger kommentiert das Fiasko der VP noch mit Vorsicht: „Für die SP wird Wien noch ganz gefährlich. Das kann wieder ein Lächeln in Rieglers Gesicht bringen." Am meisten wundert man sich über das gute Abschneiden der SPÖ.

Gegen 16 Uhr kommt Generalsekretärin Heide Schmidt in die Parteizentrale und freut sich „über den absoluten Wahlerfolg". Denn das Wahlziel mit 30 Mandaten zu formulieren, sei aus ihrer Sicht sehr mutig gewesen. Die Verluste der VP sind für Schmidt nachvollziehbar, nicht aber das Ergebnis der SP. „Die Verwirrungstaktik mit der Vorzugsstimme für Vranitzky ist aufgegangen", meint sie. Die Generalin hält eine bürgerliche Koalition mit der VP für unwahrscheinlich, Verhandlungen werde es aber geben. Schmidt schließt auch eine Koalition mit der SPÖ nicht aus, „es ginge aber nur, wenn unser Programm der Erneuerung Eingang findet". Während Schmidt keinen „Wermutstropfen" darin sieht, dass das FP-Wahlziel, die SP-Mehrheit zu brechen, nicht erreicht wurde, sieht das Generalsekretär Mathias Reichhold durchaus so: „Es ist nicht der ganz volle Erfolg, was ausschließlich auf Vranitzky zurückzuführen ist.", so Reichhold. Die ÖVP sei jedoch zerstört."[223]

Auch die Wiener Freiheitlichen zeigen sich optimistisch. Ihr Chef, Erwin Hirnschall, spricht von einem „Traumergebnis". Die Freiheitlichen können die Zahl ihrer Grundmandate von zwei auf fünf erhöhen und halten bei 15,70 Prozent. Auch in der Bundeshauptstadt spiegelt sich der Bundestrend: Überall hält die SPÖ ihr Potential oder legt noch zu. Fast überall muss die ÖVP große Verluste einstecken, während die Freiheitlichen stark zulegen und die Grün-Alternativen von der VGÖ bedrängt werden.

FPÖ-Chef Jörg Haider zeigt sich befriedigt über den Stimmenzuwachs seiner Partei. Auf die SPÖ seien die „linken Grünstimmen" entfallen, außerdem habe sich die Vorzugsstimmen-Aktion für Franz Vranitzky äußerst vorteilhaft für die SPÖ ausgewirkt. Der Kärntner Landeshauptmann fügt auch hinzu, er sei zu Gesprächen über eine Koalition mit der ÖVP bereit, „wenn der Bundeskanzler Jörg Haider heißt."[224]

a) Wahlmotive[225]

31 von hundert Wahlberechtigten gaben wenige Tage vor dem Urnengang an, dass sie ihre Entscheidung aus Sorge um die Umwelt getroffen hätten. Die Privilegiendiskussion, Politskandale, die Sorge um die soziale Sicherheit, die Ausländerfrage und die allgemeine Wirtschaftsentwicklung seien weitere entscheidende Wahlmotive gewesen. Für 43 Prozent der Erstwähler und 40 Prozent der Unter-30jährigen sei laut „Standard" die Umwelt das ausschlaggebende Moment bei

223 Vgl.: Thomas Mayer: Freude über Zerstörung der VP, in: Der Standard vom 08.10.1990. S 4
224 Vgl.: Der Standard vom 08.10.1990. S 3
225 A. a. O.. S 2

dieser Wahl gewesen. Die Privilegiendiskussion hingegen – im Durchschnitt von 21 % als Wahlmotiv angegeben – sei bei den Erstwählern eher ein nebensächliches Motiv gewesen. Die Politskandale seien allerdings von der älteren Bevölkerung als Triebfeder für ihre Entscheidung empfunden worden. Vier von 100 Wahlberechtigten, vor allem Männer, hätten ihre Entscheidung wegen des Falles Rechberger getroffen, eines Privilegienskandals rund um einen Spitzenfunktionär der steirischen Arbeiterkammer.

Nach Parteipräferenzen gegliedert ergibt sich folgendes Bild: Sozialisten reagieren auf die Privilegiendiskussion besonders empfindlich. Die Politikerprivilegien sind auch überdurchschnittliche Entscheidungshilfe bei Stammwählern. Die Umwelt ist für Grüne und ÖVP wichtig. Für die FPÖ-Anhängerschaft ist zu 27 Prozent die Ausländerfrage entscheidend (SPÖ und ÖVP: je 6 Prozent, Grüne: 9 Prozent). Die allgemeine Wirtschaftslage wird von sechs Prozent der Befragten als wahlentscheidendes Problem angegeben. Besonders stark vertreten sind darunter ÖVP-Wähler (13 Prozent gaben dieses Problem als Motiv ihrer Entscheidung an). Die Koalitionsfrage, der EG-Beitritt, die Steuerreform, die Neutralität, die neu aufgeflammte Diskussion um die Fristenlösung oder das Bundesheer bilden bloß Randthemen. Die Spitzenkandidaten fallen als entscheidendes Motiv nur bei drei Prozent der Wahlberechtigten ins Gewicht, SPÖ-Anhänger nennen jedoch zu acht Prozent ihren Spitzenkandidaten, Franz Vranitzky, als Entscheidungshilfe. Die Diskussion der Kanzlerkandidaten Vranitzky und Riegler im Fernsehen ist nur mäßig ausschlaggebend. Überhaupt keinen Einfluss hat diese Diskussion auf FPÖ-Anhänger.

b) Wählerströme[226]

Eine vom ORF am Wahlsonntag publizierte Wählerstrom-Analyse zeitigt neben allgemeiner Politikverdrossenheit vor allem eines: einen deutlichen Wählerzuwachs für die Freiheitlichen aus allen Lagern. Rund 160.000 Österreicher, die 1986 die SPÖ wählten, enthielten sich diesmal der Stimme. Aber auch an die 140.000 Wähler, die sich 1986 für die ÖVP entschieden hatten, verzichteten heuer auf die Stimmabgabe, ebenso 50.000 ehemalige Grün-Wähler. Insgesamt sind das 350.000 neue Nicht-Wähler, vermindert um jene 110.000 Österreicher, die 1986 nicht wählten, sich aber diesmal aufraffen konnten. Die zweitgrößte Gruppe in der Wählerstrom-Analyse sind jene 150.000 Österreicher, die 1986 ÖVP wählten, heuer aber für die FPÖ votierten. An den großen Koalitionspartner musste die ÖVP 130.000 Stimmen abgeben, an die Grün-Alternativen 20.000 und an

226 ORF-Wählerstromanalyse, Auszug veröffentlicht in: Der Standard vom 08.10.1990. S 3

sonstige Gruppierungen 40.000. Die SPÖ verlor neben den 160.000 nunmehrigen Nicht-Wählern 110.000 86er-Stimmen an die FPÖ und 30.000 an sonstige Gruppierungen, erhielt aber im Gegenzug insgesamt etwa 220.000 Stimmen von ÖVP, FPÖ und Grünen. So wanderten von der FPÖ 50.000 Stimmen aus der Nationalratswahl 1986 am Sonntag an die Sozialisten, in die umgekehrte Richtung allerdings um 60.000 mehr – nämlich 110.000 Wähler. Weitere „Verlust-Posten“ mussten die Freiheitlichen nicht verzeichnen, im Gegenteil: sie konnten weitere 180.000 „Überläufer“ – 150.000 aus der ÖVP, 30.000 Sonstige – sowie 30.000 ehemalige Nicht-Wähler begrüßen – insgesamt gab es also 320.000 zugewanderte FPÖ-Wähler. Von den vormaligen Grünalternativ-Wählern wechselten diesmal 40.000 zur SPÖ, 60.000 zu „Sonstigen“, darunter auch zu ihrem Wahlplattform-Partner von 1986, VGÖ, und 50.000 zur „Partei der Nicht-Wähler“, aus ÖVP- und Nicht-Wählerkreisen des Jahres 1986 konnten sie aber 100.000 gewinnen.

3. Die Wahl 1994 – Der prolongierte Aufstieg

FPÖ und Liberale sind die großen Gewinner der Nationalratswahlen. Die schweren Verluste der bisherigen Koalitionspartner, vor allem aber der Kanzlerpartei SPÖ, lassen die Regierungsbildung in ungewissem Licht erscheinen. ÖVP und

Abb. 31: Mandatsentwicklung von 1990 - 1994

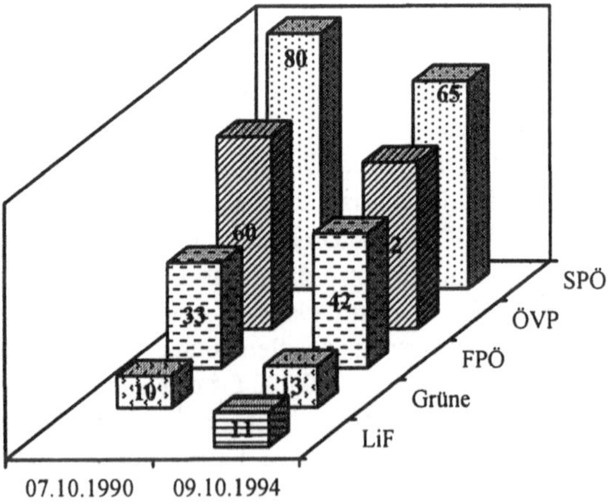

FPÖ verfügen nun rein rechnerisch über die absolute Mehrheit. (...) In der Mandatsverteilung (...) heißt das: Keine Zweidrittelmehrheit für die große Koalition mehr; absolute Mehrheit für ÖVP plus FPÖ; daher keine Mehrheit für SPÖ plus Grüne (13 Mandate) plus Liberales Forum (10). Das Liberale Forum schafft den Einzug in den Nationalrat mit 5,7 Stimmprozenten viel souveräner als angenommen.

a) Wahlmotive[227]

14 Prozent der Wähler haben sich erst in den letzten Tagen vor der Wahl entschieden, wem sie ihre Stimme geben sollen – besonders kurz entschlossen waren die Jungwähler. Von diesen „Late Deciders“ haben vor allem Grüne und Liberale profitiert. Jeder vierte Grün-Wähler und jeder fünfte Liberale hat erst im allerletzten Moment zu „seiner“ Partei gefunden. Das geht aus dem noch am Nachmittag des Wahltages durchgeführten telefonischen Exit-Poll des OGM hervor. Diese Wählerbefragung über Motive und Haltungen ergab weiters, dass 38 Prozent der Österreicher nach ihrer Weltanschauung wählten und 20 Prozent sich von Parteiprogrammen beeinflussen ließen. Für jeden vierten Wähler war der Spitzenkandidat „seiner“ Partei entscheidend. 14 Prozent bezeichneten sich als Protestwähler. Dieses Protestpotential kam vor allem der FPÖ zu Gute – jeder dritte FP-Wähler sagte, er wolle mit seiner Stimme Protest einlegen. Bei den Grünen, einer klassischen Protestpartei, gab das nur jeder vierte Wähler an.

OGM-Chef Wolfgang Bachmayer erhob ebenfalls das „Klima“ am Wahltag – er ließ 1.237 Wahlberechtigte befragen, welche Partei ihnen während des Wahlkampfes sympathischer oder weniger sympathisch geworden ist. Die negativste Bilanz hat die ÖVP vor der SPÖ und den (fast ausgeglichen bilanzierenden) Freiheitlichen. Das LIF konnte unter dem Strich kaum Sympathien dazu gewinnen, wohl aber die Grünen. Jungwähler und Frauen entschieden

b) Wählerströme

Die SPÖ hat in allen Bevölkerungsschichten massiv verloren. Einen besonders radikalen Rückgang muss die SPÖ bei Jungwählern verzeichnen. Hatte die SPÖ im Jahre 1990 noch 37 Prozent der Unter-30jährigen Wähler für sich gewinnen können, so muss sie sich nun mit 28 Prozent zufrieden geben. „Die SPÖ ist eine derart überalterte Partei, dass sie, wenn sich der Wählerschwund so weiterentwickelt, einfach wegstirbt“, meinte Bachmayer bei der Präsentation der Ergebnisse. Nur die Senioren bleiben der SPÖ treu – in dieser Gruppe sank der Wähleran-

227 Vgl.: Der Standard vom 10.10.1994. S 11

teil der großen Regierungspartei nur von 46 auf 44 Prozent. „Je älter die Wähler, desto heiler die SPÖ-Welt", erklärte Bachmayer. Die ÖVP kann – wie schon im Meinungsradar des Standard dargelegt – zwar ein gesünderes Altersprofil aufweisen, aber sie weist einen Jungwählerschwund von 28 auf 23 Prozent auf. Zudem muss die kleine Koalitionspartei im mittleren Alterssegment einen massiven Einbruch hinnehmen. Die FPÖ hat am Sonntag bereits mehr Männer ansprechen können als die ÖVP. 27 Prozent der Männer haben freiheitlich, nur 25 Prozent ÖVP gewählt. Bemerkenswert ist allerdings, dass die massiven Zuwächse der FPÖ nicht mehr allein ihrem „männlichen" Charakter zuzurechnen sind: Unter den Frauen hatten 1990 nur zwölf Prozent FPÖ gewählt, heuer waren es immerhin schon 19 Prozent. Bei den Arbeitern stieg der FP-Anteil von 18 auf 30 Prozent, jener der SPÖ fiel stärker als vorhergesagt von 54 auf 41 Prozent. Die Grünen-Wählerschaft war bisher überwiegend weiblich. Mit dem heurigen Frauen-Team haben sie aber deutlich mehr männliche Wähler als bisher ansprechen können. Und sie haben sich weiterhin als eine sehr junge Partei profiliert: 14 (bisher: 10) Prozent der Jungwähler haben den Grünen ihre Stimme gegeben, einen deutlichen Zuwachs hatten sie aber selbst bei Senioren. Beim LIF zeigt sich – nicht ganz unerwartet – die Attraktivität der Spitzenkandidatin Heide Schmidt für gehobene Bildungs- und Berufsgruppen sowie für Frauen – hier punktete das LIF bei den berufstätigen Frauen noch stärker als bei den Hausfrauen.

Auch das IFES erstellte für den ORF eine Wählerstromanalyse: Die SP-Verluste erklären sich für das IFES vor allem aus dem Verlust ihrer bisher treuesten Wähler – für diese habe sich außer der FPÖ auch das LIF als Alternative geboten. Das IFES rechnet (anders als OGM), dass die SPÖ auch besonders viele Frauen verloren habe. Die ÖVP-Verluste seien durch Abwanderung ihrer Kernschicht bei Selbständigen und Landwirten zu erklären, meint IFES – während die FPÖ sich als „Auffangbecken für alle Unzufriedenen" angeboten habe.

4. Die Wahl 1995 – Ein leichter Rückschlag

„Dieser Wahlkampf hatte mit jenem vom Vorjahr fast nichts gemeinsam, wie eine Analyse der Durchschnittswerte aller in den neun Wahlkampfwochen durchgeführten Umfragen zeigt. Die SPÖ hatte sich 1994 bis etwa vier Wochen vor der Wahl nahe der 40-Prozent-Marke gehalten, bevor sie wegen des AK-Wahldebakels, der Privilegienaffäre Zacharias und der schwachen TV-Auftritte Franz Vranitzkys abstürzte. Heuer trat Vranitzky erst in der zweiten Hälfte der Kampagne auf den Plan. Die Taktik ging auf. Die ÖVP kam wie auch im Vorjahr während des Wahlkampfes nicht recht vom Fleck. Nur als Schüssel Jörg Haider bei der TV-Debatte deklassierte, rückte sie kurzzeitig der SPÖ nahe. Und an Jörg Haider hörte sich das Publikum in den letzten Wochen offenbar satt."[228]

Abb. 32: Mandatsentwicklung von 1994 - 1995

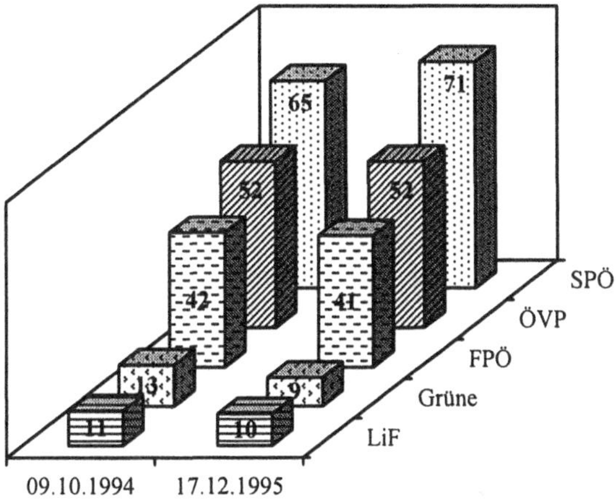

a) Wahlmotive

OGM-Chef Wolfgang Bachmayer, der für den Standard das Österreich-Radar erstellt, spricht von einem *last-week-swing*: Eine beachtliche Zahl von Wählern hätte sich kurz vor der Wahl noch für die SPÖ gewinnen lassen. Viele Leute, die in den letzten Monaten zu den Grünen tendiert hätten, hätten den Entschluss gefasst, ihre Stimme der SPÖ zu leihen. Das wahre Ausmaß der Grün-Niederlage ermesse sich nicht an ihrem Absturz von 7,31 bei der letzten Wahl auf 4,57 Prozent, sondern an den hervorragenden Umfrageergebnissen: Im Frühjahr sei ein zweistelliges Wahlergebnis nicht unrealistisch gewesen. Die SPÖ wäre nach Bachmayer jetzt sehr schlecht beraten, einfach so weiterzumachen wie bisher oder sich gar voll bestätigt zu fühlen.

Eine Panel-Studie des IFES- Instituts ergibt, dass die Wahlkampfthemen Budget, Soziales, Arbeitsplätze, Pensionen und Regierungsbeteiligung der Freiheitlichen in den letzten Wochen unterschiedlich besetzt wurden: Der „Anti-

228 Herbert Lackner in seinem „Wahlkampftagebuch", in: profil 51/95 v. 18.12.1995. S 44

Haider-Bonus" der SPÖ sei gestiegen, während eine Woche vor der Wahl 52 Prozent der Befragten überzeugt gewesen seien, dass die ÖVP eine Koalition mit der FPÖ eingehen wolle.

b) Wählerströme[229]

Die Grünen geben etwa 30.000 Stimmen direkt an die SPÖ ab, 40.000 ehemalige Grün-Wähler aus dem bürgerlichen Lager konnten dagegen von Wolfgang Schüssel und seiner ÖVP gewonnen werden. Ausschlaggebend für die politischen Verschiebungen ist auch die gegenüber dem Vorjahr gestiegene Wahlbeteiligung: Aus dem Reservoir der Nichtwähler bezog die SPÖ 120.000, die ÖVP 40.000, die FPÖ 90.000, die Grünen 20.000 und das Liberale Forum 40.000 Stimmen. Die SPÖ konnte Wähler aller anderen Parteien auf ihre Seite ziehen, während die Freiheitlichen an die SPÖ und auch an die anderen Parteien Stimmen abgeben mussten. Die in den letzten Wahlgängen selbstverständlich scheinenden Wählerströme von der SPÖ zur FPÖ haben diesmal einen stärkeren Gegenstrom erhalten. Von der SPÖ wanderten 10.000 Wähler des Jahres 1994 zu den Freiheitlichen – diese mussten aber rund 50.000 Stimmen an die SPÖ, 30.000 Stimmen an die ÖVP und 10.000 Stimmen an die übrigen Parteien abgeben. Von der ÖVP gingen diesmal 40.000 Stimmen an die Partei Jörg Haiders. Das Liberale Forum verlor nach der ersten ORF-Wählerstromabschätzung insbesondere an die SPÖ 30.000, aber auch an die ÖVP 10.000 Stimmen. Die Wahlniederlage der Grünen findet ihren Niederschlag in der Wanderung von 30.000 Wählern zur SPÖ, von 40.000 zur ÖVP und von 50.000 Wählern zum Liberalen Forum.

5. Die Wahl 1999 – Der Zenit ist erreicht

Mit der Wahl 1999 hat die Haider FPÖ ihren Zenit erreicht. Mit 26,9 % der abgegebenen Stimmen überholt sie erstmals in der Geschichte der II. Republik die ÖVP und präsentiert sich als zweitstärkste Partei. Mit 52 Mandaten liegt sie im Nationalrat nunmehr gleichauf mit der Volkspartei.

---

229 ORF-Wählerstromanalyse vom 17.12.1995

Abb. 33: Mandatsentwicklung von 1995 - 1999

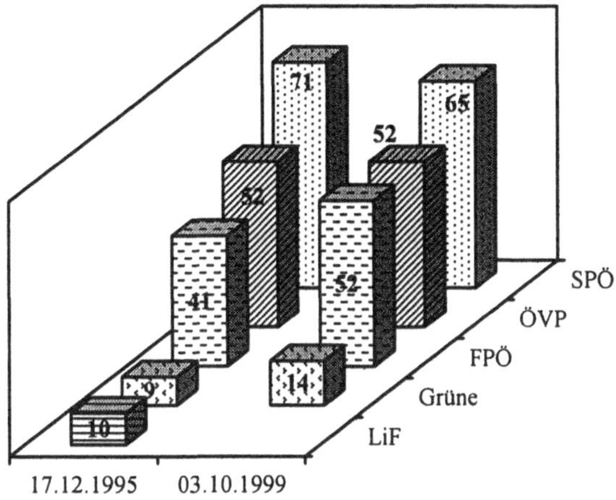

a) Wählerströme

Die Taktik der SPÖ, die Lufthoheit über die Stammtische zurückzugewinnen, geht bei dieser Nationalratswahl nicht auf – sie verliert neun Prozent ihrer Wähler, insgesamt 169.000 Menschen, an die Freiheitlichen. 146.000 sozialdemokratische Wähler des Jahres 1995 gehen diesmal nicht zur Wahl. Und an die ÖVP verliert die SPÖ 57.000 Wähler, im Gegenzug wechseln nur 36.000 Österreicher von der VP zur SP. Die ÖVP gewinnt zwar leicht von den Sozialdemokraten, profitiert aber vor allem davon, dass sie gemeinsam mit der FPÖ die höchste „Behalterate" aufweist. Ganze 80 Prozent der ÖVP-Wähler von 1995 entscheiden sich diesmal erneut für die Volkspartei. Die FPÖ verliert in erster Linie an das Lager der Nichtwähler (116.000) und kann neben den Sozialdemokraten auch von der Volkspartei eine stattliche Anzahl an Wahlgängern, insgesamt 141.000, abwerben. Bei den Grünen haben anscheinend die Attacken gegen die Menschenrechtspolitik der SPÖ und deren Innenminister Karl Schlögl gewirkt. Insgesamt wechseln 69.000 SPÖ-Wähler des Jahres 1995 zu den Grünen. Die Liberalen verdanken ihren Abschied aus dem Parlament SPÖ und Grünen. An die SP verliert die Partei Heide Schmidts 51.000, an die Grünen gleich 60.000 Wähler. Überraschend das Ergebnis bei den Wählern Richard Lugners: Nicht die FPÖ-Wähler, sondern 14.000 SPÖler sind seine Haupt-Wählerquelle.

Die Verschiebung der Wählerpräferenzen gegenüber der Wahl 1995 wirkt sich deutlich auf die Wählerwanderung aus.

	FPÖ-Wähler	**SPÖ-Wähler**	**LiF-Wähler**	**ÖVP-Wähler**	**Grün-Wähler**
DU (Lugner)	0 %	1 %	3 %	1 %	0 %
Grüne	2 %	4 %	25 %	2 %	54 %
LiF	0 %	2 %	35 %	1 %	4 %
FPÖ	80 %	9 %	3 %	11 %	1 %
ÖVP	1 %	3 %	1 %	80 %	10 %
SPÖ	5 %	73 %	21 %	3 %	1 %

b) Wahlrelevante Politikereigenschaften

Interessant sind auch die Motive, die in einer repräsentativen Umfrage als mit entscheidend für das Wahlverhalten genannt werden[230]. Die nachfolgende Aufstellung zeigt, welcher Prozentsatz der je eigenen Wählerklientel welchem Spitzenkandidaten welche Eigenschaften als die Wahl positiv entscheidend zuordnet:

- *Viktor Klima (SPÖ)*

  politische u. soziale Stabilität (65%)
  Tradition, Stammwähler (62%)
  Arbeitsplätze, soziale Leistungen (55%)

- *Wolfgang Schüssel (ÖVP)*

  Tradition, Stammwähler (69%)
  für stabile Verhältnisse (44%)
  Wirtschaftskompetenz (44%)

- *Thomas Prinzhorn (FPÖ)*

  weil sie Missstände aufdeckt (65%)
  bringt frischen Wind u. Veränderung (63%)
  Tradition, Stammwähler (48%)

- *Heide Schmidt (LiF)*

  für LIF im Nationalrat (73%)
  Menschenrechte, Minderheiten, Frauen (70%)
  Persönlichkeit Heide Schmidts (55%)

230 Quelle: Fessel & GFK Institut

➢ *Alexander Van der Bellen (Grüne)*

Umweltschutz (68 %)
Menschenrechte, Frauen (60%)
gegen Ausländerfeindlichkeit (58%)

Die erfolgreiche Wahl 1999 bedeutet eine Zäsur in der freiheitlichen Parteigeschichte. Der Höhepunkt ist erreicht (vgl. Abb. 34), die Wandlung von der Honoratiorenpartei zur plebiszitären Emanzipationsbewegung vollzogen.

Es beginnen Sondierungsgespräche und Regierungsverhandlungen, die im Februar 2000 zur Bildung einer blau-schwarzen Koalition führen. Wohl unter dem Eindruck der internationalen Proteste und der auf der Ebene europäischer Regierungen einsetzenden, demokratiepolitisch bedenklichen Sanktionen gegen Österreich verzichtet Jörg Haider auf eine Funktion in der Bundesregierung, überlässt den Vizekanzlersessel seiner langjährigen Pressesprecherin, Susanne Riess-Passer, und legt wenig später – am 1. Mai 2000 – auch seine Funktion als Bundesparteiobmann der FPÖ zurück.

Damit endet die freiheitliche Erfolgsgeschichte, und der Abstieg setzt ein (vgl. Abb. 35). Dieser ist aber nicht mehr Gegenstand dieser Arbeit.

Abb. 34: Mandatsentwicklung von 1986 - 1999

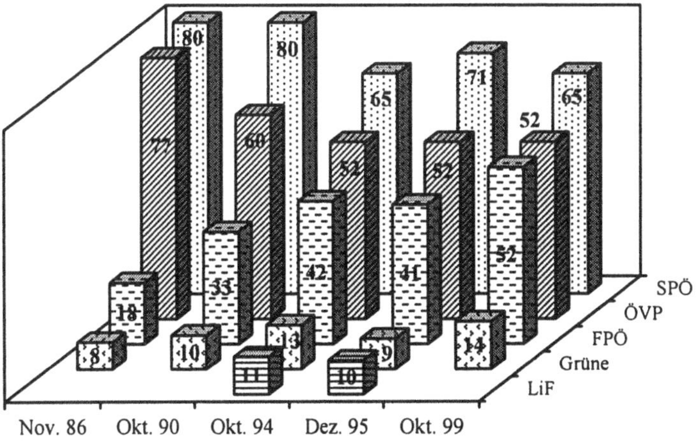

Abb. 35: Mandatsentwicklung von 1999 - 2002

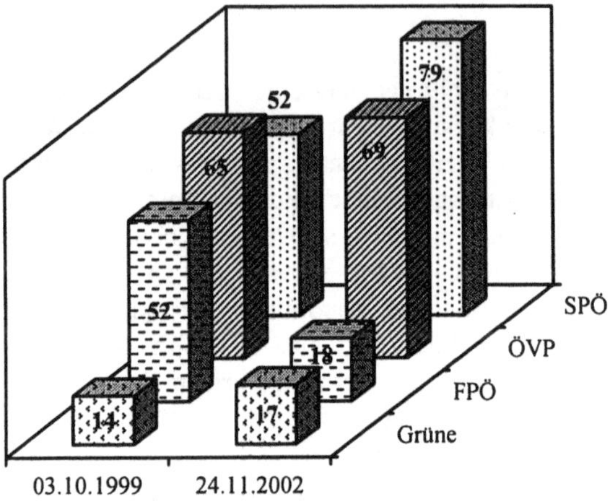

V. Der Obmann – *Spiritus Rector* und Leitfigur

Das Thema des Aufstiegs der FPÖ sei von der Persönlichkeit Jörg Haiders nicht zu trennen, meint Norbert Leser. Haider wirke stark polarisierend und habe ebenso fanatische Gegner wie begeisterte Anhänger. Den ausgesprochenen Haider-Fans müsse man zu bedenken geben: „Wo viel Licht ist, ist auch viel Schatten." Den Haider-Hassern dagegen sei ein anderes Dichterwort zuzurufen: „Er ist ein Teil von jener Kraft, die stets das Böse will und doch das Gute schafft."[231]

Wie Franz Vranitzky, sein großer Gegenspieler, ist auch Haider ein Politiker, der den Übergang verkörpert. Während Vranitzky als Arbeiterkind von der Arbeiterbewegung und der Subkultur des sozialistischen Lagers geprägt wurde, ist Haider im klassisch deutschnationalen Milieu sozialisiert worden. Beide, Vranitzky und Haider, sind fest in ihren Lagern verwurzelt und dennoch fähig, über sie hinaus zu denken: Haider etwa dadurch, dass er auch „die unruhig gewordenen, entfremdeten, von einem prinzipiellen Oppositionsgehabe mobilisierbaren Wähler jenseits des deutschnationalen Lagers" anspricht.[232]

A. Haider, Max Weber und die Typologie der Herrschaft

Norbert Leser rekurriert im Zusammenhang mit der Persönlichkeit Jörg Haiders auf Max Weber und seine Typologie der Herrschaft, die drei Typen der Legitimation[233] vorsieht:

- Die traditionelle,
- die legal-rationale und
- die charismatische.

Während in der Demokratie im Allgemeinen nur das legal-bürokratische Element existiere, das sich in einem modernen Rechtsstaat mit Gewaltentrennung verkörpere, stehe die charismatische Herrschaft quer zur demokratischen Struktur

231 Norbert Leser: Die Sozialdemokratie und das Ende der großen Koalition, in: Republik im Wandel. S 43

232 Pelinka: Die Kleine Koalition. S 102

233 Max Weber: Soziologie. Weltgeschichtliche Analysen Politik. Stuttgart 1956. S 151 ff.

und stelle insofern ein besonderes Problem für sie dar, als sie tatsächlich zur Diktatur führen könne. Es bestünde aber auch die Möglichkeit, als Enklave und Ergänzung in einer funktionierenden Demokratie zu existieren und deren Schwächen positiv zu kompensieren.

Leser sieht in Jörg Haider eine „charismatische Persönlichkeit", gibt aber zu bedenken, dass auch Bruno Kreisky eine solche gewesen sei, die aber zum Unterschied zu Haider nicht polarisierend, sondern integrierend gewirkt habe. Er räumt aber ein, dass der „Neid der Durchschnittspolitiker auch Haider treffe, und dieser sehen müsse, wie er damit fertig werde.

Harald Goldmann hingegen meint, Haider führe „die Teil-Identitäten des Alt-Nazis, des loyalen Sohnes, des wilden Rebellen, des Volkstribunen, des antifeudalen Bonzenbekämpfers, gefährlichen Diktators und zuverlässig-jovialen Freundes, des Landesvaters und des Oppositionellen, des Sexidols und Saubermannes in einer solchen Geschwindigkeit und scheinbaren Bruchlosigkeit vor, dass er für viele die Hoffnung auf eine endlich vereinheitlichte Identität" verkörpere[234], was einer Verurteilung als Demagogen gleichkommt.

Norbert Leser findet es hingegen falsch, „Haider zu einem provinziellen Demagogen zu stempeln und Hohn und Spott über ihn zu gießen."[235] Vielmehr hält er ihn für eine Persönlichkeit von „historischem Format", der man nicht gerecht werde, wenn man sie abtue, weil man dann unliebsame Überraschungen erleben könne.

„Der Hauptvorwurf, der gegen Haider und die von ihm geführte und groß gemachte FPÖ von allen Seiten erhoben wird, ist der, einen autoritären bis faschistischen Kurs zu steuern (...) Wenn man fragt und ernstlich prüft, wie es denn in der SPÖ mit der Demokratie bestellt ist, kann man nicht übersehen, dass die Willensbildungsprozesse in ihr von oben nach unten verlaufen und durch die Vorentscheidungen einer kleinen Oligarchengruppe (...) präjudiziert werden. Unter Vranitzky und seinem Nachfolger Klima ist die SPÖ zu einem Kanzlerwahlverein herabgesunken, die dem obersten Stimmenbringer akklamierte. (...) Sobald sich die Führung der SPÖ zur Bejahung dieses Schrittes durchgerungen hatte, übte sich die Gefolgschaft in Gehorsam, kritische Stimmen wurden durch die Überrumpelungstaktik der Führung im Keime erstickt und erhoben sich denn auch in weiterer Folge nicht, so dass Persönlichkeiten, die mit dem Beitritt zur EU nicht einverstanden waren, innerhalb der Partei aber keine Möglichkeiten der Artikulation ihres abweichenden Standpunktes hatten, die Partei verließen (...)

---

234 Harald Goldmann et al.: Jörg Haider und sein Publikum. Eine sozialpsychologische Untersuchung. Klagenfurt 1992. S 190

235 Leser. S 53

Es ließen sich noch andere Beispiele anführen, um darzutun, dass die SPÖ nicht weniger, sondern mehr eine Führerpartei war als die FPÖ."[236] Leser schließt aus all dem, dass eine Partei, die ein Demokratieverständnis der skizzierten Art praktiziere, jedenfalls nicht berufen sei, über die autoritäre Natur der FPÖ zu Gericht zu sitzen.[237]

B. Haider und Luther – Ein Vergleich

Interessant und zugleich originell mutet der Vergleich Haider – Luther an, den Norbert Leser an Hand von Beispielen illustriert:[238]

- Luther wäre nie groß geworden, wenn ihm der Ablasshandel, der in der katholischen Kirche neben vielen anderen Missständen und Missbräuchen florierte, nicht die Handhabe für einen Kampf zur Erneuerung der Kirche geboten hätte. Auch Haider hätte sich in die bestehenden Strukturen integriert und hätte eine große, systemkonforme Rolle spielen können, wenn die Strukturen nicht so erstarrt und verkrustet gewesen wären, wie sie es in der Großen Koalition eben waren.
- Luther wäre ohne dieses derb-demagogische Element nie massenwirksam geworden, sondern wäre in engen Kreisen etablierter Theologen geblieben. Auch Haider musste sich einer starken Sprache bedienen, um die lethargischen Massen aufzurütteln und auf die Fehler des Systems aufmerksam zu machen.
- Luther haben die päpstlichen Bannflüche und die kaiserlichen Edikte, die gegen ihn erlassen wurden, ebenso wenig geschadet wie Haider die Ausgrenzungen seiner leichtgewichtigen politischen Gegner.
- Luther zog sich auf die Wartburg unter den Schutz eines Landesfürsten zurück und führte den Decknamen Ritter bzw. Junker Jörg. Haider ist in der besseren Lage, als Landeshauptmann von Kärnten sein eigener Schutzschild zu sein.
- Luther wie Haider haben das Land gespalten und dennoch, ja gerade deswegen, den Einzug in die Arena des Erfolges geschafft.

C. Haider und die Medien – Der Gladiator triumphiert

Wie bereits weiter oben ausgeführt, spielen die Neuen Medien eine immer wichtigere Rolle bei der „Vermarktung" von Politik. Dies gilt umso mehr, wenn sich eine charismatische Persönlichkeit wie Jörg Haider anschickt, die Medienbühne zu betreten.

---

236 A. a. O. S 49 f
237 A. a. O. S 51
238 A. a. O. S 53 f

Im Sommer 1986 war die FPÖ an einem Tiefpunkt ihrer Parteigeschichte angelangt. In den demoskopischen Präferenzmessungen notierte die FPÖ zwischen ein und zwei Prozent. Dann kam der bereits mehrfach erwähnte Innsbrucker Parteitag der FPÖ und mit ihm die große Stunde Jörg Haiders.

„Der Gladiator aus Kärnten schickte sich an, die Arena zu betreten", so formuliert es Fritz Plasser in einem medienkritischen Aufsatz fast poetisch: „Die Journalisten wiederum witterten jenen Hauch des dramatisch Außergewöhnlichen, jene Spannung und jenen Konfliktstoff, den man in technischer Professionalität verstärken, kolorieren, in dramaturgische Sequenzen und Ereignisabläufe zerlegen kann."[239]

Der Innsbrucker FPÖ-Bundesparteitag habe nach Plasser bereits im Vorfeld wesentliche Kompositionsbestandteile eines außergewöhnlichen Medienereignisses erkennen lassen:

- *Hochgradig personalisierten Konflikt*

  Die sehr emotionsgeladenen persönlichen Rivalitäten zwischen Jörg Haider und Norbert Steger kommen dem Verlangen der Medien nach Spannung wie Vereinfachung entgegen.

- *Konflikt als Ritual-Drama*

  Der unerwartete Kompromiss der beiden Konkurrenten, das Einlenken im letzten Augenblick sind die natürlichen Feinde eines Eskalationsjournalismus, da sie dessen Dramaturgie unterlaufen und die Berechenbarkeit gefährden. Im Duell Haider – Steger waren die Weichen eindeutig auf Konflikt gestellt.

- *Dosierte Konfliktverstärkung*

  98 Prozent der österreichischen Wahlberechtigten, die sich im Herbst 1986 nicht für die FPÖ deklarierten, wird durch die massenmediale Verstärker-Wirkung Gelegenheit geboten, das FPÖ-Drama mit sportiver Anteilnahme zu verfolgen. Inszeniert wird ein massenmediales Spektakel, wobei vor allem das Fernsehen lustvoll seine Inszenierung bereitet.

„Das Ritual-Drama als inszeniertes Medienereignis nimmt seinen Lauf. Die stündlichen Nachrichtensendungen reichen nicht mehr aus, die Spannung zu vermitteln. Sondersendungen (...) unterbrechen die zeremonielle Struktur des Programmablaufs. (...) Professionell geschnittene Sequenzen von Bildern des Gladiators, der triumphierend mit jugendlicher Spannkraft das Podium erklimmt, um (eine stehende Ovation) entgegenzunehmen, wechseln mit Bildern des Geschlagenen, zeigen die menschliche Tragödie (in Nahaufnahme), marmorieren im

239 Plasser: Die populistische Arena. S 89

Schlagschatten der Scheinwerfer die psychischen Verwundungen, geben Kunde, was im Saal an Emotionen ausgelebt wurde, bieten dem Betrachter gleichzeitig die Gewissheit, nur Zuschauer, Nicht-Involvierter, nur sensorisch erregter Beobachter zu sein."[240]

„Zur Erklärung des unerwarteten – auch von der politischen Demoskopie in diesem Ausmaß nicht prognostizierten – Wahlerfolges der FPÖ bzw. ihres Spitzenkandidaten Haider bietet Plasser mehrere Thesen an, von denen keine voll und ganz befriedigend sei:[241]

➢ *Die Konservativismus-These*

Danach hätte Haider das latent formierte bzw. frei schwebende neokonservative Wählerpotential gezielt angesprochen. Der Wahlerfolg der FPÖ wäre somit Indikator eines seit längerer Zeit zu beobachtenden Rechtsrucks der österreichischen Wählerschaft.

➢ *Die Wählerprotest-These*

Demzufolge ging der Wahlerfolg der FPÖ in erster Linie auf das Versagen der ÖVP zurück, im Wahlkampf das Protestpotential jener, die mit der SPÖ bzw. der Politik der Koalitionsregierung unzufrieden waren, überzeugend anzusprechen.

➢ *Die Populismus-These*

Demzufolge ginge der Wahlerfolg der FPÖ ausschließlich auf die populistische Selbstdarstellung des FPÖ-Spitzenkandidaten zurück.

Der Wahlerfolg Jörg Haiders sei nach Plasser somit nur durch die massenmediale Verstärkerwirkung zu begründen. Er habe des Zusammenspiels einer populistischen Persönlichkeit und politischer Selbstdarstellung aufgeschlossen gegenüber stehender Medien bedurft.

Nach Plasser könne man am Beispiel des Haider-Wahlkampfes vergröbernd folgende Stilmittel, Inszenierungs- und Selbstdarstellungsformen unterscheiden:[242]

➢ *Jugendliches Selbstbewusstsein*

Jörg Haider sei ein Bildereignis, das Assoziationen wie: Selbstbewusstsein, Selbstvertrauen, jugendliche Spannkraft, prickelnde, jugendliche Unverfrorenheit, Sympathie, Strahlkraft, Bewegung und Veränderung suggeriere.

➢ *Doppelten Argumentationsboden*

240 A. a. O. S 92
241 A. a. O. S 98 f
242 A. a. O. S 100 f

Die Argumentation sei zweigeteilt: in eine nach außen und eine nach innen gerichtete, die auf die Kern- und Funktionärsschichten abstelle.

- *Plakative Protestrhetorik*

  Der Gladiator wisse, was von ihm erwartet wird. Er dürfe alles, bloß *eines* nicht: sein Publikum langweilen. Das Publikum erwarte die polemische Pointe, das vernichtende Urteil über die korrumpierte Politik der „Altparteien", die Geißelung der Privilegien und das Aufzeigen der Ohnmacht des „kleinen Mannes" gegenüber dem Kartell der Parteien- und Verbändemacht. Ein jugendlicher Tribun spreche aus, was Zahlreiche fühlten, dächten, aber nicht so griffig formulieren könnten.

- *Dramatische Inszenierung*

  Sie bedeutet, für einen ansteigenden Spannungsbogen zu sorgen, latente Stimmungen zu verstärken, Bewegung, Dynamik zu suggerieren.

Für den modernen Populismus stellen somit die Massenmedien einen Resonanzboden dar. Sie fungieren dabei als Verstärker. Sie sind, überspitzt ausgedrückt, die Lautsprecher. „Die ‚Visionalisierung' der Politik ... revolutionierte aber nicht nur die Wahrnehmung des politischen Prozesses durch Bürger und Wähler, sondern bewirkte auch einschneidende Veränderungen in der Selbstdarstellung der politischen Akteure und Institutionen. Die ‚elektronische' Arena verlangte nach neuen Spielregeln im politischen Wettbewerb, denen sich die Parteien zu beugen hatten – wollten sie weiterhin überleben –, was im Jargon der politischen Technostruktur fortgeschrittener Fernsehgesellschaften soviel bedeutet wie ‚am Schirm' präsent zu sein, um im permanenten Wahlkampf bestehen zu können."[243]

Der politische Amateurismus sei somit einem kühlen, technokratischen Kalkül gewichen, das mit der Atmosphäre politischer Debattierclubs so wenig gemein habe wie die computergesteuerte Fertigungshalle eines industriellen Großkonzerns mit dem Arbeitsalltag eines handwerklichen Kleinbetriebes.

D. Haider und die Rechtsprechung – Zweierlei Maß?

Am 6. Dezember 1991 attackiert Grün-Abgeordneter Peter Pilz die FPÖ mit bisher noch nie da gewesenen Untergriffen:[244] Sie solle in politischer Quarantäne gehalten werden, sie sei derzeit infektiös, menschen- und demokratiefeindlich, und: „Wer die Beulenpest hat, mit dem legt man sich nicht ins Bett!"

---

243 Plasser: Die populistische Arena. S 71 f.

244 Kurt Piringer: Chronologie. S 380

Im Jänner 1992 wird Jörg Haider in einem Kurier-Interview auf jüngst bekannt gewordene Neonazi-Umtriebe angesprochen und meint, es handle sich bloß um 200 bis 300 Verrückte, die durch die Berichterstattung aufgewertet würden. Daraufhin kommt es zu einem medial hoch gespielten Aufruhr. Haider wird vorgeworfen, er verharmlose und verdränge den Rechtsextremismus. Im Zuge dieser aufgeheizten Stimmung berichtet der Kurier:

„Für den Klubobmann der Wiener Grünen, Peter Pilz, heißt der politische Ziehvater und Ideologe des Rechtsextremismus Jörg Haider. Bei den Neonazis handle es sich um Straßenrowdies, die die Drecksarbeit für die politischen Rowdies machen. Aus der persönlichen Verantwortung für die zunehmende Radikalisierung könne sich der FP-Obmann nicht davonstehlen."[245]

Haider klagt und verliert in allen Instanzen. Die Begründung der Entscheidung des Obersten Gerichtshofes lautet:[246]

„In der mittelbaren Demokratie bedarf es (...) einer Gewährleistung der unbehinderten Gedanken-, Rede- und Argumentationsfreiheit, insbesondere der Vertreter politischer Gruppen in der Kommunikation mit dem Bürger (...) Das Rechtliche Interesse an einer möglichst freizügigen Information müsste als der mittelbaren Demokratie verpflichteten Staatsordnung wesensimmanent anerkannt und der politischen Äußerung daher (...) ein überaus hoher Stellenwert beigemessen werden (...) Bei der erforderlichen Interessensabwägung (zwischen dem Recht auf freie Meinungsäußerung und dem gesetzlichen Schutz der Sphäre einer Persönlichkeit und ihrer Ehre) sei es vor allem geboten, die Bedeutung (...) der Äußerung, insbesondere im Zusammenhang mit dem politischen Verhalten des von der Äußerung Betroffenen sowie (...) des Verständnisses der mit der Äußerung angesprochenen und erreichbaren Empfänger, zu erfassen."

Unter diesem Gesichtspunkt sei die von Pilz gebrauchte Wendung „der politische Ziehvater ...." als Kundgabe der eigenen politischen Auffassung des Beklagten über eine politische Unvertretbarkeit des Verhaltens des Klägers zu erkennen, ohne dass dabei ein Wertungsexzess festzustellen wäre. Die bemängelte Äußerung hätte sich (...) in der für parteipolitische Auseinandersetzungen üblich gewordenen Ausdrucksform gehalten und sei in der angesprochenen Öffentlichkeit nicht als Vorwurf eines von der rein politischen Verhaltensweise unabhängig unehrenhaften Verhaltens des Klägers zu begreifen.

Während die politischen Gegner der Haider-FPÖ Auftrieb erfahren und ihre Freude unüberhörbar groß ist, reagieren die Freiheitlichen fassungslos. Doch damit nicht genug. Gestützt auf die liberale Haltung des österreichischen Höchstge-

245 Kurier vom 19.01.1992. S 2
246 Urteil des Obersten Gerichtshofes (OGH) vom 22.08.1995, 6 Ob 18/94

richts folgen weitere, als Demütigung empfundene gerichtliche Niederlagen für die FPÖ.

Im August 1994 erklärt der SP-Bezirksobmann von Dornbirn, davor Angst zu haben, „von selbsternannten FPÖ-Führern wie Jörg Haider, Ewald Stadler ... und anderen braun-blauen Schreiern bevormundet zu werden.“[247] Ewald Stadler klagt und bekommt von den ersten beiden Instanzen Recht, wobei vor allem der Wortlaut „selbsternannte Führer“ als unwahre und ehrenbeleidigende Tatsachenbehauptung gewertet wird. Doch die SPÖ erhebt Einspruch, und der Senat 6 des Obersten Gerichtshofes gibt diesem mit folgender Begründung statt:[248]

> Die Äußerung des beklagten Bezirksparteiobmannes sei als Kundgabe der eigenen Auffassung des Beklagten über die politische Unvertretbarkeit des Verhaltens der Spitzenkandidaten der gegnerischen Partei zu erkennen ... Nach dem vermittelten Gesamteindruck sei die Äußerung zur eigenen Profilierung und Abgrenzung zum politischen Gegner gefallen und keineswegs im Zusammenhang mit irgendwelchen von den Adressaten als nationalsozialistisch zu verstehenden Äußerungen oder Handlungen im Sinne des Verbotsgesetzes. Es sei daher von einem Werturteil „selbsternannter braun-blauer Schreier“ bei der für parteipolitische mediale Auseinandersetzungen üblich gewordenen Ausdrucksform nicht auf ein unehrenhaftes oder gar dem Verbotsgesetz unterfallendes Verhalten zu schließen, sondern nur darauf, dass dieser „am äußersten rechten Rand“ der Szene angesiedelt sei (braun-blau) und seine politischen Ziele lautstark, in unüblich hartem Ton (Schreier) verfolge. Jedem durchschnittlichen Leser müsse die Kenntnis, dass der gegnerische Politiker durch demokratische Wahlen in seine Funktion gelangte, unterstellt werden, sodass die Beifügung „selbsternannt“ nur die Pointierung und Unterstreichung der Ansicht des Äußernden diene ... Es liege sohin weder ein Wertungsexzess noch eine ehrenrührige unrichtige Tatsachenbehauptung vor.

Diese Beispiele stehen stellvertretend für den extrem liberalen Umgang mit FPÖ-kritischen Personen, nicht nur von Seiten des österreichischen Höchstgerichtes.

---

247 Johannes Hübner: Die „Haider-Judikatur“ und die Faschismuskeule, in: Republik im Wandel. S 324

248 Urteil des OGH vom 11.01.1996, 6 Ob 1/96

VI. Zusammenfassung und Ausblick

Nach dieser teils historischen, teils ideengeschichtlich-phänomenologischen, in ihrem Hauptteil aber empirisch-analytisch angelegten Untersuchung der freiheitlichen Oppositionsrolle von 1986 bis 1999 sollen nun Antworten auf die eingangs gestellten Fragen formuliert und die Arbeitshypothesen einer kritischen Überprüfung unterzogen werden.

Wie sieht es mit dem Selbstverständnis der Freiheitlichen im Untersuchungszeitraum aus?

Legt man das faktische Auftreten der Partei, ihre parlamentarischen Initiativen und das für den Untersuchungszeitraum dominante Parteiprogramm aus 1985 zugrunde, ergibt sich folgendes Bild: Ja zu Leistung, ja zu Familie, ja zu Elitenbildung sprechen für eine Rechts-Zuordnung der Freiheitlichen, die allerdings in Anbetracht des Bekenntnisses zu liberalen Grundwerten und aufgrund des sozialen Auftritts zur Mitte hin korrigiert werden muss.

Gibt es strukturelle Rahmenbedingungen mit Feindbildcharakter, welche als Triebfedern freiheitlichen Handelns fungieren?

Die Einbettung in das gesellschaftliche Umfeld erweist sich für Parteien von großer Bedeutung. Die strukturellen Rahmenbedingungen der Zweiten Republik haben zu einer bipolaren Machtaufteilung geführt. ÖVP und SPÖ bestimmen im Wesentlichen die Spielregeln der Politik. Sie dominieren verstaatlichte Banken, die verstaatlichte Industrie und das Schulwesen. Dazu kommt als Novum der II. Republik der Verbändestaat, d. h. das Verbändewesen, das sich zusehends verselbständigt. Seit 1945 wird der formal überparteiliche ÖGB von den Sozialdemokraten dominiert und die 1946 gegründete Wirtschaftskammer von der ÖVP.

Beide markieren die Pfeiler der Sozialpartnerschaft. Die Freiheitlichen partizipieren kaum von dieser Vernetzung – zumindest bis zum Eintritt in die Kleine SPÖ-FPÖ-Koalition im Jahre 1983. Sie können personalpolitisch kaum mit gestalten. Gleichsam hinter verschlossenen Türen wird der Einflussbereich in Wirtschaft und Staat unter den beiden Großparteien streng nach Proporz aufgeteilt und verfestigt. Im Dritten Lager gärt es.

Mit der Kleinen Koalition kommt es zu einer „Entfesselung“ des Wählerverhaltens (Pelinka) und damit zu einer Abkehr von traditionellen Mustern; die Kleine Koalition bedeutet somit den Übergang von der auf Stabilität und Zusammenarbeit, auf Berechenbarkeit und Loyalität ausgerichteten Konsensdemokratie der Nachkriegsjahrzehnte zur Konflikt suchenden Konkurrenzdemokratie. Dieser Trend verstärkt sich im Untersuchungszeitraum, in der Ära Haider, deutlich. Der Kampf gegen Privilegien und „Freunderlwirtschaft“ wird zum Markenzeichen freiheitlicher Politik. Parteibuchwirtschaft, Proporz und Patronage werden zur Triebfeder freiheitlichen Handelns.

Haben soziologische Phänomene im Untersuchungszeitraum zu gesellschaftspolitischen Umdenkprozessen und Trends geführt und damit, gewissermaßen als Handlungstriebfedern und Katalysatoren, Aufstieg und Wandel der Haider-FPÖ begleitet?

Diese Frage ist eindeutig mit Ja zu beantworten.

Postmaterialismus und Postindustrialismus sowie Säkularisierung leiten Erosionstendenzen ein. Der Kampf gegen das Proporz- und Patronagesystem kann von den Freiheitlichen nur deshalb so erfolgreich geführt werden, weil er bereits in eine Aufbruchstimmung fällt. Der „Bruch mit Ligaturen“ (Dahrendorf) ist, so scheint es, bereits weit fortgeschritten. Traditionelle Bindungen sind in Auflösung begriffen, damit einher geht die Lockerung von Parteiloyalitäten, die zu einem nachweisbaren Stammwählerrückgang führt.

Die fortschreitende Säkularisierung führt zum weitgehenden Schwinden von Religiosität und Kirchlichkeit. Werte werden in Frage gestellt, Wohlstand und Konsumdenken begünstigen nicht nur Gleichgültigkeit und Hedonismus sondern auch Beziehungslosigkeit. Für die Sozialkontakte eines Menschen spielt es eine immer geringere Rolle, was er beruflich macht und wo er wohnt. Soziale Milieus entstehen durch Beziehungswahl.

Neue Medien, allen voran das Internet, verändern das Denken und „Welthaben“ der Menschen grundlegend. Die via Satellitenschüssel oder Kabelfernsehen ständig verfügbaren Fernseh- und Radioprogramme revolutionieren das Informationsverhalten und erweitern – zumindest potentiell – den Wissenstand, sie führen aber auch zu Reizüberflutung und Verflachung der Kommunikation. Scheinbar mündige Bürger entpuppen sich trotz besserer Schulbildung – die Zahl der Maturanten und Hochschulabgänger hat sich in der zweiten Hälfte des 20. Jahrhunderts vervielfacht – immer häufiger als „digitale Autisten“. Das Motto der

Aufklärung, durch selbständiges Denken den Ausgang aus der selbst verschuldeten Unmündigkeit zu finden, scheint aktueller denn je.

Die Wahlerfolge Jörg Haiders sind nicht zuletzt mit der massenmedialen Verstärkerwirkung zu begründen. Haider ist ein Bildereignis (Plasser), das jugendliche Spannkraft, jugendliche Unverfrorenheit, Strahlkraft und Veränderung suggeriert. Die „Visionalisierung" der Politik revolutioniert nicht nur die Wahrnehmung des politischen Prozesses durch Bürger und Wähler, sondern bewirkt auch einschneidende Veränderungen in der Selbstdarstellung der politischen Akteure. Die „elektronische Arena" verlangt nach neuen Spielregeln im politischen Wettbewerb, denen sich die Parteien zu beugen haben.

Das Projekt des schönen Lebens, kurz: die „Erlebnisgesellschaft" (Schulze), impliziert einen bestimmten Selbstbezug des Menschen. Er achtet darauf, wie er erlebt, und er versucht, die Umstände so zu arrangieren, dass er es schön findet. Vormalige Selbstverständlichkeiten – Leben als Überleben; Leben als Dienen, Pflicht, Selbstaufopferung; Leben als Existenz mit metaphysischem Bezug – gelten in der „Erlebnisgesellschaft" von heute als antiquiert.

Freiheitliche Wahlveranstaltungen und Auftritte Jörg Haiders werden zu Stätten der Begegnung – sie haben Erlebniswert.

Spielt Populismus beim „Verkauf" freiheitlicher Politik eine tragende Rolle? Ist er bloß die legitime Berücksichtigung der *vox populi* oder doch demagogisches Instrument zur Stimmenmaximierung?

Beides! Populistische Bewegungen appellieren an das Volk, an die „einfachen Leute". Deren Wohl sehen sie am stärksten bedroht durch mächtige Organisationen in Wirtschaft und Politik, Großbanken und Konzernen. Wenngleich vieles von dem auch auf die Freiheitlichen zutrifft, scheint die generell pejorative Punzierung des Populismus nicht nachvollziehbar. Eine Politik, die sich an Gefühl, Stimmung und gegen soziale Ungerechtigkeiten wendet, muss nicht a priori schlecht und böse sein.

Populismus scheint einem Vexierbild ähnlich zu sein: Es kommt immer auf den geistigen Betrachtungswinkel an. Was einmal als vordergründige Anbiederung an den „Kleinen Mann" empfunden wird, kann im anderen Fall eine mutige Maßnahme im Sinne hoher Sozialkompetenz sein – getragen von Verantwortung und Gemeinsinn.

Hat es in bestimmten Bereichen eine freiheitliche Themenführerschaft gegeben? Und wenn ja, hat sie zu konkreten Umsetzungserfolgen geführt?

Es gibt zwischen 1986 und 1999 sowohl eine freiheitliche Themenführerschaft, etwa in der Privilegiendiskussion, als auch Umsetzungserfolge. Das von mir modifizierte Evaluationsmodell nach Vedung erweist, dass freiheitliche Forderungen – wenn auch mit zeitlicher Verzögerung und nach anfänglicher Ablehnung – zu späten Erfolgen geführt haben. Konkrete Beispiele belegen dies, etwa der Abbau von Nationalbankprivilegien, die Beseitigung von überhöhten Abfertigungsansprüchen im Bereich der Arbeiterkammern oder die Abschaffung des Rundfunkmonopols durch den Europäischen Gerichtshof etc.

Letztlich sind Wahlgewinne ein unbestechliches Kriterium für die Zustimmung zu einer bestimmten Politik und für den Erfolg einer politischen Bewegung. Sie sprechen im Untersuchungszeitraum eine deutliche Sprache.

Welche Rolle spielt der Bundesparteiobmann?

Jörg Haider zählt nach Max Webers Typologie der Herrschaft zu den „charismatischen Persönlichkeiten", er wirkt aber polarisierend, nicht integrierend. Der Hauptvorwurf gegen Haider, einen autoritären bis faschistischen Kurs zu steuern, erweist sich bei genauerer Prüfung der Situation in anderen Parteien (im Untersuchungszeitraum; M. A.), etwa der SPÖ, wo die Willensbildungsprozesse von oben nach unten verlaufen (Leser), als weitgehend haltlos.

Ein Vergleich Haiders mit Luther zeigt erstaunliche Parallelen: Luther wie Haider hätten eine große, systemkonforme Rolle spielen können, wenn die Strukturen nicht so erstarrt und verkrustet gewesen wären. Beide bedienten sich einer starken Sprache, um die lethargischen Massen aufzurütteln und auf die Fehler des Systems aufmerksam zu machen. Luther wie Haider haben das Land gespalten und dennoch, ja gerade deswegen, den Einzug in die Arena des Erfolges geschafft.

Lassen sich Entwicklungen voraussagen?
Welche Schlüsse sind zu ziehen?

Der „Absturz" der Freiheitlichen im November 2002 ist nicht bloß das Ergebnis einer parteiinternen Fehlentwicklung, die im so genannten „Knittelfeld-Putsch" gipfelt, er zeigt generell, dass der Erfolgskurs einer Oppositionspartei gestoppt und in sein Gegenteil verkehrt werden kann, wenn dieselbe Partei als Regierungspartnerin politische Verantwortung übernehmen muss. Das ständige Suchen nach gangbaren Lösungen in Übereinstimmung mit dem Koalitionspartner macht es mitunter notwendig, von der „reinen Lehre“ abzuweichen und die eigene Klientel zu verschrecken. Die Wähler sind enttäuscht und verärgert. Ist erst einmal eine entscheidende Wahl verloren, wird eine Negativspirale ausgelöst. Die Menschen wählen keine Verlierer. Interessant dabei ist, dass sich das Ausmaß des Absturzes direkt proportional zum Tempo des vorangegangenen Aufstiegs zu verhalten scheint. – Eine Gesetzlichkeit?

Am 7. März 2004 fahren die Freiheitlichen bei den Kärntner Landtagswahlen einen fulminanten Erfolg ein, und Jörg Haider wird ein weiteres Mal zum Landeshauptmann gewählt. Die Kärntner Entwicklung bleibt aber ein singuläres Ereignis, gewissermaßen ein Sonderweg. Die Negativspirale auf Bundesebene kann damit nicht gestoppt werden. Sie führt dort zu parteiinternen Flügelkämpfen und persönlichen Zerwürfnissen, die in der Gründung des *Bündnisses Zukunft Österreich (BZÖ)* und dessen Abspaltung von der FPÖ gipfeln. Das Dritte Lager wird in seinen Grundfesten erschüttert.

Wie dem auch immer sei. Die Erfolge der freiheitlichen Opposition im Nationalrat von 1986 bis 1999 sind unbestritten. Der forsche Auftritt einer charismatischen Leitfigur wie Jörg Haider wäre für sich genommen wohl zu wenig, um jenen Aufbruch zu erklären, der im Untersuchungszeitraum eingesetzt und nicht nur die Freiheitliche Partei sondern den gesamten Stil der österreichischen Innenpolitik nachhaltig verändert hat. Es sind vielmehr die strukturellen Rahmenbedingungen in Österreich und all die geschilderten soziologischen Phänomene, die den Boden für die Akzeptanz umfassender Veränderungen bereitet haben. Sie haben als Katalysatoren diese Entwicklung erst ermöglicht, dann beschleunigt. Überspitzt ließe sich sagen: Die Zeit ist einfach reif gewesen, Jörg Haider und seine Freiheitlichen haben sie bloß klug genutzt.

Abbildungsverzeichnis

Literaturverzeichnis

Berger, Helmut/Kurt Traar: Grundlegende Faktoren des Wahlverhaltens, in: ÖZP 3/1983

Brauneder, Wilhelm: Die Verfassungsdiskussion, in: Lothar Höbelt (Hrsg.): Republik im Wandel. Die große Koalition und der Aufstieg der Haider-FPÖ. München 2001. S 8

Brumlik, Micha: Geistesaristokraten und Einpunktegalitaristen – Ein antipopulistisches Pamphlet, in: Helmut Dubiel (Hrsg.): Populismus und Aufklärung. Frankfurt am Main 1986. S 248

Chorherr, Thomas: Das Ende der Großparteien, in: Die Presse vom 10.10.1994. S 1

Dachs, Herbert et al. (Hrsg): Handbuch des Politischen Systems Österreichs. Die Zweite Republik. Wien 1997

Dahrendorf, Ralf: Die Sache mit der Nation, in: Michael Jeismann/Henning Ritter (Hrsg.): Grenzfälle. Über neuen und alten Nationalismus. Leipzig 1993. S 101

Dahrendorf, Ralf: Der moderne soziale Konflikt. Essay zur Politik der Freiheit. Stuttgart 1992

Dubiel, Helmut (Hrsg.): Populismus und Aufklärung. Frankfurt am Main 1986

Egger de Campo, Marianne: Wähler ohne Eigenschaften. Rechtsruck oder Unterhaltungsdemokratie? Graz – Wien 2000

Ernst, Werner W.: Zu einer Theorie des Populismus, in: Anton Pelinka (Hrsg.): Populismus in Österreich. Wien 1987. S 10

Fink, Wilhelm (Hrsg.): Konservativismus, Liberalismus, Sozialismus. München 1981

Fischer, Heinz: Das Parlament, in: Dachs et. al. (Hrsg.): Handbuch des politischen Systems Österreichs. Die Zweite Republik. Wien 1997, S 99 f.

FPÖ (Hrsg.): Programm der Freiheitlichen Partei Österreichs. Salzburg 1985

FPÖ (Hrsg.): Das Programm der Freiheitlichen Partei Österreichs. Linz 1997

Freiheitliches Bildungswerk (Hrsg.): Freiheitliche Thesen zur politischen Erneuerung Österreichs. Wien 1994

Fritzl, Herbert/Martin Uitz: Kritische Anmerkungen zur so genannten Lagertheorie, in: ÖZP 3/1975

Fürstenberg, Friedrich: Sozialkulturelle Aspekte der Sozialpartnerschaft, in: Peter Gerlich/Edgar Grande/Wolfgang C. Müller (Hrsg.): Sozialpartnerschaft in der Krise. Leistungen und Grenzen des Neokorporatismus in Österreich. Wien – Köln – Graz 1985. S 29

Gerlich, Peter: Sozialpartnerschaft und Regierungssystem, in: Gerlich/Grande/ Müller: Sozialpartnerschaft in der Krise. S 109

Gerlich, Peter: Sozialpartnerschaft in der Krise, in: Gerlich/Grande/Müller: Sozialpartnerschaft in der Krise. S 355

Gottschlich, Maximilian: Regierungserklärungen als Modellfälle politischer Kommunikation, in: Maximilian Gottschlich; Oswald Panagl; Manfried Welan: Was die Kanzler sagten. Regierungserklärungen der Zweiten Republik 1945 bis 1987. Wien – Köln 1989. S 33

Habermas, Jürgen: Faktizität und Geltung. Beiträge zur Diskurstheorie des Rechts und des demokratischen Rechtsstaates. Frankfurt am Main 1992

Haider, Jörg: Die Freiheit, die ich meine. Frankfurt am Main – Berlin 1993

Haider, Jörg: Befreite Zukunft jenseits von links und rechts. Wien 1997

Hauch, Gabriella et al (Hrsg.): Populismus. Ideologie und Praxis in Frankreich und Österreich. Innsbruck 2002

Hauch, Gabriella: ‚Neue Wege in viele Richtungen'. Geschlecht und Politik in der Freiheitlichen Partei Österreichs von 1986 bis 2000, in: Hauch et al.: Populismus. S 63

Heinrich, Hans-Georg: Einführung in die Politikwissenschaft. Wien – Köln 1989

Hellmuth, Thomas: ‚Patchwork' der Identitäten. Ideologische Grundlagen und politische Praxis des Populismus in Frankreich und Österreich, in: Hauch et al.: Populismus. S 9

Höbelt, Lothar (Hrsg.): Republik im Wandel. Die große Koalition und der Aufstieg der Haider-FPÖ. München 2001

Hörisch, Jochen: Jenseits der Gutenberg-Galaxis, in: Detlev Schöttker (Hrsg.): Mediengebrauch und Erfahrungswandel, Göttingen 2003

Horner, Franz/Paul M. Zulehner: Kirchen und Politik, in: Dachs et al.: Handbuch des politischen Systems. S 491

Inglehart, Roland: The Silent Revolution: Changing Values And Political Styles Among Western Politics. Princeton N. J. 1977

Khol, Andreas: Mein politisches Credo. Wien 1998

Kreisky, Bruno: Zwischen den Zeiten. Erinnerungen aus fünf Jahrzehnten. Berlin 1986

Leser, Norbert: Die Sozialdemokratie und das Ende der großen Koalition, in: Höbelt: Republik im Wandel. S 42

Lübbe, Hermann: Konservativismus, Liberalismus und Sozialismus: Politische Archetypen? in: Freiheitliches Bildungswerk (Hrsg.): Freiheit und Verantwortung. Jahrbuch für politische Erneuerung 1995. Wien 1995. S 35

Luther, Kurt Richard: Die Freiheitlichen (F), in: Dachs et al.: Handbuch des politischen Systems. S 286
Macho, Thomas: Politische Avatare. Jörg Haider und die Mediendemokratie, in: Hauch et al.: Populismus. S 165
Meyrowitz, Joshua, zitiert in: Jochen Hörisch: Jenseits der Gutenberg-Galaxis, in: Detlev Schöttker (Hrsg.): Mediengebrauch und Erfahrungswandel, Göttingen 2003, S 135 f
Mölzer, Andreas: Grundwerte statt Ideologie, in: Freiheitliches Bildungswerk (Hrsg.): Freie Argumente. Freiheitliche Zeitschrift für Politik. 4/1994. S 5
Müller, Wolfgang C.: Politische Kultur und Parteientransformation in Österreich, in: ÖZP 1/1984
Müller, Wolfgang C.: Patronage im österreichischen Parteiensystem. Theoretische Überlegungen und empirische Befunde, in: Anton Pelinka/Fritz Plasser (Hrsg.): Das österreichische Parteiensystem. Wien – Köln – Graz 1988. S 457
Müller, Wolfgang C. et al: Wählerverhalten und Parteienwettbewerb. Wien 1995, auszugsweise zitiert in: Studie: Instabilität im politischen System, Zusammenbruch möglich, nicht zwingend, in: Die Presse vom 23. Juni 1995. S 6
Naisbitt, John/Patricia Aburdene: Megatrends 2000. Düsseldorf – Wien 1990
Oelmüller, Willi (Hrsg.): Philosophische Arbeitsbücher 1. Diskurs: Politik. Paderborn 1991
Ötsch, Walter: Demagogische Vorstellungswelten. Das Beispiel der Freiheitlichen Partei Österreichs, in: Hauch et al.: Populismus. S 93
Pelinka, Anton: Die Kleine Koalition. SPÖ-FPÖ 1983-1986. Wien – Köln – Graz 1993
Pelinka, Anton: Parteiensystem als Integrationsfaktor, in: ÖZP 3/1975
Pelinka, Anton (Hrsg.): Populismus in Österreich. Wien 1987
Pelinka, Anton/Fritz Plasser (Hrsg.): Das österreichische Parteiensystem. Wien – Köln – Graz 1988
Plasser, Fritz: Die populistische Arena: Massenmedien als Verstärker, in: Anton Pelinka (Hrsg.): Populismus in Österreich. Wien 1987. S 84
Plasser, Fritz: Parteien unter Stress. Zur Dynamik der Parteiensysteme in Österreich, der Bundesrepublik Deutschland und den Vereinigten Staaten. Wien – Köln – Graz 1987
Plechl, Pia Maria: Sommerliche Runde in Castelgandolfo – Nachdenken über „Identität", in: Die Presse v. 13./14./15. 08.1994. S 3
Postman, Neil: Wir amüsieren uns zu Tode. Urteilsbildung im Zeitalter der Unterhaltungsindustrie. Frankfurt am Main 1985
Puhle, Hans-Jürgen: Was ist Populismus? in: Dubiel: Populismus und Aufklärung. S 12

Reiterer, Albert F. (Hrsg.): Nation und Nationalbewusstsein in Österreich. Ergebnisse einer empirischen Untersuchung. Wien 1988

Rief, Norbert: Mit Computer und Modem. Österreichs Parteien auf Stimmenfang im Internet, in: Die Presse vom 17.06.1995. S 6

Rohrer, Anneliese: Der Sturm und seine Folgen, in: Die Presse vom 10.10.1994. S 2

Sarcinelli, Ulrich: Wahlkampfkommunikation als symbolische Politik, in: Hans Dieter Klingemann/Max Kaase (Hrsg.): Wahlen und politischer Prozess. Opladen 1986

Sartori, Giovanni: Demokratietheorie. Darmstadt 1992

Schatz, Wilfried: Plebiszitäre Tendenzen in der österreichischen Demokratie, in: Pelinka: Populismus in Österreich. S 172

Schöps, Julius H.: Konservativismus, in: Wilhelm Fink (Hrsg.): Konservativismus, Liberalismus, Sozialismus. München 1981. S 11

Schöttker; Detlev (Hrsg.): Mediengebrauch und Erfahrungswandel. Göttingen 2003

Schulze, Gerhard: Die Erlebnisgesellschaft. Frankfurt am Main – New York 1992

Theimer, Walter: Lexikon der Politik. Tübingen 1981

Trost, Ernst: Figl von Österreich. Wien 1972

Ulram, Peter A.: Hegemonie und Erosion. Politische Kultur und politischer Wandel in Österreich. Wien – Köln – Graz 1990

Vedung, Evert: Evaluation im öffentlichen Sektor. Wien – Graz 1999

Wandruszka, Adam: Österreichs politische Struktur. Die Entwicklung der Parteien und politischen Bewegungen, in: Heinrich Benedikt (Hrsg.): Geschichte der Republik Österreich. Wien 1954

Weber, Max: Soziologie. Weltgeschichtliche Analysen Politik. Stuttgart 1956.

Zogholy, Andre: Antonio Gramsci und die kulturpolitischen Strategien der Freiheitlichen Partei Österreichs, in: Hauch et al.: Populismus. S 123

RECHTS- UND SOZIALWISSENSCHAFTLICHE REIHE

Herausgegeben von Wilhelm Brauneder

Band 1 Wilhelm Brauneder (Hrsg.): Grundlagen transatlantischer Rechtsbeziehungen im 18. und 19. Jahrhundert. 1992.

Band 2 Wilhelm Brauneder/Kaname Nishiyama (Hrsg.): Lorenz v. Steins "Bemerkungen über Verfassung und Verwaltung" von 1889. Österreichisch-japanische Rechtsbeziehungen I. 1992.

Band 3 Edmund Günther Primosch: Bilaterale völkerrechtliche Verträge zwischen Österreich und der Bundesrepublik Deutschland im Lichte statusrechtlicher Normen. 1992.

Band 4 Christian Sima: Österreichs Bundesverfassung und die Weimarer Reichsverfassung. Der Einfluß der Weimarer Reichsverfassung auf die österreichische Verfassung 1920 bis 1929. 1993.

Band 5 Erich Reiter: Österreichische Sicherheits- und Verteidigungspolitik. Aufsätze und Essays. 1993.

Band 6 Marlies Raffler: Bürgerliche Lesekultur im Vormärz. Der Leseverein am Joanneum in Graz (1819-1871). 1993.

Band 7 Gerte Reichelt (Hrsg.): Europäisches Kollisionsrecht. Die Konventionen von Brüssel, Lugano und Rom. Ausländische Erfahrungen und österreichische Perspektiven. 1993.

Band 8 Stefan Bremicker: Schleswig-Holstein als Kondominium. Die österreichische Verwaltung in den Elbherzogtümern. 1994.

Band 9 Lothar Höbelt (Hrsg.): Österreichs Weg zur konstitutionellen Monarchie. Aus der Sicht des Staatsministers Anton v. Schmerling. 1994.

Band 10 Wilhelm Brauneder (Hrsg.): Internationalität der Finanzkontrolle. 1995.

Band 11 Erwin A. Schmidl (Hrsg.): Freund oder Feind? Kombattanten, Nichtkombattanten und Zivilisten in Krieg und Bürgerkrieg seit dem 18. Jahrhundert. 1995.

Band 12 Wilhelm Brauneder (Hrsg.): Österreichisch-deutsche Rechtsbeziehungen I. Rechtsangleichung 1850-1938. 1996.

Band 13 Sven Bielefeldt: Österreichisch-deutsche Rechtsbeziehungen II. Rechtsvereinheitlichung im Privatrecht 1938-1945. 1996.

Band 14 Gerhard Oberkofler/Peter Goller: Geschichte der Universität Innsbruck (1669-1945). 1996. 2., unveränderte Auflage 1996.

Band 15 Heinrich Schneider: Europäische Sicherheitsarchitektur. Konzeptionen und Realitäten. 1996.

Band 16 Gunther Hauser: Der Parlamentarismus während der ÖVP-Alleinregierung 1966-1970. 1996.

Band 17 Erich Reiter (Hrsg.): Europas Sicherheitspolitik im globalen Rahmen. 1997.

Band 18 Peter Goller: Naturrecht, Rechtsphilosophie oder Rechtstheorie? Zur Geschichte der Rechtsphilosophie an Österreichs Universitäten (1848-1945). 1997.

Band 19 Gerhard Schulz: Entwicklung und Perspektiven des österreichischen Devisenrechts. Ein System im Umbruch. 1997.

Band 20 Kazuhiro Takii (Hrsg.): Lorenz von Steins Arbeiten für Japan. Österreichisch-japanische Rechtsbeziehungen II. 1998.

Band 21 Wilhelm Brauneder/Elisabeth Berger (Hrsg.): Repräsentation in Föderalismus und Korporativismus. 1998.

Band 22 Elisabeth Berger (Hrsg.): Eine Zivilrechtsordnung für Liechtenstein. Die Entwürfe des Landvogts Joseph Schuppler. 1999.

Band 23 Susanne Lichtmannegger: Die Rechts- und Staatswissenschaftliche Fakultät der Universität Innsbruck 1945-1955. Zur Geschichte der Rechtswissenschaft in Österreich im 20. Jahrhundert. 1999.

Band 24 Wilhelm Brauneder/Norbert Leser (Hrsg.): Staatsgründungen 1918. 1999.

Band 25 Clausdieter Schott (Hrsg.): Das Freiburger ABGB-Gutachten. Gutachten der vorderösterreichischen Juristenfakultät Freiburg im Breisgau zum "Entwurf eines allgemein bürgerlichen Gesetzbuches" (1797). 2000.

Band 26 Bernhard Schöniger-Hekele: Die österreichische Zivilprozeßreform 1895. Wirkung im Inland bis zum Ausbruch des Ersten Weltkrieges 1914. Ausstrahlung ins Ausland. 2000.

Band 27 Sascha Ferz: Ewige Universitätsreform. Das Organisationsrecht der österreichischen Universitäten von den theresianischen Reformen bis zum UOG 1993. 2000.

Band 28 Michael Axmann: Genese europäischer Rechtsetzungsverfahren. 2001.

Band 29 Elisabeth Berger: Erwerb und Änderung des Familiennamens. 2001.

Band 30 Peter Goller/Gerhard Oberkofler (Hrsg.): Österreichische Grundrechtsreform. Die Protokolle des Expertenkollegiums für Probleme der Grund- und Freiheitsrechte (1962-1965). Unter Mitarbeit von Hans R. Klecatsky. 2003.

Band 31 Antonio Martino: Spanien zwischen Regionalismus und Föderalismus. Entstehung und Entwicklung des Staates der Autonomien (*Estado de las Autonomías*) als historischer Prozeß. 2004.

Band 32 Lothar Classen: Der völkerrechtliche Status von Bosnien-Herzegowina nach dem Berliner Vertrag vom 13.7.1878. 2004.

Band 33 Wilhelm Brauneder/Kazuhiro Takii (Hrsg.): Die österreichischen Einflüsse auf die Mordernisierung des japanischen Rechts. Österreichisch - Japanische Rechtsbeziehungen III. 2007.

Band 34 Manfred Andexinger: Opposition im Nationalrat. Die FPÖ 1986 bis 1999. 2009.

www.peterlang.de

FSC
www.fsc.org
MIX
Papier | Fördert
gute Waldnutzung
FSC® C083411

Kolibri 360 GmbH
Ferdinand-Jühlke-Straße 7
99095 Erfurt, Deutschland
produktsicherheit@kolibri360.de